普通高等教育质量管理专业系列教材
浙江省普通本科高校"十四五"重点教材

质量战略与规划

◎ 主　编　王海燕

电子工业出版社
Publishing House of Electronics Industry
北京·BEIJING

内 容 简 介

本书编写依据"应用型"的定位，坚持"注重基本理论、基本概念，淡化过程推导，突出质量管理实践"的宗旨，注重实践性和应用性，使得整本书理论阐述清晰，案例和例题科学、实用，内容体系创新独特。

本书紧密结合质量管理和管理科学与工程学科实践性强、应用性强的特点，更加注重教材的实用性，注重学生质量战略与规划能力的培养和训练，注重与其他专业课程的衔接性，并保持教学内容体系的系统性，更适宜应用型普通高等院校教学的需要。

本书内容包括质量理论概述、质量战略管理、质量指标与质量指数、质量需求预测、质量规划与设计、质量评价与质量预警、质量信息管理系统、供应链质量战略管理、食药质量安全检测体系规划、工程质量管理系统规划与设计。

本书体系完整，案例丰富，难易适当，适合质量管理工程、管理科学与工程、信息管理与信息系统、物流工程、电子商务等相关专业学生学习使用，也可供相关行业理论和实验工作者、高校教师、研究生阅读和参考。

未经许可，不得以任何方式复制或抄袭本书之部分或全部内容。
版权所有，侵权必究。

图书在版编目（CIP）数据

质量战略与规划 / 王海燕主编. -- 北京 : 电子工业出版社, 2025. 1. -- ISBN 978-7-121-35238-6

Ⅰ．F273.2

中国国家版本馆 CIP 数据核字第 20257LX738 号

责任编辑：王志宇
印　　刷：三河市鑫金马印装有限公司
装　　订：三河市鑫金马印装有限公司
出版发行：电子工业出版社
　　　　　北京市海淀区万寿路 173 信箱　邮编　100036
开　　本：787×1 092　1/16　印张：14.75　字数：377.6 千字
版　　次：2025 年 1 月第 1 版
印　　次：2025 年 1 月第 1 次印刷
定　　价：45.00 元

凡所购买电子工业出版社图书有缺损问题，请向购买书店调换。若书店售缺，请与本社发行部联系，联系及邮购电话：(010) 88254888，88258888。

质量投诉请发邮件至 zlts@phei.com.cn，盗版侵权举报请发邮件至 dbqq@phei.com.cn。
本书咨询联系方式：(010) 88254523，wangzy@phei.com.cn。

PREFACE 序言

质量是一个永恒的话题，2018年12月，全国人大常委会通过了《中华人民共和国产品质量法》的第三次修正，体现了国家对产品质量的高度重视。质量是一个国家科技发展水平的反映，决定着企业的生存和发展，综合展示了国民经济的实力。伴随着人们对美好生活的向往，除产品质量外，各行各业对服务、成果、技术质量的要求也越来越高，质量工作面临新的挑战。大批质量工作者和高校学生需要掌握和应用现代质量管理和工程技术，树立现代质量观，在此背景下，本人主持编写的普通高等教育质量管理专业系列教材由电子工业出版社出版发行了。

本套教材包括《质量战略与规划》《质量与标准化》《质量计量与测量》等，力求理论与实践相结合，兼具实用性和广泛性。内容立足现实问题，着眼未来发展，体现了质量管理和质量技术并重的思想，既覆盖了质量战略与规划、质量与标准化等管理领域，又涉及了质量计量与测量等基础技术和方法，同时，在结构上力求体现现代质量工程的系统性、完整性和实用性。全套教材在论述现代质量概念和基本原理的基础上，根据质量管理与工程技术交叉学科的特点，对现代质量工程和管理的基本理论和方法做了系统介绍。

本套教材参考了已出版的国内外相关优秀教材及著作，参考了有关标准、论文及研究报告等，并结合笔者多年来的教学实践和工作经验编写而成。本套教材适用于质量管理、质量与可靠性工程、物流工程等专业的本科生、研究生教学，有助于促进高校质量相关专业人才培养，亦可供相关企业工程技术人员、质量管理人员、可靠性工作人员和科研部门的研究人员等自学使用。

浙江工商大学
浙江食药质量安全工程研究院　院长
王海燕　教授
于杭州

前言

质量是一组固有特性满足要求的程度，质量战略管理是现代质量管理与战略管理相结合的产物，是战略管理在质量管理中的延伸和具体运用，是战略管理与质量管理结合应用而形成的一种新的管理模式。这种新型管理模式，既有与战略管理相似的一面，又有其自身的特点，体现了质量管理的发展与创新。

质量战略管理是在质量管理和战略管理的基础上衍生形成的，主要以"战略定位"和"价值链"分析为核心。质量战略管理的基本原理是通过对各种质量作业活动的动态反映，在质量定位分析和质量价值链分析的基础上，优化质量过程，对质量及其成本进行动态控制和战略绩效评价，以提高质量管理水平。

为满足现代质量管理、质量战略与规划等相关工作人员及时掌握最新的专业理论知识，开展前瞻性工作的需求，编者在系统总结多年来质量战略与规划领域最新进展的基础上，编撰了本教材。本教材的主要内容包括：质量理论概述、质量战略管理、质量指标与质量指数、质量需求预测、质量规划与设计、质量评价与质量预警、质量信息管理系统、供应链质量战略管理、食药质量安全检测体系规划、工程质量管理系统规划与设计。

本书适合质量管理工程、管理科学与工程、信息管理与信息系统、物流工程、电子商务等相关领域学生学习使用，也可供相关理论和实验工作者、高校教师、研究生阅读和参考。

虽然编撰团队在编写本书的过程中付出了很多努力，但由于质量战略与规划领域研究日新月异，本书涉及的内容也较为繁多，再加上编者学识有限，书中难免存在疏漏之处，恳请专家、读者批评指正。

编　者

目录

上篇　基础理论篇

第1章　质量理论概述 ·· 2

1.1　质量的定义 ·· 2
    1.1.1　质量的基本概念 ·· 2
    1.1.2　质量职能 ·· 3
    1.1.3　质量的发展 ·· 3

1.2　质量的形成 ·· 4
    1.2.1　产品质量的形成 ·· 4
    1.2.2　服务质量的形成 ·· 7

1.3　全面质量管理及其原则 ·· 8
    1.3.1　全面质量管理的定义 ··· 8
    1.3.2　全面质量管理的原则 ··· 9

1.4　质量管理与监督 ··· 10
    1.4.1　质量管理 ·· 10
    1.4.2　质量监督 ·· 12

1.5　现代质量管理的发展新趋势 ··· 14
    1.5.1　经济全球化 ·· 14
    1.5.2　信息化 ·· 14
    1.5.3　自动化 ·· 14
    1.5.4　新型工业化 ·· 15

参考文献 ··· 15

第 2 章　质量战略管理 ·· 17

2.1　质量战略管理的定义 ·· 17
2.2　质量战略管理的要素及原则 ·· 18
  2.2.1　质量战略管理的要素 ·· 18
  2.2.2　质量战略管理的原则 ·· 18
2.3　传统质量管理与质量战略管理的区别 ·· 19
2.4　质量战略管理实施程序 ·· 20
2.5　质量战略管理分析 ·· 22
  2.5.1　质量战略管理的特定市场竞争结构分析 ·· 22
  2.5.2　质量战略管理的使命和愿景分析 ··· 25
2.6　质量战略管理方案 ·· 25
  2.6.1　质量战略管理方案的制订 ·· 25
  2.6.2　质量战略管理方案的评价与选择 ··· 27
2.7　质量战略管理实施 ·· 41
参考文献 ·· 43

第 3 章　质量指标与质量指数 ·· 44

3.1　质量指标 ·· 44
  3.1.1　质量指标的定义 ·· 44
  3.1.2　质量指标的作用 ·· 45
3.2　质量指标的选用 ··· 45
  3.2.1　总量指标的选用 ·· 46
  3.2.2　相对指标的选用 ·· 46
  3.2.3　平均指标的选用 ·· 48
3.3　区域质量水平的指标体系 ··· 49
  3.3.1　评价指标体系的原则 ·· 49
  3.3.2　评价指标的构建与选择 ··· 50
  3.3.3　案例分析——我国绿色经济水平评价 ··· 51
3.4　质量指数 ·· 53
  3.4.1　质量指数的定义 ·· 53
  3.4.2　质量指数的编制 ·· 53
3.5　质量指数的基本构成 ·· 55

  3.5.1 服务质量指数 55
  3.5.2 工业产品质量指数 58
参考文献 60

第4章　质量需求预测 61

4.1 质量需求的分类 61
  4.1.1 顾客需求 61
  4.1.2 市场需求 62
4.2 质量需求的影响因素分析 64
4.3 质量需求预测方法 67
  4.3.1 定性质量预测方法 67
  4.3.2 定量质量预测方法 76
4.4 质量需求预测技术路线 91
  4.4.1 质量需求预测技术路线总结 91
  4.4.2 不同质量需求预测技术路线比较 92
  4.4.3 定性质量预测方法与定量质量预测方法的适用性探讨 93
参考文献 94

第5章　质量规划与设计 96

5.1 质量规划 96
  5.1.1 质量规划的目的 96
  5.1.2 质量规划的内容 96
  5.1.3 质量规划的过程 98
5.2 质量设计 100
  5.2.1 质量设计的原则 100
  5.2.2 质量设计的主要内容 102
  5.2.3 质量设计的步骤 103
  5.2.4 质量设计的方法 105
5.3 质量规划的体系组成 114
  5.3.1 行业质量规划体系 114
  5.3.2 区域质量规划体系 118
参考文献 119

第6章 质量评价与质量预警 ... 121

6.1 质量评价概述 ... 121
6.1.1 质量评价的概念 ... 121
6.1.2 质量评价的作用 ... 121
6.1.3 质量评价的种类 ... 122
6.1.4 质量评价的原则 ... 123

6.2 质量影响因素分析 ... 124
6.2.1 质量分析概述 ... 124
6.2.2 企业内部环境影响因素分析 ... 126
6.2.3 企业外部环境影响因素分析 ... 133

6.3 质量评价报告的编制 ... 138
6.3.1 产品质量分析报告的编制 ... 138
6.3.2 地区性产品质量形势评价报告的编制 ... 141
6.3.3 企业产品质量指数分析评价报告的编制 ... 142

6.4 质量预警 ... 144
6.4.1 质量预警技术概述 ... 144
6.4.2 质量预警方法 ... 147
6.4.3 质量预警级别分类 ... 151
6.4.4 质量预警机制 ... 151

参考文献 ... 152

第7章 质量信息管理系统 ... 154

7.1 质量信息管理系统的产生背景 ... 154
7.1.1 质量信息 ... 154
7.1.2 质量管理与信息技术 ... 154
7.1.3 人工智能改变质量系统的典型用例 ... 156
7.1.4 质量信息管理系统 ... 159
7.1.5 质量信息管理系统发展 ... 159

7.2 质量信息管理系统战略规划 ... 162
7.2.1 信息系统战略与企业战略的关系 ... 162
7.2.2 企业竞争战略 ... 163
7.2.3 信息系统战略 ... 163

7.2.4 质量信息管理系统战略规划的内容和步骤 ……………………………… 164
　7.3 质量信息管理系统功能及价值 ………………………………………………… 166
　　　7.3.1 质量信息管理系统组织结构 …………………………………………… 166
　　　7.3.2 质量信息管理系统功能模块 …………………………………………… 167
　　　7.3.3 质量信息管理系统实施价值 …………………………………………… 167
　7.4 质量信息管理系统设计 ………………………………………………………… 169
　　　7.4.1 质量信息管理系统设计特点分析 ……………………………………… 170
　　　7.4.2 质量信息管理系统信息流程分析 ……………………………………… 171
　　　7.4.3 质量信息管理系统功能模块设计 ……………………………………… 171
　7.5 质量信息管理系统开发 ………………………………………………………… 174
　　　7.5.1 质量信息管理系统开发方法 …………………………………………… 174
　　　7.5.2 质量信息管理系统软件开发 …………………………………………… 175
　7.6 基于区块链的质量信息管理系统 ……………………………………………… 176
　　　7.6.1 区块链定义和特点 ……………………………………………………… 176
　　　7.6.2 质量信息管理体系的现有问题 ………………………………………… 177
　　　7.6.3 区块链与质量信息管理体系的契合度 ………………………………… 178
　　　7.6.4 基于区块链的工程建设质量信息管理及追溯系统 …………………… 178
　参考文献 ……………………………………………………………………………… 180

下篇　应用案例篇

第8章　供应链质量战略管理 ……………………………………………………… 182
　8.1 供应链质量战略管理的基本概念 ……………………………………………… 182
　8.2 供应商质量的形成过程和特点 ………………………………………………… 183
　8.3 供应链与关系质量 ……………………………………………………………… 185
　　　8.3.1 供应链关系质量内涵 …………………………………………………… 185
　　　8.3.2 供应链质量的评价与控制 ……………………………………………… 186
　8.4 供应链管理策略 ………………………………………………………………… 192
　参考文献 ……………………………………………………………………………… 194

第9章　食药质量安全检测体系规划 ……………………………………………… 195
　9.1 质量安全检测体系 ……………………………………………………………… 195
　　　9.1.1 体系组成 ………………………………………………………………… 195

  9.1.2 功能定位 ··· 196
9.2 质量安全检测体系规划 ··· 197
  9.2.1 质量安全检测体系建设的内容和标准设计 ····················· 197
  9.2.2 质量安全检测体系规划的效果评价 ······························ 198
9.3 质量安全快速检测技术实例 ·· 199
  9.3.1 感官质量检测技术 ·· 199
  9.3.2 理化质量检测技术 ·· 202
  9.3.3 生化质量检测技术 ·· 204
参考文献 ··· 206

第10章 工程质量管理系统规划与设计 ·· 208

10.1 工程质量建设管理流程 ··· 208
  10.1.1 工程建设各阶段对工程项目质量形成的作用与影响 ······ 208
  10.1.2 工程建设过程中各参与方的相互关系 ·························· 209
  10.1.3 工程建设过程中施工质量管理及保证措施的流程控制 ··· 210
10.2 系统信息流程 ·· 212
10.3 系统功能模块设计 ··· 212
  10.3.1 施工质量控制和验收功能模块 ··································· 213
  10.3.2 施工质量缺陷及事故管理功能模块 ···························· 214
  10.3.3 施工文档管理功能模块 ··· 214
  10.3.4 系统管理功能模块 ·· 215
  10.3.5 讨论区功能模块 ··· 216
10.4 系统应用案例 ·· 216
  10.4.1 系统应用案例分析 ·· 216
  10.4.2 管理信息系统的平面演示 ·· 216
10.5 基于 BIM 的工程质量管理系统 ·· 220
  10.5.1 基于 BIM 的施工质量控制信息管理过程 ···················· 220
  10.5.2 基于 BIM 的施工质量控制过程 ·································· 221
参考文献 ··· 224

基础理论篇

第 1 章

质量理论概述

1.1 质量的定义

1.1.1 质量的基本概念

"质量"一词并不是工业时代的产物。考古研究显示,早在远古的石器时代,人类就有了质量观念,并对所制作的石器工具进行简单的检验。后来,随着人类社会的进步,人们对"质量"的理解不断加深,对其的重视程度也逐渐提高,社会发展到今天,质量观念已经深入各行各业工作人员的内心。

从质量发展的过程来看,在生产力不发达的条件下,社会经济处于卖方市场阶段,那时的观点是以生产为导向,企业生产什么样的产品,顾客就购买什么样的产品,顾客基本上没有太多选择的余地。这一时期,企业生产强调的是数量而不是质量。企业间的竞争也仅仅通过价格来争取顾客,并不强调质量的重要性。在这种情况下,企业主要考虑的是如何使生产规模最大化,从而求得利润最大化。

随着经济进一步迅猛发展,同行企业之间的竞争越来越激烈。产品种类的丰富,使顾客选择产品的余地大大增加。产品在市场上的竞争也逐步由价格竞争转为质量竞争。此时,顾客更愿意接受物美价廉的产品,产品质量的重要性开始得到了企业和顾客的共同关注。产品质量能否满足顾客的需求,直接影响着企业的效益。整个世界经济的发展趋势是由数量型经济向质量型经济转变。

质量作为产品的一种本质特性,既是生产管理活动所追求的目标,也是管理活动效果评判的标准。全面、准确地理解质量的内涵,掌握质量概念的实质并使其融入企业自身的基础架构中，对企业开展质量管理工作、进行经营决策和提高经济效益都具有非常重要的意义。在《质量管理体系 基础和术语》（GB/T 19000—2016）中将质量定义为"客体的一组固有特性满足要求的程度"。

1.1.2 质量职能

质量职能是对组织为保证产品质量而进行的全部技术、生产和管理活动的总称。在一个组织内部，质量职能就是对产品质量产生、形成和实现过程中各部门应发挥的作用或应承担的任务和职责的一种概括。质量职能所包括的各项活动，既有在企业内各部门所进行的，也有在企业外部的供应商、顾客中所进行的。所有这些活动都对产品质量有贡献或影响作用。正确认识质量职能的含义是认识并理解质量形成全过程及其规律的必要前提。

质量职能的主要内容包括：为保证产品质量，企业业务部门、各级各类人员所应承担的质量任务、职务和权限；为保证产品质量而制定的各种标准、工作程序、规定使用的质量管理手段和方法；对质量工作的考核奖惩办法。

质量职能存在于产品质量产生、形成和实现过程中的各个环节，且分布在组织的各个主要职能部门，质量管理所要解决的基本问题就是对分散在组织各部门的质量职能活动进行有效的计划、组织、协调、检查和监督，从而保证和提高产品质量。

质量职能和质量职责既有区别又有联系。质量职能是针对过程控制需要而提出来的质量活动属性与功能，是质量形成客观规律的反应，具有科学性和相对稳定性。质量职责则是为了实现质量职能，对部门、岗位与个人提出的具体质量工作分工，其任务通过责、权、利予以落实，因而具有人为的规定性。可以认为，质量职能是制定质量职责的依据，质量职责是落实质量职能的方式或手段。

1.1.3 质量的发展

质量的概念是在历史发展过程中产生的。随着时代的变迁，质量的概念也在不断地补充、丰富和发展。近半个世纪以来，人们对质量概念的认识经历了以下阶段。

1. 符合性质量

早期的质量概念非常简单，就是产品符合其设计要求，达到产品的技术标准。这种符合性质量观，表述比较直观、具体，要么是，要么非。它的不足之处在于只是从生产者的立场出发，静态地反映产品的质量水平，而忽视了另一个最重要的方面——顾客的需求。

2. 适用性质量

随着市场竞争的日趋激烈及人们生活水平的日益提高，企业发现很多产品即使符合设计要求，达到技术标准，也不一定能被顾客所接受。于是，20世纪中叶，美国著名质量管理专家约瑟夫·朱兰（Joseph M.Juran）提出了"适用性质量"的概念，其定义为"质量是一种适用性"。这一定义可分解为：设计质量、质量一致、可使用性和现场服务。设计质量涉及市场调查、产品概念及设计规范；质量一致包括技术、人力资源及管理；可使用性强调可靠性、维修性及物流支持；现场服务强调及时性、满意度及完整性。只有满足了这四个条件，才能体现适用性质量的内涵。总的来说，适用性质量概念的判断依据是顾客的要求。这一表述跳出了生产者的框框，把质量的评判权交给了顾客，具有动态意识，适应了时代发展的潮流。这是质量在概念上的一次飞跃。

3. 全面质量

20世纪90年代，阿曼德·费根鲍姆（Armand V. Feigenbaum）、菲利普·克罗斯比（Philip B. Crosby）等一批著名专家不约而同地提出"全面质量"的新概念，并逐渐被人们认同。所谓质量，不仅指最终的产品质量，同时包括与产品相关的一切过程的质量，涵盖产品的整个寿命周期，具体包括工作质量、服务质量、信息质量、过程质量、部门质量、人员质量、系统质量、公司质量及目标质量等。整个过程要求组织中的全体员工参与，包括设计部门、采购部门、生产部门、人事部门、运输部门和销售部门等。

1.2 质量的形成

1.2.1 产品质量的形成

产品质量是如何形成的？人们已经意识到，质量不是检验出来的，从某种意义上讲，检验是对资源浪费的容忍。那么，产品质量能否被认为是生产出来的呢？试想，如果产品设计和开发与市场的实际需求有所偏离，或者产品的销售导向和售后服务不尽如人意，那么即使生产过程完全满足符合性要求，从顾客的立场来看，这样的产品也不能让他们满意。

显然，产品质量是产品实现过程的结果。在ISO质量标准中倡导在建立、实施质量管理体系及提高其有效性时，采用过程方法，通过满足顾客的要求来提高顾客满意度。产品质量有一个产生、形成到实现的过程，这一过程中的每一个环节都会直接或间接地影响产品质量。实际上，由于硬件、流程性材料、软件和服务产品类型的不同，质量形成过程及控制要求也会有所不同。

当代企业正朝着由顾客驱动组织的方向转变,这一点在产品形成中发生了根本性的改变,尤其是在产品设计、人力资源管理和供应商关系方面所发生的改变特别明显。例如,产品设计活动将市场营销、工程技术和生产运营活动紧密地结合在一起;而在人力资源管理方面,授权给员工,使其收集和分析数据,做出关键的运营预测并承担持续改进的责任,从而将质量责任从质量控制部门转移到生产现场;此外,供应商在产品设计和生产制造中充当合作伙伴的角色。因此,产品质量的形成可以具体分解到下述每一个环节。

1. 营销和市场调研

与以往相比,如今的营销人员要承担更多的质量责任。他们不仅要努力宣传自己的产品,还要收集和分析顾客的需求与期望。他们需要及时了解顾客的期望及愿意为此支付的价格。如果企业产品不符合顾客的要求,那么销售人员应通过收集顾客的反馈来让设计人员和技术人员改进产品。这将有助于企业在其内部资金与技术支持下做出最优的选择和决策。

2. 产品设计与开发

产品一般具有如下全部或部分质量属性:性能、特征、可靠性、一致性、耐用性、可维护性、美观性及感知质量。这些属性大多是通过产品设计来满足的。这一环节的主要职能是为产品及其生产过程开发设计出技术规格与参数,以满足在营销活动中所确定的顾客需求。

在设计环节出现问题而导致企业失败的事例屡见不鲜。例如,过于简单的产品由于无法满足顾客的需求,自然会被淘汰;而过于奢华、精致的产品,则有可能超出顾客的需求范围,处于曲高和寡的尴尬市场地位。这都说明了设计环节在生产制造业中的重要性。良好的设计环节有助于减少制造和服务环节中的缺陷,并且降低生产系统对检验环节的需求。

3. 采购与接收

质量合格的原材料采购及交付及时性保证,对企业来说也是至关重要的。采购部门承担着相当重要的质量职责,如选择可靠的供应商,确保采购合同符合设计开发部门规定的原材料质量要求,与供应商建立基于信任的长期合作关系,并保持密切沟通以应对各种设计与生产的变化。此外,高质量的原材料采购还可以减少对接收检验的需求。而原材料的接收则要求所接收的材料是合格的。特别是对于现今快速多变的生产系统,许多企业减少了库存,对原材料的质量提出了更高的要求。

4. 生产计划与调度

为了满足顾客的订单要求及预期需要,企业要规划短期和长期的生产计划与调度计划,以保证企业的生产流程可以连续、顺利地进行,在合适的时间和地点配备合适的人选、设备与原材料等，以免因生产安排不合理导致工期紧迫而出现质量问题。同样，在生产计划调度方面，技术工具和方法的有效改进，如准时生产制（Just in Time，JIT）等，也有效提高了产品质量并节约了成本。

5. 制造与装配

这一环节的主要任务是生产出合格的产品。作为设计与工艺部门的下一个流程，一旦进入生产环节，就不允许出现任何缺陷，因为事后的检测和纠正措施都是需要成本的。如果出现缺陷，就要通过检测来发现并消除缺陷。为了保证生产系统的稳定性，精确的测量设备与熟练掌握测量技术工具的员工都是不可缺少的。在每一个生产环节，无论是操作人员还是专门的检验人员，都要尽力收集和分析生产系统的信息，以便及时做出必要的调整。

6. 设备检修与校准

对生产检验中使用的机器、设备与工具必须进行适当的维护与校准。失修的机器可能生产出不合格的产品，而未得到校正的设备与工具可能提供错误的系统信息。这些都会导致产品出现质量问题。

7. 成品检验

通过成品检验可以获得生产系统的信息，发现和解决系统中可能存在的问题，还可以避免不合格产品进入市场。如果可以保证产品的质量，那么成品检验的必要性将大大降低。因此，无论在什么情况下，成品检验都应被视作一种收集质量改进信息的手段，它的目的并不是检测出不合格品。

8. 包装、运输和存储

在产品离开生产线后，如何在包装、运输和存储过程中保证产品的质量，是这一环节应该承担的质量职责。包装错误、运输损失及存储导致的产品质量问题并不少见。

9. 安装运行和服务

顾客在收到商品后，为了正确地使用商品，安装人员必须给予其相应的指导。一旦产生质量问题，良好的售后服务是必不可少的。事实上，顾客对产品质量的感知与顾客忠诚度的建立在很大程度上依赖于售后服务的质量。正是因为如此，许多企业在售后服务方面制定了相当严格的标准。

因此，产品形成过程是一系列活动的集合，或者是一条顾客链，每一个环节都是下一个环节的服务提供者。以顾客为中心的质量哲学指出企业不仅要关心自身的制造水平，更要密切关注组织中所有可以满足顾客期望的行为。组织中的所有人、所有环节都必须加入提高质量的行动中来。

1.2.2 服务质量的形成

随着经济结构的转型，顾客对服务业的要求愈加严格。迫于竞争和生存的需要，服务业要适应不断变化的市场环境和变幻多样的顾客需求，必须把服务质量管理作为企业经营的核心和重点。但由于服务的特殊性，服务业质量的控制相对于制造业要困难得多。下面将通过服务业的一些特点阐述服务领域质量管理的特性。

1. 服务的特征

第二次世界大战后，服务业得到了迅猛的发展。典型的服务业包括房地产、娱乐、餐饮、财务、服务、旅游和咨询等。因为服务的范围太广，很难精确界定其内容，所以迄今为止也未形成一个普遍接受的权威定义。在《质量管理体系 要求》（GB/T 19001—2016）中，服务的定义是"至少有一项活动必须在组织和顾客之间进行的组织的输出"。通常服务的要素是无形的。服务不仅包含与顾客在接触面的活动，除了确定顾客的要求以提供服务，还包括与顾客持续的关系。服务的提供可能涉及在为顾客提供的有形产品上完成的活动，在为顾客提供的无形产品上完成的活动及无形产品的交付。因此，服务具有以下特征。

（1）无形性

无形性是服务的主要特征。首先，与制造业提供的有形产品不同，组成服务的要素及服务系统的产出等具有无形性。当然，大部分服务都包含有形的成分，如快餐店的实物，但对顾客而言，在这些有形载体外所包含的无形的服务与效用才是他们最关注的。其次，不仅服务本身是无形的，甚至顾客获得的利益也可能很难察觉到或者仅能抽象表达，具体表现在顾客的需求和标准难以识别和衡量。

在服务业中，评价服务质量是否合格的标准是由顾客决定的，但有一些共同的维度，如时间、时效性、完整性、礼节、一致性、便利程度和准确度等。顾客对服务的感知质量正是来源于对这些维度的不同感受。很明显，不同的顾客在这些维度上的感知程度是不一致的。这也导致了对服务产品合格与否的判断具有一定的困难。

服务的生产和消费具有不可分离性。就有形产品而言，从产品的设计、开发到加工、运输及销售，产品的生产和消费之间存在着明显的中间环节。而服务的生产和消费则有不可分离的特征，也就是说，服务的生产与顾客的消费是同时进行的，服务人员直接与顾客接触，他们为顾客提供服务的过程，也就是顾客消费服务的过程。

（2）差异性

服务业是以人为主体的行业，包括服务决策者、管理者、提供者和消费者，由于人类个性的存在，服务的构成成分及其质量水平是经常变化的。服务的差异性主要表现在两个方面：一方面，由于受服务人员自身因素的影响，即使是同一服务人员，在不同的环境下所产生的质量水平也可能不尽相同；而不同的服务人员在同样的环境下提供同一种服务的质量结果也会存在一定的差别。另一方面，由于顾客直接参与服务的生产和消费过程，不同的顾客自身条件的差异也会直接影响服务的质量和效果。

产品服务的定制化要求比制造业要高得多。例如，医生、律师、保险代理人等面对不同的顾客，必须采取不同的服务方式，提供个性化的产品服务。因此，用统一的技术参数来衡量这些服务是不适当的。另外，由于服务的无形性，以及服务的生产和消费的同时性，使其不具备有形产品那样的存储性。例如，在运输行业中，春运时飞机票价暴涨，而平时飞机票则打折优惠，飞机客运能力的不可存储性暴露无遗。

2. 服务的质量

许多服务性组织，如航空公司、银行、酒店等，都有完善的服务质量体系。服务质量同样可以比照制造业来观察其特殊性，如酒店管理中客房的构成、服务交易速度、信息准确性等。然而，管理无形的质量特性却困难得多，因为这通常依赖于员工的表现和行为。当然，这种依赖并不意味着这些因素在制造业中不重要，而是它们在服务业中具有特殊的重要性。这里特别指出服务质量中的两个关键因素：雇员行为和信息技术。

对于服务业来说，雇员行为是服务质量形成的关键因素之一。在人与人之间产生的每项交易中，人与人之间的相互交流非常重要。雇员与顾客之间良好的交流是服务组织留住顾客的重要条件。但是我们在很多服务场所都可以发现，服务人员并未认识到与顾客良好交流的重要性，他们忘记了让顾客满意才是他们最重要的职责。

另一个服务质量形成的关键因素是信息技术，包括数据的收集、计算、处理及其他将数据转化为有效信息的手段。信息技术的合理使用对服务企业来说至关重要。当信息技术可以为顾客提供更快捷和更准确的服务时，信息技术就可以成为服务企业获取竞争优势的一种利器。信息技术的合理使用降低了服务业中劳动力的密集程度。例如，银行中的自动取款机（Automated Teller Machine，ATM）、电话自动服务系统等，甚至代替了一些传统职位。这些技术的合理使用降低了服务出错的概率，并且提高了服务的速度。

1.3 全面质量管理及其原则

1.3.1 全面质量管理的定义

全面质量管理（Total Quality Management，TQM）是现代工业中一种科学的质量管理方法。它从系统理论出发，以最优生产、最低消耗、最佳服务使顾客获得满意的产品质量为目的，用一定的组织体系、科学的管理方法动员、组织各个部门的全部员工，在产品质量形成的所有环节上，对影响产品质量的各种因素进行综合治理。

早在20世纪60年代，美国通用电气公司质量经理费根鲍姆就认识到了综合质量措施的重要性，并且提出了"全面质量管理"这一术语。到了20世纪70年代，"全面质量"概念由费根鲍姆正式提出，并广泛地被大众接受和认可。

全面质量管理是一个以人为中心的管理系统，它致力于在持续降低成本的基础上不断提升顾客的满意度。全面质量管理是一个综合的系统方法，而非一个孤立的领域项目，是高层战略的组成部分。它横跨所有的职能和部门，涉及所有的员工，从高层到低层，并前后分别延伸到供应链和顾客。全面质量管理强调学习和适应不断变化是企业成功的关键所在。

全面质量管理的特点就在于"全"——管理的对象是全面的，管理的范围是全面的，参加管理的人员是全面的，管理的方法是全面的。全面质量管理的目的是持续增加顾客满意度、持续降低成本。

1.3.2 全面质量管理的原则

全面质量管理基于以下三个基本原则来实施。

1. 聚焦顾客和利益相关者

顾客是质量的首要判断者。顾客在购买和接受服务的过程中，许多因素都会影响顾客对价值和满意度的感知。为此，企业不能只局限于使产品符合规范、减少次品和差错或处理顾客投诉上，还必须设计出能真正让顾客满意的产品，并能够快速地应对市场和顾客需求的变化。只有贴近顾客的企业才知道顾客需要什么，通过顾客对其产品的使用情况，预测顾客尚未表述出来的需求，开发出强化顾客关系的新产品。

为了满足或超越顾客的期望，企业不仅要充分了解顾客价值的构成要素，还要充分了解能有效提升顾客满意度和顾客忠诚度的产品和服务的特性。在质量方面，内部顾客与购买产品的外部顾客同样重要，因为企业员工的工作是与最终产品相关联的。

利益相关者之中，员工和社会是最为重要的代表。一个企业的成功更依赖于其员工和合作伙伴的知识、技能、创新能力及激励措施，因而，注意全面质量管理的企业必须履行其对员工的承诺，为其提供足够的发展空间和成长机会，提供足够的薪酬或认可与奖励措施，分享知识和经验，并鼓励创新。

2. 参与和团队合作

有学者认为，日本在质量方面取得一定成就的原因之一是日本的企业管理人员能够充分运用员工的知识和创造力。当企业管理人员赋予员工一定的决策权力，为他们提供充分发挥才华的机会时，企业注定会拥有更好的产品和更优质的服务。因为在任何组织中，最理解某个岗位、最清楚如何改进产品和服务的人，就是实际从事该项工作的人。为此，管理人员必须建立相关系统和程序，保证其能够有效运行，并努力使之成为企业文化的组成部分，才能产生更好的效果。

团队合作是全面质量管理的另一个要素。团队合作重点关注员工及合作伙伴间的关系，鼓励共同发现问题，尤其是那些跨职能、跨层级、跨组织的问题。现在，企业更倾向于采用体现团队合作和充分授权的自我管理团队，这已经成为员工参与全面质量管理的有效途径。这样做能使企业的核心能力与合作伙伴的优势有效互补，从而产生共赢效应。

3. 过程导向和持续改进

如今，企业中的大部分活动涉及跨越部分边界或组织边界的业务过程。此时，传统的依据组织结构图建立起来的自上而下的结构形式已不适用，横向的、扁平化的组织形式更利于实现跨职能、跨部门的协作。同时，企业可以通过以下四种形式进行持续改进：通过新的和改进的产品与服务来增加价值；减少差错、缺陷及相关的成本，避免浪费；提高资源的利用率和改善使用效果；在解决顾客投诉和提升产品质量方面，提高响应速度，缩短周期时间。

过程导向能帮助企业更好地理解上述四种改进形式之间的协同效应，认清问题的根源所在，从而促使改进持续进行。而真正的改进取决于"学习"，也就是要通过实践和结果之间的不断反馈来理解改进为什么能够成功，并树立新的目标和方法。学习是一个循环的过程，企业需要不断地学习，以达到持续改进的目的。一般来说，学习过程由四个步骤构成：制订计划、执行计划、评估进展情况、根据评估的结果进行修正。尽管这四个步骤看起来比较简单，但要理解这一过程背后的理念，就必须理解和综合全面质量管理中的众多概念和原则，如持续的改进和学习应当成为日常工作的常规组成部分，要求企业中的每个人都参与并在不同部分层级间实施，同时也要重视经验、机会在企业中的交流和共享。

1.4 质量管理与监督

1.4.1 质量管理

质量管理包括制定质量方针、质量目标，为实现质量目标实施质量策划、质量控制、质量保证和质量改进等活动。除质量管理外，组织的生产、财务、营销等经营过程本身也存在着质量管理活动。因此,质量管理是构成各项管理的重要内容,只有与各项管理融为一体,才能实现其自身目标。质量管理职能需要通过建立、实施、保持和持续改进质量管理体系来实现。

质量管理发展的过程大致经历了三个阶段,即质量检验阶段、统计质量控制阶段、全面质量管理阶段。

1. 质量检验阶段

20 世纪前,产品质量主要依靠操作者本人的技艺水平和经验来保证,属于"操作者的质量管理"。20 世纪初,以弗雷德里克·泰勒(F.W.Taylor)为代表的科学管理理论的产生,促使产品的质量检验从加工制造中分离出来,质量管理的职能由操作者转移给工长,属于"工长的质量管理"。随着企业生产规模的扩大和产品复杂程度的提高,产品有了技术标准(技术条件),公差制度也日趋完善,各种检验工具和检验技术也随之发展,大多数企业开始设置检验部门,有的直属于厂长领导,这时属于"检验员的质量管理"。上述几种做法都属于事后检验的质量管理方式。

2. 统计质量控制阶段

1924 年,美国数理统计学家沃尔特·休哈特(W.A.Shewhart)提出控制和预防缺陷的概念。他运用数理统计的原理提出在生产过程中控制产品质量的"6σ"法,绘制出第一张控制图并建立了一套统计卡片,奠定了质量控制理论基础。道奇(H.F.Dodge)和罗米格(H.G.Romig)提出的检验理论构成了质量检验理论的重要内容。但直到 1950 年美国专家戴明(W.E.Deming)到日本推广品质管理时,才使统计质量控制趋于完善。统计质量控制阶段强调定量分析,在质量管理中引入数理统计方法,建立抽样检验法改变全数检验为抽样检验;制定公差标准,保证批量产品在质量上的一致性和互换性。这是质量管理走向成熟的一个标志,为质量管理的进一步科学化奠定了理论基础。

3. 全面质量管理阶段

20 世纪 50 年代以来,随着生产力的迅速发展和科学技术的日新月异,人们对产品的质量从注重产品的一般性能发展为注重产品的耐用性、可靠性、安全性、维修性和经济性等。在生产技术和企业管理中要求运用系统的观点来研究质量问题。在管理理论上也有新的发展,突出人的因素,强调依靠企业全体员工的努力来保证质量,此外,随着"保护消费者利益"运动的兴起,企业之间的市场竞争越来越激烈。在这种情况下,美国的费根鲍姆于 20 世纪 60 年代初提出了"全面质量管理"的概念。他提出,全面质量管理是"为了能够在最经济的水平上并考虑到充分满足顾客要求的条件下进行市场研究、设计、生产和提供服务,把企业各部门在研制质量、维持质量和提高质量方面的活动构成为一体的一种有效体系"。我国自1978年开始推行全面质量管理，并取得了显著成效。

1.4.2 质量监督

在市场经济环境下，特别是在不完全的市场经济条件下，作为买卖双方争议和行为的评判，质量监督作为一种功能随之产生和发展。

1. 质量监督的概念

质量监督是指为了确保满足规定的质量要求，对产品、过程或体系的状况进行连续的监视和验证，并对记录进行分析。

质量监督的对象是产品、过程或者体系，以及作为这些对象的行为主体的组织（如生产、销售及相关方等）。监督的实施者是组织、消费者或以消费者的名义进行监督的人。由于受监督的对象随着环境或时间的变化而变化，因此质量监督应是持续的或以一定频次进行的。质量监督的方式和手段包括监视、验证以及与其相关联的设施、活动和制度、法规等形成的机制。质量监督建立在信息的收集、分析、整理、传递和反馈的循环过程中。

由于在市场交易中双方的信息不对称，总有一方因为获取的信息不完整而处于劣势。生产者和销售者可能以次充好，以假冒伪劣商品欺骗消费者，以低质量产品驱逐高质量产品，导致真正好的产品卖不出去，好的企业倒闭、破产，出现类似劣币驱逐良币的现象。因此，质量监督作为确保质量满足规定要求的手段是不可缺少的。

2. 质量监督的方式和途径

（1）建立和完善买方市场机制

在买方市场条件下，买者有选择，卖者有竞争，并能形成比较完整的法律法规体系，与卖方市场环境相比，具有完善的质量监督功能。

（2）建立有效的质量监督体系

一是质量监督人格化，即任何与产品生产、销售相关的人都有质量责任；二是质量监督法人化，即任何产品的生产、销售企业都要对质量负责；三是质量监督职能化，即政府与社会各类质量监督部门应有质量监督的责任；四是质量监督社会化，即各类民间机构和消费者都有权监督产品质量。

（3）法律监督

法律监督是上述质量监督体系建立和实施的基础，必须依法授权、依法定责，建立市场公平竞争机制。

（4）技术监督

一是用技术手段监督，依据科学的检测方法和先进、精确的检测设施及准确的检测结果来评价监督对象，用科学的数据说话；二是对技术水平的监督。计量与监视设备是技术监督的手段，其水平和精度是评价技术水平的基础。保证受检产品符合标准的要求，显然标准的水平决定了其质量的水平。质量的技术监督以科学数据为依据，其具有客观性、准确性和稳定性的优点。

（5）质量认证制度

质量认证制度是解决由信息不对称所产生的逆向选择行为的一种有效途径。通过质量认证可以证实生产者所传达的信息的真实性和准确性。质量认证制度在证实真实消费的同时，能够在客观上产生警示与惩戒的作用。

（6）生产许可证制度

生产许可证制度从1984年实施以来，一直是我国产业结构调整和提高产品质量的有力措施，是强制性质量监督和管理的重要手段。实践表明，制定生产许可证制度对于现阶段我国转型期的市场环境是很有必要的，其产生了一定的效果。但随着我国经济的逐步开放，生产许可证制度将呈现弱化的趋势。

（7）消费者协会等社会组织的监督

一个成熟的买方市场必须培育出理性的消费者。消费者协会是指由消费者组织依法成立的保护消费者合法权益的社会团体，具有一定的权威性和公正性，是世界上大多数国家普遍实行的一种社会质量监督形式。

3. 质量监督的发展趋势

经济全球化背景下的质量监督，至少有以下两个方面的发展趋势。

（1）建立市场准入制度体系

制度的实质是为规范人们的活动和相互关系而设定的一些制约。其主要作用是通过建立一个人们相互作用的稳定结构来减少不稳定性。市场准入制度也称市场准入管制，是国家通过制定关于市场主体和交易对象进入市场的有关法律法规以规范市场秩序，营造良好的竞争环境的活动。就产品质量的市场准入制度而言，它通过建立技术法规、标准及合格的评定程序等，构筑"技术屏障"，以保护消费者的利益，引导、激励和督促生产者和消费者建立自律机制，以不断提高产品质量。

（2）质量监督机制的建立和完善

质量监督机制通过组织、法律法规、程序等形成的客观制约，迫使生产者、销售者在其生产经营活动中自我约束、自我完善及自我改进。

1.5 现代质量管理的发展新趋势

1.5.1 经济全球化

经济全球化是当今世界经济发展的重要特征。经济全球化有利于生产资源和生产要素在全球的重新配置，有利于资本和产品的全球性流动，也有利于科技的全球扩张。经济全球化主要表现为贸易自由化、生产国际化和金融全球化。其中，金融全球化是经济全球化的重要表现和关键环节，与贸易自由化和生产国际化紧密相关，三者共同构成经济全球化的具体内容。

科学技术的发展是推动经济全球化不断深入的一个主要动力。例如，技术手段的进步减少了传统贸易模式中对部分资源的依赖；随着信息技术和电子商务的发展，传统国际贸易的交易过程也发生了深刻的变化，许多交易环节都开始通过网络进行；运输成本的降低推动了经济全球化和企业间分工合作的深化发展；技术进步也带来了商品和服务需求的增加。

全球化已成为企业的重要特征。全球化市场对企业的产品和服务要求越来越高，进而对企业的质量管理也提出了新的要求。全球化的影响促使企业重新规划供应链和业务流程，以保证质量、效率和可用性。

1.5.2 信息化

信息化是当今时代的重要特点，企业内部由于信息系统的应用实现了内部信息高度集成，计算机与网络技术使得质量管理系统可以实现自动化与智能化，进一步提高了产品的质量水平，产品的质量控制正一步步向零缺陷的方向前进。质量管理的水平正随着技术工具的更新向前所未有的高度迈发。利用网络技术，企业可以更迅速地获得更多的顾客信息，更好地满足顾客个性化的需求。

1.5.3 自动化

质量管理自动化是指由人与计算机技术设备和管理控制对象组成的人机系统，核心是质量信息管理系统。管理自动化采用多台计算机和智能终端构成计算机局部网络，运用系统工程的方法实现最优控制与最优管理的目标。大量信息的快速处理和重复性的脑力劳动由计算机来完成，处理结果的分析、判断、决策等由人来完成，形成人、机结合的科学质量管理系统。

质量管理自动化正向着自适应、自学习的方向发展，以求更好地模拟人的决策过程。采用专家系统，即将专家的知识存入计算机中，以提高质量管理自动化的水平。质量管理自动化将对质量管理系统的改革产生深远影响。工业革命是自动化技术的助产士。正是由于工业革命的需要，自动化技术才冲破了卵壳，得到了蓬勃发展。同时，自动化技术也促进了工业的进步，已经被广泛地应用于机械制造、电力、建筑、交通运输、信息技术等领域，成为提高质量管理水平的主要手段。

1.5.4 新型工业化

新型工业化，就是坚持以信息化带动工业化，以工业化促进信息化，即科技含量高、经济效益好、资源消耗低、环境污染少、人力资源优势得到充分发挥的工业化道路。与传统的工业化相比，新型工业化有三个突出的特点：第一，以信息化带动的、能够实现跨越式发展的工业化。以科技进步和创新为动力，注重科技进步和劳动者素质的提高，在激烈的市场竞争中以质优价廉的商品争取更大的市场份额。第二，能够增强可持续发展能力的工业化。要强调生态建设和环境保护，强调处理好经济发展与人口、资源、环境之间的关系，降低资源消耗，减少环境污染，提供强大的技术支撑，从而大大地增强我国的可持续发展能力和经济后劲。第三，能够充分发挥人力资源优势的工业化。通过加强现代质量管理，协同新型工业化道路，形成现代质量管理工业化，使得质量管理又迈向一个新的高度。

参考文献

[1] 刘石兰，任浩. 探析全面质量管理与传统管理的区别[J]. 商业研究，2006(5):122-124.

[2] 陈君珊. 全面质量管理、企业信息化实施与组织运营绩效之间的关系研究[D]. 广州：华南理工大学，2011.

[3] 洪志生，苏强，霍佳震. 服务质量管理研究的回顾与现状探析[J]. 管理评论，2012，24(7):152-163.

[4] 王元泉. 服务质量管理研究[D]. 北京：首都经济贸易大学，2004.

[5] 李锋. 基于质量评价体系的服务质量管理[D]. 辽宁：东北财经大学，2006.

[6] 徐金灿，马谋超，陈毅文. 服务质量的研究综述[J]. 心理科学进展，2002，10(2):233-239.

[7] 同淑荣，彭炎午. 制造质量控制与质量功能展开的集成模型[J]. 西北工业大学学报，2001，19(1):122-125.

[8] 同淑荣,彭炎午,阎秀天. 面向 QFD 的制造质量控制信息[J]. 西北工业大学学报,2005,23(4):508-511.

[9] 张忠，金青. 服务型制造质量竞争力模型构建与评价[J]. 制造业自动化，2015(2):76-79.

[10] 彭德彪. 制造企业的质量管理与控制探析[J]. 无线互联科技，2013(7):89-90.

第 2 章

质量战略管理

2.1 质量战略管理的定义

　　质量问题是一个关系到国家经济发展、企业经营成败的战略性问题。面对越来越激烈的国际化市场竞争，产品的质量问题不仅直接影响企业的发展和经营成败，而且也代表一个国家的形象，体现一个民族的精神，反映一个民族的素质。因此，无论是一个国家还是一个企业，都不应该仅仅把加强质量管理作为一个权宜之计，而要把它作为一个中心任务和战略问题长期不懈地坚持下去。

　　"战略"一词起源于军事领域。《中国大百科全书：军事》将其定义为"指导战争全局的方略"，泛指为实现战争目标所制定和采用的准备和实施战争的方案、对策。现代社会，政治经济领域广泛引用"战略"一词，解释为具有统领性、全局性的方针、对策和谋略。

　　质量战略管理是现代质量管理与战略管理相结合的产物，是战略管理在现代质量管理中的延伸和具体运用，是战略管理与现代质量管理结合应用而形成的一种新型管理模式。这种新型管理模式，既有与战略管理相似的一面，又有其自身的特点，体现了现代质量管理的发展与创新。

　　质量战略管理是在现代质量管理和战略管理的基础上衍生形成的，主要以"战略定位"和"价值链"分析为核心。质量战略管理的基本原理是通过对各种质量作业活动的动态反映，在质量定位分析和质量价值链分析的基础上，优化质量过程，对质量及其成本进行动态控制和战略绩效评价，以提高质量管理水平。

2.2 质量战略管理的要素及原则

2.2.1 质量战略管理的要素

质量战略管理是一个过程,它建立了许多以顾客为中心的目标,并采取措施来实现这些目标。质量战略管理是整个组织战略计划中一个必不可少的部分,并且必须在高层管理人员的领导下来实施。质量策划以产品和过程标准为中心,由中层管理人员来实施。

本节将仔细分析质量战略管理的基本要素,并详细地阐述如何将质量要素紧密地结合在一起,在一个广泛的可接受的框架中提供以下要素。

① 定义使命和关键成功因素。
② 研究内外部环境,确定出组织的优势、劣势、机遇及威胁。
③ 制定一个长期的最终目标(愿景)。
④ 开展关键战略来实现这种愿景。
⑤ 开展战略目标(长期的和短期的)。
⑥ 细化目标,通过开展运营计划和项目(展开目标)来实现该目标。
⑦ 任命执行官来实施战略。
⑧ 利用测量、评估及审核的方法来考核战略的进展情况。

质量成为上文所述的战略管理要素中必不可少的部分。质量战略管理要素包括:建立组织机制以实现战略改进;授权职工进行质量改进;制定一系列的标准并履行这些标准所规定的质量职责;建立测量系统来考核目标改进的进展情况;通过认可员工的优异表现并给予一定奖励的方式来加强员工的工作责任心。

2.2.2 质量战略管理的原则

1. 社会性原则

社会性原则是指从整个社会经济的发展状况来看待质量问题,即从保证国民经济的健康发展、保证人民群众的合法权益、保证社会资源的合理利用和投入产出的更高效益来对待质量问题。

2. 综合性原则

质量问题实际上是对许多方面存在的问题的一个综合反映,包括资源的合理利用、生产者和消费者的质量意识、民族的整体素质、科学技术的发展水平、企业经营管理水平、社会道德水平、市场的规范化程度以及法律制度的健全和完善程度等。要想提高质量，必须从多方面进行综合管理。

3. 长远性原则

影响质量的因素不仅来自多个方面，而且极其复杂和具有长期效应。对于每个企业来说，质量问题应是其经济建设中的一个长远性的问题，不仅要有长远的规划和预测，而且要常抓不懈。对于不同层次的问题，又要采取不同的处理方法，根据轻重缓急来区别对待。按照实现的可能性，集中力量，有重点、有步骤、分层次地做好质量管理工作。

4. 系统性原则

所谓系统性原则，是指要构建基于"质量螺旋"或"质量环"的质量系统，即要站在系统的高度，从全局优化的思想出发，对产品质量形成过程中的各个环节进行系统性的质量控制。

2.3 传统质量管理与质量战略管理的区别

传统质量管理是为了满足质量的技术性、标准性要求，着眼于加强对质量过程的严格控制；全面质量管理也只是把质量的技术性与经济性、质量与成本结合起来，形成质量成本概念，并建立实现短期目标的战术性质量管理体系。但在竞争的环境下，该体系渐渐暴露出其不适应性。突破战术性质量管理的束缚，将"战略"理念运用于质量管理中，在目标要求上实现战略转移，把"战略"理念贯穿经营管理过程的各个环节，以推进质量战略管理的形成。实现观念的转变后，就会发现在质量问题上传统管理与战略管理的主要区别。传统质量管理与质量战略管理的区别见表 2-1。

表 2-1 传统质量管理与质量战略管理的区别

传统质量管理	质量战略管理
采用"正常允许"废品、浪费和返工的标准成本系统；零缺陷是不现实的观念	不允许废品、浪费和返工；零缺陷是普遍的观念
间接费用差异分析；通过产量最大化来吸收间接费用	吸收间接费用不是关键；不强调标准成本和差异分析
进行原材料价格差异分析；从许多供应商手中选购以避免不利的价格差异；投入低价格、低质量的原材料	不控制原材料价格；确定数量合适、价格合理且交货及时的供应商

续表

传统质量管理	质量战略管理
不重视非财务的业绩计量	广泛应用非财务计量（每百万部件不良品率、产出百分比、废品、计划外的机器停工、一次合格率、职工建议数量等）
不追踪顾客对产品的接受程度	系统地追踪顾客对产品的接受程度（顾客投诉、交货期长短、未及时交货至顾客指定地点的失误事件）
不采用质量成本分析	质量成本是诊断仪器和管理控制的工具
目标在"参考组"中名列前茅	目标不断改进、突破
每年的目标是满足成本标准	工业标准是出发点
标准要求能达到，但不要求突破	每年的目标是超过上一年的业绩
标准是严格的，同时也是可以达到的	努力突破本年目标（不断改善）
如果经常容易突破标准，那么说明标准过于宽松	每一个成就为未来的努力确定了新的起点

2.4 质量战略管理实施程序

质量战略管理是企业在一定时期内战略目标的要求，从企业内部条件出发，充分研究有关质量的外部环境。其核心是质量战略的选择，关键是质量战略的实施。质量战略管理过程如图 2-1 所示。

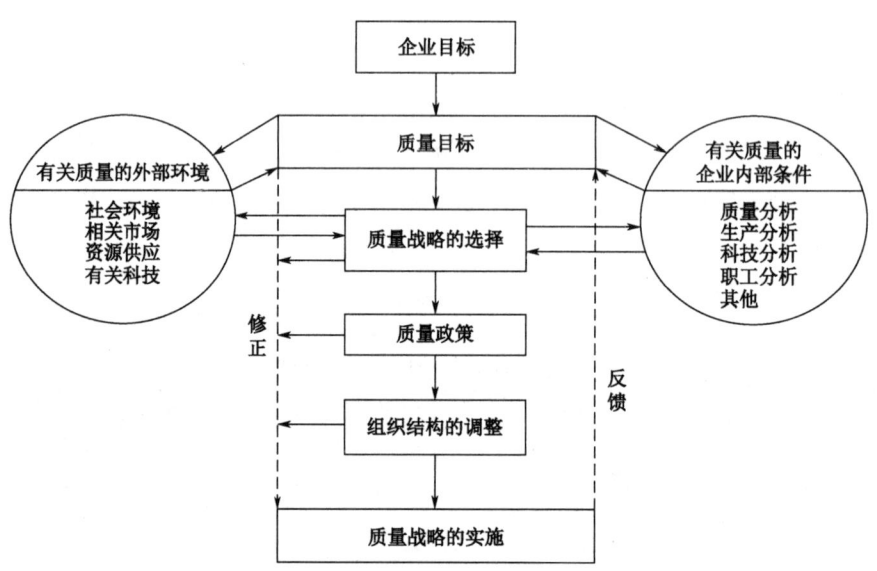

图 2-1 质量战略管理过程

具体来说，实施质量战略管理的程序如下。

1. 企业的自我评估

评估企业过去质量成本管理的策略，分析竞争对手、企业有无质量优势及内部管理效率，确定企业质量管理优劣的具体内容。

2. 质量战略成本定位分析

质量战略成本定位分析是指企业在赖以生存的市场上如何选择竞争武器，以抗衡竞争对手的分析方法。著名企业战略学家迈克尔·波特（Michael E.Porter）提供了三种基本竞争战略：成本领先战略、差别化战略和目标集中战略。企业可以根据自身的生产经营情况加以采用。

在质量战略管理中推行成本领先战略，就是指企业通过加强内部质量成本控制，在产品研发设计、生产制造、销售、服务等环节，把质量成本降到最低限度，在业界质量成本水平处于领先地位。在质量战略管理中推行差别化战略，就是指企业提供与众不同的产品质量和服务，满足顾客特殊要求，形成差异化竞争优势的战略。例如，在设计品牌形象、技术特点、售后服务质量等方面，独树一帜，具有质量特色。在质量战略管理中推行目标集中战略，就是指企业把质量战略管理的重点放在一个特定的目标市场上，为特定地区或特定购买群体提供特定质量的特殊产品和服务。一般采用这种质量战略管理的企业，基本上是特殊的差别化企业或特殊的成本领先企业。

3. 价值链分析

质量战略管理价值链分析主要包括以下内容。

（1）行业价值链分析

行业价值链分析就是从战略上明确企业在行业价值链中的位置，分析企业自身与上游（供应商）、下游（分销商）和顾客价值链的关系，充分利用上游与下游价值链活动，保证质量提高、成本降低，调整企业在行业价值链中的位置与范围，把握质量优势。例如，日本丰田汽车公司积极参与它的零部件供应商制订实施的提高零部件加工质量计划，无偿地为供应商培训员工，协助供应商建立质量保证体系，对供应商产品质量的提高给予奖励，帮助供应商寻求其他出口机会，从而使丰田汽车公司降低了零部件存货成本，提高了产品质量，为丰田汽车公司在世界范围内形成成本领先战略提供了强大的保证，使两者（企业与供应商）价值链紧密相连。

（2）企业内部价值链分析

企业内部价值链分析的目的是找出产品质量最基本的价值链，揭示哪些是增值作业，哪些是非增值作业，探索提高质量和增值作业的途径，达到降低质量不经济性、提高质量水平和效益的目的。

（3）竞争对手价值链分析

竞争对手价值链分析的目的是通过对竞争对手情况的深入调查，分析研究，模拟测算，摸清对手的质量水平及发展方向，以便确定自己的质量目标与发展战略，与竞争对手的价值链相适应。

（4）质量动因分析

质量动因是指引起产品成本发生变动的原因。质量动因分析旨在探索减少产生质量问题的动因并加以消除。

4. 质量战略管理绩效评价

质量战略管理的绩效评价指标不仅应与企业的质量竞争战略相结合，而且应将绩效评价指标由财务指标系统扩展到非财务指标系统，若采取产品差异战略，则既要注重新产品收入占全部收入的比率等财务指标，又要注重新产品上市的时间，产品市场占有份额、产品创新率、技术进步率等非财务指标。质量战略管理绩效评价的关键在于它能够发现企业质量中的问题，并针对问题加以改进，从而优化质量水平，提高质量效益。

2.5 质量战略管理分析

2.5.1 质量战略管理的特定市场竞争结构分析

企业总是处于特定的市场。一个特定市场中的竞争存在五种基本的竞争力量，即潜在加入者的威胁、现有竞争者的抗衡、代用品的压力、购买者讨价还价能力和供应者讨价还价能力。这五种基本竞争力量的状况及其综合强度，决定着特定市场的竞争激烈程度，决定着特定市场中获得利润的最终潜力，从战略制定的角度看，五种竞争力量共同决定特定市场竞争的强度和获利能力。但是，各种力量的作用是不同的，常常是最强的力量或某股合力共同处于支配地位，起决定作用。

一个特定市场中的企业，其竞争战略目标应是在此特定市场中找到一个位置，在这个位置上，该企业能较好地防御五种竞争力量，或者说，该企业能够对这些竞争力量施加影响，使它们有利于本企业的发展。因此，企业在制定战略时，应透过现象抓本质，分析每个竞争力量的来源。

（1）潜在加入者的威胁

这种威胁称为进入威胁。进入威胁的状况取决于进入障碍和原有企业的反击强度。决定进入障碍大小的主要因素有以下几个方面。

① 规模经济。规模经济迫使新加入者必须以大的生产规模进入，并冒着现有企业强烈反击的风险；或者以小的规模进入，但要长期忍受产品成本高的劣势。这两种情况都会使新加入者却步不前。

② 产品差异优势。产品差异优势是指原有企业所具有的商标信誉和用户的忠诚度等。它所形成的进入障碍，新加入者要用很大的代价来树立自己的信誉和克服现有用户对原有产品的忠诚度。

③ 资金需求。资金需求所形成的进入障碍，是指在这种特定市场经营的企业，不但需要大量资金，而且风险大，新加入者要在握有大量资金、冒很大风险的情况下才会进入。

④ 转换成本。这里所说的转换成本是指购买者转换供应者所支付的一次性成本。

⑤ 销售渠道。特定市场的正常销售渠道已经为原有企业服务，新加入者要进入该渠道，必须通过让价、合作广告和津贴等办法来使原销售渠道接受自己的产品。这样就形成了进入障碍。

（2）现有竞争者的抗衡

① 众多的或势均力敌的竞争者。当一个特定市场的企业为数众多时，必然会有一定数量的企业为了占有更大的市场份额和取得更高的利润而突破特定市场一致行动的限制，独立行动，采取打击、排斥其他企业的竞争手段。这势必在现有竞争者之间形成激烈的抗衡。

② 特定市场增长缓慢。在特定市场快速增长时，因为各企业可与特定市场保持一致的情况下，充分发挥各自握有的资金和资源的作用来发展自己，所以竞争比较缓和。特定市场增长缓慢时，有限的发展势必使各企业为了寻求自己的出路，把力量放在争夺现有市场的占有率上，从而使现有竞争者的竞争激化。

③ 高固定成本和库存成本。当一个特定市场固定成本较高时，企业为降低单位产品的固定成本，势必采用增加产量的措施。企业的这种发展趋势会使生产能力过剩，而且还会导致价格大战，从而使现有竞争者的竞争激化。

④ 产品统一性高和转换成本低。一个特定市场的产品若差异性高，购买者必然会按照对某些特定销售者的偏好和忠诚度来购买，生产企业间的竞争就会缓和。反之，产品统一性高，购买者所选择的是价格和服务，就会使生产者在价格和服务上展开竞争，使现有竞争者之间的抗衡激化。同样，转换成本低时，购买者选择自由，也会产生相同的作用。

⑤ 规模经济的要求。规模经济要求大量增加企业生产的特定市场，新的生产能力的不断增加，就必然会经常打破特定市场的供需平衡，使特定市场产品供过于求，迫使企业不断降价销售，强化了现有竞争者的抗衡。

⑥ 不同性质的竞争者。任何企业都会根据自己的目标、条件制定战略，并设法在竞争中取胜。所以，竞争者的性质不同，采取的竞争方式和手段也不同。

⑦ 退出障碍。退出障碍是指经营困难的企业在退出特定市场时所遇到的困难,这是由以下原因造成的:专业化的固定资产,这类固定资产其清算价值低或转换成本高;退出的费用高,每个特定市场的进入障碍和退出障碍的程度是不同的,这样就会形成不同的组合。

(3) 代用品的压力

代用品是指那些与特定市场的产品具有同样功能的其他产品。代用品的价格一般较低,将其投入市场,会使特定市场产品价格的上限只能处在较低水平,这就限制了特定市场的收益。代用品的价格越有吸引力,这种限制作用也就越牢固,对特定市场构成的压力也就越大。正因为如此,特定市场与生产代用品的其他特定市场进行的对抗,常常使特定市场中的所有企业采取共同措施。

(4) 购买者讨价还价能力和供应者讨价还价能力

任何特定市场的购买者和供应者,都会在各种交易条件上尽力迫使对方让步,使自己获得更多的收益。在这个过程中,讨价还价能力起着重要的作用。无论是购买者还是供应者,其讨价还价能力均由以下因素决定。

① 特定市场的集中度。无论是购买者特定市场还是供应者特定市场,如果集中程度比对方高,由几家大公司控制,就会提高自身的地位,使对方不得不接受自己的条件成交。

② 交易量的大小。若购买量占供应者供应量的比重大,购买者讨价还价的地位就高;若供应量占购买者购买量的比重大,供应者讨价还价地位就高。

③ 产品差异化情况。如果是标准化产品,购买者确信能找到对自己更有利的供应者,购买者就可以在讨价还价中持强硬态度。如果是差异性产品,供应者知道购买者在别处买不到,供应者就可以在交易中持强硬态度。

④ 转换供货单位费用的大小。购货单位转换供货单位的费用大,转换困难,购货单位讨价还价的地位自然就低。反之,购货单位可以轻易地转换供货单位,其讨价还价的地位自然就高。

⑤ 纵向一体化程度。若购买者已实现了后向一体化,就会使供应者处于不利地位;若供应者已实现了前向一体化,就会使购买者处于不利地位。

⑥ 信息掌握程度。谁掌握的信息多,谁就会占主动地位。

⑦ 其他因素。当供应者的产品对购买者的产品影响大时,供应者的讨价还价地位就高;当批发商、零售商能左右最终购买者的购买决策,影响其是否购买某种产品时,他们就取得了更强的讨价还价能力。

特定市场竞争结构分析的目的在于了解特定市场的竞争力量及其基本情况,明确本企业的优势和劣势,确定本企业对各种竞争力量的态度及采取的基本政策,从而助力企业制定出有效的竞争战略。其中包括如何抵制进入者,如何与代用品竞争,如何提高与供应者和购买者讨价还价的能力,如何应对原有竞争者的抗衡等,这些都是在特定市场结构分析基础上应考虑的问题。

2.5.2 质量战略管理的使命和愿景分析

使命是对组织目的及其工作范围的描述,即使命就是"我们所开展的业务"。例如,电梯公司的使命是为顾客提供使人和物上升下降的工具;出租公司的使命是让所有的顾客满意;仪器设备公司创造、生产和销售实用的产品并提供优质的服务来满足全世界顾客的需要;华为的使命是抓住数字化转型的机遇,为客户创造价值,致力于推动数字化转型,并努力让全球人民都享受到数字化带来的便利和幸福,坚持开放合作的原则,与全球各行各业携手共创数字化智能世界。

使命陈述阐明了组织现在正在做什么,但是我们必须检验组织内外部环境并对它们未来的发展趋势进行战略性思考。对质量和环境的分析应该集中在四个要素上:劣质成本、基于质量的市场、当前质量文化及当前质量体系。这些要素都很重要,因为它们是定义愿景、发展战略和展开战略的驱动力。

愿景陈述阐明了组织在未来期望达到的一种状态。愿景可被看作组织的最终目标,需要五年甚至更久的时间去实现。例如,医疗机构要在提供优质且可受的医疗保健方面处于领先地位,保证所提供的服务和价值超出顾客的期望;汽车制造企业要设计、制造和销售高质量的汽车。

实际上,使命陈述强调了"现在我们从事什么业务";愿景陈述强调了"将来我们从事什么业务"。有时候陈述包括现在和未来两个部分。

2.6 质量战略管理方案

2.6.1 质量战略管理方案的制订

1. 质量战略环境分析

通常采用的主要方法是 SWOT 分析方法。

(1)企业内部因素分析——优势与弱势

企业内部因素分析见表 2-2。

表2-2　企业内部因素分析

因素	内容
领导层	年轻化；知识化；经验、能力与阅历；决策偏好；管理作风；个人抱负；团队结构搭配
人力资源	技能；素质；工作态度；积极性；敬业精神；冗员；培训；人际关系
组织	企业制度；机构设置；责权利；授权；内耗；组织效能；计划性
产品	性能；品质；寿命周期；成本
营销	价格；促销方法；营销渠道；售后服务；市场占有率
生产	产能；工艺流程；设备先进性；工厂布局
财务	财务状况；各种财务比率；损益；资金状况；银行信用；三角债务；担保
研发	研发力量；创新能力；技术储备；信息系统
信誉	品牌；声誉；知名度；公众形象；名人效应；公共关系；顾客印象
其他	股东背景；产权纠纷；出资真实性；经营理念；劳资关系；历史包袱；厂容厂貌；地理区位与周边环境；公益心

（2）外部环境因素分析——威胁与机会

外部环境因素分析见表2-3。

表2-3　外部环境因素分析

因素	内容
市场	饱和或衰退；市场成长性；细分化；区域结构；流行趋势；竞争状况；消费走向；新产品和替代品
科学技术	变革趋势；新技术；信息技术影响；专利与技术垄断性；消费新理念；应用研究
经济	经济增长率；产业政策；区域发展政策；体制改革；要素市场；税制改革；资本市场；行业重组；关贸影响；进出口状况；人民币币值状况；汇率变动；国际金融危机；外资进入；消费政策
社会	政治稳定性；社会阶层；利益集团；消费状况；重大工程；当地重大科技、文化、体育、旅游、宗教、民俗节日活动
法律	立法趋势；法律覆盖面；法规变动性；消费者保护；质量监督；商品检验；行业或产品许可；广告真实性；公害与环保；科技进步与成果转化
生态	能源；原料；包装物；废弃物处理；污染排放；资源再生；可持续发展

2. 战略制定要点

企业、管理层领导集体召开头脑风暴式的讨论会，围绕企业的优势、弱势、威胁和机会畅所欲言，而后进行详尽的综合，或罗列在SWOT四分图内。

为避免企业管理层的主观偏颇看法、心态太过乐观或太过悲观，可借助外界专家顾问协助分析工作，力求获得客观公正的结论。

企业在明了现状的基础上，对企业历史演进与国内外先进水平进行纵横比较和标杆学习之后，要描述未来景象，提出未来规划期的理想目标。

在制定战略的过程中，一般要拟订多套战略方案。企业可以设计一个评价指标体系，对这些方案进行筛选优化。

为增加战略的适用性和弹性，在评价指标体系中最好有三套目标方案，即最高目标、中等目标、最低目标。

企业确立战略目标和评价指标体系后，对未来理想值与现状进行差距分析，找出消除差距和制约发展的主要问题、最大限制因子和限制因素序列，指出相应的对策，据此提出企业战略重点和战略措施体系。

3. 战略规划报告的撰写

（1）编写原则

① 结构清晰、一目了然。

② 内容完整、重点突出、简繁得当。

③ 编排精致、装帧美观、阅读方便。

（2）体例

① 前言（序言）。

② 主报告（总体规划）。

③ 分报告。

- 专项规划（专题规划）。
- 调研报告。
- 背景材料（行业、产品、市场、竞争对手）。

（3）版本与保密

① 企业战略规划是企业的核心机密之一，谨防不经意的泄露。

② 全套性完整的规划文本（包括原始资料）须在重要部门保存，并控制印刷份数，仅在企业高层小范围传送。

③ 邀请外界专家顾问参与论证规划所用的文本要及时收回。

④ 为公关需要向传播媒介透露的企业战略规划，仅提供已删节的简单版本。

⑤ 将企业战略规划传导到下属部门时,该版本的企业战略规划则以与该部门业务相关的专项规划为主。

2.6.2 质量战略管理方案的评价与选择

1. 战略评价的步骤

（1）识别当前的企业战略

企业需要考虑是否寻求相关多元化、不相关多元化或二者混合的企业战略；最近的购并和剥离行动的本质和目的是什么；企业管理层试图创建的多元化经营业务的种类等问题。具体而言，企业要考虑以下内容。

① 企业多元化的程度。这可以通过每一项经营业务的销售额和经营利润内总销售额和经营利润的比例来衡量，并要看多元化的基础是宽还是窄。

② 企业的经营范围是以国内为主，还是考虑多国本土化、全球化。

③ 在企业中增加新业务的决策和在新行业中建立地位的任何决策。

④ 剥离已经失去吸引力的经营业务的决策。

⑤ 最近采取的增加关键经营业务的业绩，或加强现存业务经营地位的决策。

⑥ 管理人员为获取战略匹配利益和利用业务间的价值链关系创建竞争优势所做的努力。

（2）检验行业吸引力

影响行业长期吸引力的因素如下。

① 市场规模和表现出的增长率。

② 竞争强度。

③ 显现的机会和威胁。

④ 季节性因素和周期性因素。

⑤ 资本需求和其他特殊资源的需求。

⑥ 与企业现有业务存在战略匹配和资源匹配关系。

⑦ 行业获利能力。

⑧ 社会、政治、法规和环境因素。

⑨ 风险和不确定程度。

（3）检验竞争力

企业可以采用类似衡量行业吸引力的方法来评估每个经营单位的竞争力。经营单位的竞争力检验见表2-4。

表2-4 经营单位的竞争力检验

竞争力衡量标准	权数	评估值	加权评估值
相对市场份额	0.20	5	1.00
成本的竞争能力	0.25	8	2.00
关键产品与竞争对手抗衡的能力	0.10	2	0.20
与供应者/购买者的讨价还价能力	0.10	6	0.60
技术和革新能力	0.05	4	0.20
经营业务与行业关键成功因素的匹配能力	0.15	7	1.05
品牌与信誉	0.05	4	0.20
相对竞争对手的获利能力	0.10	5	0.50
总和	1.00	—	—
竞争力评估值	—	—	5.75

注：表中数值为示例，实际应用需根据具体情况设置。

(4) 检验战略匹配

企业通过检验战略匹配来考察各种经营业务价值链中的匹配关系，以及其所形成的竞争优势潜力。一般从两个方面来考察匹配关系。

① 企业内有多少经营业务与公司多元化进入的其他业务有战略匹配关系。

② 每项经营业务是否吻合公司的长期战略。

(5) 检验资源匹配

企业检验自身的资源力量，是为了更好地了解现有的资源是否能满足企业现有业务的需求。为此，多元化经营企业的各项业务需要具有很好的资源匹配关系与战略匹配关系。

① 财务资源的匹配关系。

② 管理资源的匹配关系。

(6) 根据历史业绩与未来业绩排序

多元化经营企业在行业吸引力、竞争力量、战略匹配和资源匹配等方面进行评估以后，需要进一步评价哪些业务业绩前景最佳，哪些业务的业绩前景最差，并进行排序。排序的标准主要是销售增长、利润增长、投资于某项业务的回报及现金流量增值等。一些企业也可以考虑采用经济附加值作为排序的标准。

(7) 确定资源配置顺序与战略方向

根据前面的评价过程所得到的信息和结果，企业可以决定在各种经营业务中进行资源配置的优先顺序，并为每一项经营业务设定一个一般的战略方向。在将业务从最高到最低进行排序的过程中，企业应弄清每项经营业务的基本的战略途径，究竟是投资和扩张，还是积极防御，或者是彻底调整和重新定位等。当企业在决定是否要剥离一个经营业务时，应该通过行业吸引力、竞争力量、战略匹配关系、资源匹配关系、业绩潜力（利润、资本回报、经济附加值、对现金流量的贡献）等评价标准，检验该业务是否与公司战略远景和使命保持一致。如果不能保持一致，那么企业就需要尽早剥离此业务。

(8) 制定新的企业战略

在制定企业战略时，没有一个万能公式可以遵循。企业需要通过对未来的研究、试验，收集更多信息，发掘各种选择能力，确定新的机会，对危机做出反应，充分认识战略相关因素及其重要性。值得注意的是，战略分析并不是多元化经营企业的管理者马上能够完成的一件事情。研究表明，重大的战略决策通常是逐渐形成的，而不是进行定期、全面的分析后迅速做出决策的结果。

2. 战略评价的方法

(1) 伊丹敬之的优秀战略评价标准

日本战略学家伊丹敬之认为，优秀的战略是一种适应战略，它要求战略适应外部环境因素；同时，企业战略也要适应企业的内部资源；另外，企业的战略也要适应企业的组织结构。企业家在制定优秀的战略时应该权衡以下几方面的战略思想。

① 战略要实行差别化，要和竞争对手的战略有所不同。

② 战略要集中。企业资源分配要集中，要确保战略目标的实现。

③ 制定战略要把握好时机。企业应该选择适当的时机推出自己的战略，时机要由自己积极创造。

④ 战略要能利用波及效果。企业利用自己的已有成果，发挥更大的优势，扩大影响，以便增强企业的信心。这一点实质上是强调企业要利用自己的核心能力。

⑤ 企业战略要能够激发员工的士气。

⑥ 战略要有不平衡性。企业不可能长期稳定，会有一定的不平衡性，造成一定的紧迫感，即战略要有比平时更高的要求。

⑦ 战略要能巧妙组合。企业战略要能把企业的各种要素巧妙地组合起来，使各要素产生协同效应。

（2）斯坦纳和麦纳的评价战略要素

美国战略学家斯坦纳（Steiner）和麦纳（Maina）提出了评价战略时应该考虑的要素。

① 环境的适应性。

② 目标的一致性。

③ 竞争的优势性。

④ 预期的收益性。

⑤ 资源的配套性。

⑥ 风险性。

（3）努梅特的战略评价标准

英国战略学家理查德·努梅特（Richard Rumelt）提出了可用于战略评价的标准。

① 一致性。

② 协调性。

③ 可行性。

④ 优越性。

3. 战略选择的影响因素

（1）影响战略选择的领域

① 社会领域。该领域包括企业的社会责任以及它在社会中的合法性。企业的环境是由顾客、供应者、股票持有者、管理人员、政府、公众利益团体等各利益群体组成的，其中每一个群体都向企业提出各自合法的要求，并为企业提供不同程度的支持。企业战略的变

化会使上述各方的利益受到影响。企业在选择战略时，必须让各个利益群体认为企业的活动有社会的合法性，同时该战略符合各个利益群体的要求。各个利益群体对企业应该怎样活动，以及企业在经济、社会心理等方面应该提供什么样的利益，都抱有各自的期望。因此，企业需要通过选择适当的战略来认真协调与解决各个利益群体相互矛盾的利益期望。

② 经营领域。企业要根据自身的目标选择适合自身条件的生产经营领域，并制定相应的战略，促使自己的产品得到推广和市场得到发展。

③ 竞争领域。企业为了获得竞争优势，需要关心产品生命周期、技术变革和发展，以及实际存在的和潜在的竞争者，选择适当的竞争领域，制定出各种防御战略、保护战略和攻击战略。

明确影响企业战略选择的领域范围，不仅有利于企业针对这3个领域来制定战略，还有利于企业正确、及时地变更战略。

(2) 影响战略选择的行为因素

① 过去战略的影响。在开始进行战略选择时，首先要回顾企业过去所制定的战略。因为过去战略的效果对现行战略的最终选择有极大的影响。现行战略的决策者往往也是过去战略的缔造者。由于他们对过去战略投入了大量的时间、资源和精力，会自然地倾向于选择与过去战略相似的战略或增量战略。这种选择与过去战略相似的战略和沿袭过去战略的倾向已渗透企业组织之中。研究表明，在计划过程中，底层管理人员认为，战略的选择应与现行战略相一致，因为这种战略更易被人接受，推行起来阻力较小。

② 企业对外界的依赖程度。在战略选择中，企业必然要面对供应商、顾客、政府、竞争者及其联盟等外部环境因素。这些环境因素从外部制约着企业的战略选择。如果企业高度依赖其中一个或多个因素，其最终选择的战略方案就不得不迁就这些因素。企业对外界的依赖程度越大，其战略选择的范围和灵活性就越小。

③ 对待风险的态度。风险可以理解为事件发生的不确定性（主观的看法）或事件遭受损失的机会（客观的看法）。企业可能面临的风险可分为：行业风险，包括行业生命周期阶段、波动性、集中程度；经营风险，包括市场风险、政治风险、操作风险、法律风险、项目风险、信用风险、产品风险、流动性风险、环境风险、声誉风险。

企业对待风险的态度也能影响战略选择的范围。企业如果对风险持欢迎态度，战略选择的范围和多样性便会得到拓展，风险大的战略也能被人接受。反之，企业对风险持畏惧、反对态度，选择的范围就会受到限制，风险大的战略就会受到排斥。冒险型管理人员喜欢进攻性的战略，保守型管理人员喜欢防守性的战略。两种类型的组织对待风险的态度见表2-5。

表 2-5　两种类型的组织对待风险的态度

风险承担型公司	风险回避型公司
适合在迅速变化的环境中运行	适合在稳定的环境中运行
寻求高风险、高潜力的投资机会	寻求低风险的投资机会
倾向于进攻性、快速增长战略	倾向于防御性、稳定（或维持）增长战略
选择战略方案的范围较宽	选择战略方案的范围较窄
喜欢做行业的领先者	喜欢做行业的追随者

④ 企业内部的权力关系。企业内部的权力关系会影响所有企业的战略选择。在企业中不可避免地存在着这样的情况：关键的个人和集团会形成联盟，每个集团都强调自己观点的好处和潜力以及自己的既得利益。在战略选择中，在哪个目标处于优先地位，哪项业务在资源分配中高度优先的问题上，都会掺杂权力关系的考量。在形成某种战略选择优于另一种选择的共同舆论中，企业内部的权力关系也是一种重要因素。成功的企业领导人应该确保企业内所有主要权力基础都要在最高管理层有所代表，或者都可以接近最高管理层；同时也需要运用一定的策略，引导在某件特殊事情上形成联盟及取得共同的意见和承诺。

⑤ 时间因素。时间因素主要从以下几个方面影响战略选择。第一，外部的时间制约对管理部门的战略决策影响很大。如外部时间制约紧迫，管理部门来不及进行充分的分析评价，往往不得已而选择防御性的战略。第二，做出战略决策必须掌握时机。实践表明，好的战略如果出台时机不当，那么会带来灾难性后果。第三，战略选择所需超前时间同管理部门考虑的前景时间是相关联的。若企业着眼于长远的前景，则战略选择的超前时间就长。

⑥ 竞争者的反应。在进行战略选择时，企业高层管理人员往往要全面考虑竞争者对不同选择可能做出的反应。如果选择的是直接向某一主要竞争对手挑战的进攻性战略，那么该对手很可能用反攻型战略进行反击。企业高层管理人员在选择战略时，必须考虑竞争者的反应、反应的能量，以及它们对战略成功可能产生的影响。

（3）影响战略选择的文化因素

从文化的角度来看，企业战略选择是非常有益的，因为企业的成功往往取决于文化，尤其是企业文化对战略的支持程度。文化对战略选择的影响可以归纳为以下几个方面。

① 文化不仅影响企业在选择战略时所使用的分析方法，也影响企业中流行的思维方式，因而也就影响整个战略的形成过程。具有不同文化的企业在同一环境中会以完全不同的方式来认知环境。

② 当战略得到企业价值观、信仰、仪式和礼仪等文化因素支持时，决策者往往可以迅速而容易地实施变革。如果支持性文化不存在或未被建立，那么战略的变革可能是无效的，甚至是有害的。

③ 文化因素对战略选择的影响还表现在，文化作为一种重要的资源，能够给企业带来

某种难以模仿的竞争优势。从这一意义上来看，文化不仅是影响战略选择的外在因素，而且是战略选择的一个组成部分。

（4）影响战略选择的社会、政治因素

社会和政治因素会对企业及其管理者的战略选择产生影响。

① 社会环境的影响。

② 社会道德观念的影响。

③ 政治、法律方面的影响。

4. 战略选择的方法

（1）BCG矩阵法及其改进

① BCG矩阵法。BCG矩阵法是由美国波士顿咨询公司（BCG）提出的，又称为市场增长率-相对市场占有率法。BCG矩阵法假定，最小的公司和最简单的公司除外，所有的公司都是由两个以上的经营单位所组成的。换言之，一切经营单位都有若干在经济上有明显区别的产品-市场面。在一个公司范围内的这些经营单位合称为企业的经营组合。BCG矩阵法提出，企业必须为经营组合中的每一个独立单位分别制定战略。在公司中，每个单位的产品有明显差异，并具有不同的细分市场。在拟定每个产品发展战略时，主要考虑它的相对市场占有率和业务增长率。

$$相对市场占有率 = \frac{经营单位的销售额或量（当年）}{（当年）主要竞争者的销售额或量（当年）} \times 100\%$$

或

$$相对市场占有率 = \frac{经营单位的绝对市场占有率}{主要竞争者的绝对市场占有率} \times 100\%$$

波士顿咨询公司主张，一个经营单位的相对竞争地位和市场增长率是决定整个经营组合中每一经营单位应当奉行什么样的战略的两个基本参数。以这两个参数为坐标，波士顿咨询公司设计出一个具有四象限的网格图，即BCG矩阵图，如图2-2所示。

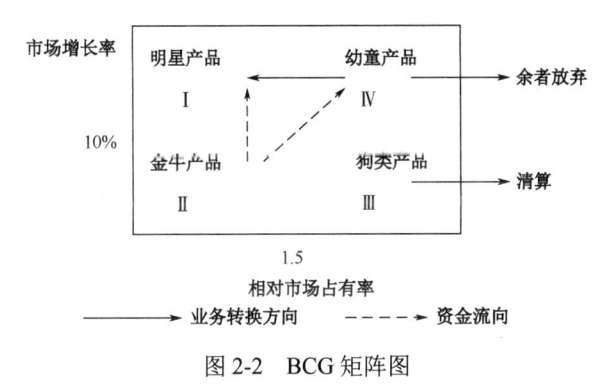

图2-2 BCG矩阵图

- 第Ⅰ象限：明星产品，它的市场占有率和业务增长率都高，这表明该产品的利润增长较快，因而所需要的和所产生的现金数量都很大。明星产品通常代表着最优的利润增长率和最佳的投资机会。显而易见，最佳战略是对明星产品采取扩张战略，进行必要的投资，从而维护或改进其有利的竞争地位。
- 第Ⅱ象限：金牛产品，它能给企业带来巨大的利益。该产品的市场占有率高，但业务增长率低。较高的相对市场占有率带来高额利润和现金，而较低的市场增长率只需要少量的现金投入。金牛产品所产生的大量利润，可用来满足明星产品的需要。因此，金牛产品通常会产生出大量的现金余额。这样，金牛产品就可提供现金去满足整个公司的需要，从而支持其他需要现金的经营单位。
- 第Ⅲ象限：狗类产品，市场占有率和业务增长率都很低，较低的相对市场占有率一般意味着少量的利润。此外，由于增长率低，用追加投资来扩大市场占有率的办法往往是不可取的。这类产品没有发展前途，而且常常成为资金的陷阱，可采取收缩战略，如抽资、放弃、清算等方法。
- 第Ⅳ象限：幼童产品，又称顽童产品，它是新生力量，但孩子的前途如何，要视其如何发展，所以又有人把这种产品称为"前途未卜"的问题产品。幼童产品业务增长率高，但市场占有率低。高速增长需要大量投资，而市场占有率低只能产生少量利润，因此企业应该进行必要的投资，使之成为明星产品。如果该幼童产品确实属于难以"教育成长"的，则应采取放弃战略。故而，从总体上看，对这类产品应采取选择性发展战略。

② 应用BCG矩阵的战略选择见表2-6。

表2-6 应用BCG矩阵的战略选择

象限	战略选择	经营单位营利性	所需资金	现金流量
明星产品	维护或扩大市场占有率	高	多	几乎为零或负值
金牛产品	维护或收获战略	高	少	极大剩余
狗类产品	放弃或清算战略	低或为负值	不投资	剩余
幼童产品	扩大市场占有率或放弃战略	没有或为负值	非常多或不投资	负值或剩余

在应用BCG矩阵进行战略方案评价时，波士顿咨询公司建议采取以下步骤。

- 将公司分成不同的经营单位。实际上公司建立战略经营单位组织时，就已经做了这一步。在矩阵中，圆圈用来表示每一经营单位，如图2-3所示。
- 确定经营单位在整个公司中的相对规模。相对规模的度量尺度是经营单位的资产在公司总资产中的份额或经营单位的销售额占公司总销售额的比重。在矩阵中，圆圈面积代表经营单位的相对规模。
- 确定每一经营单位的市场增长率。

- 确定每一经营单位的相对市场占有率。
- 绘制公司整体经营组合图,如图 2-3 所示。
- 依据每一经营单位在公司整个经营组合中的位置而选择适宜的战略。

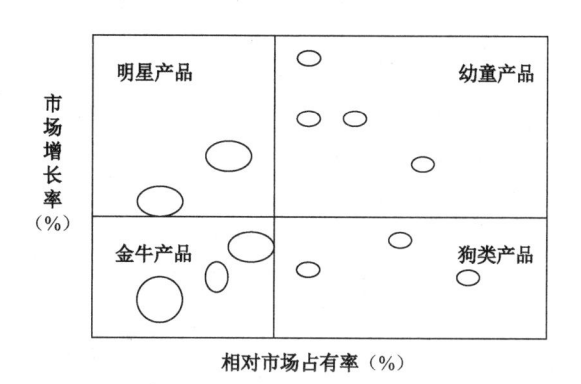

图 2-3 公司整体经营组合图

波士顿矩阵有一定的局限性。波士顿矩阵应用的假设前提是:行业吸引力由市场增长率来表示,企业实力由相对市场占有率来表示,企业销售量和盈利是正相关的,公司在各项业务间的资金回收和资金投入是平衡的。

考虑到波士顿矩阵法的局限性,波士顿咨询公司于 1983 年设计出新的矩阵图。BCG 新矩阵如图 2-4 所示。

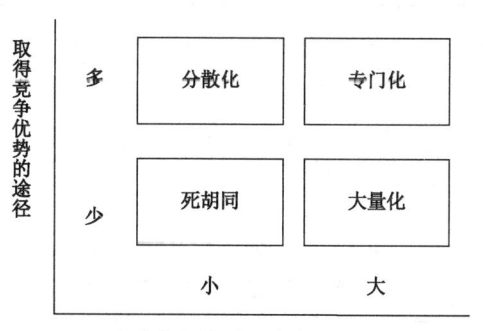

图 2-4 BCG 新矩阵图

(2)通用电气公司法

通用电气公司法又称行业吸引力-竞争能力矩阵,是由美国通用电气公司与麦肯锡咨询公司共同发展起来的,如图 2-5 所示。早在 20 世纪 70 年代初期,美国通用电气公司在应用波士顿矩阵分析公司的业务结构时就发现,除了市场增长率和相对市场占有率,还有许多在分析中不容忽视的重要因素,因此提出了另一种现今得到广泛应用的业务结构分析方法。

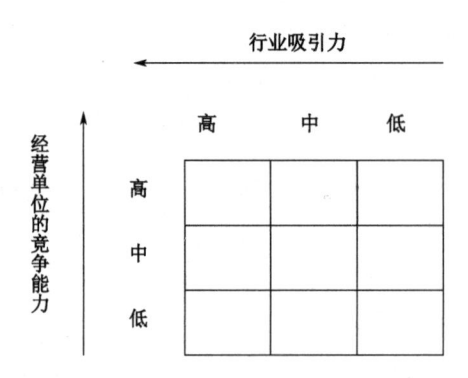

图 2-5 行业吸引力-竞争能力矩阵

行业吸引力的 3 个等级与经营单位竞争能力的 3 个等级构成一个具有 9 个象限的矩阵，公司中的每个经营单位都可放置于矩阵中的任一位置。总体来说，公司内的所有经营单位可归结为 3 类（发展类、选择性投资类、收获或放弃类），而对不同类型的经营单位应采取不同的战略。

下面讨论如何对行业吸引力和竞争能力中的每个因素进行定量化，以便确定出每个经营单位在矩阵中的位置。

首先，确定每个因素的度量方法。李克特等级及赋值见表 2-7。

表 2-7 李克特等级及赋值

等级	很不吸引人	有些不吸引人	一般	有些吸引人	很吸引人
赋值	1	2	3	4	5

其次，根据实际情况对行业吸引力或经营单位的竞争能力中的每个因素确定一个等级值。行业吸引力加权平均见表 2-8。

表 2-8 行业吸引力加权平均

因素	权数①	等级②	计分③=①×②	因素	权数①	等级②	计分③=①×②
市场规模	0.15	4	0.60	周期性	0.05	2	0.10
增长	0.12	3	0.36	财政	0.10	5	0.50
价格	0.05	3	0.15	能源	0.08	4	0.32
市场多样性	0.05	2	0.10	社会	—	4	—
竞争	0.05	3	0.15	环境	—	4	—
利润率	0.20	3	0.60	法律	—	4	—
技术	0.05	4	0.20	人力	0.05	4	0.20
通货膨胀	0.05	2	0.10	总计	1.00	—	3.38

用同样的程序和方法也可计算出经营单位竞争能力的总分。竞争能力加权平均见表 2-9。

表 2-9 竞争能力加权平均

因素	权数①	等级②	计分③=①×②
研究与开发	0.10	1	0.10
生产	0.05	3	0.15
推销	0.30	3	0.90
财务	0.10	4	0.40
分配	0.05	2	0.10
管理能力	0.15	5	0.75
利润率	0.25	4	1.00
总计	1.00	—	3.40

再次，根据行业吸引力和竞争能力总分值来确定经营单位的位置。这里为了简单起见，将行业吸引力或竞争能力中的强、中、弱三个等级的分界点定为 3.00 和 1.50，即分值在 1.50 以下者为弱，处于 1.50～3.00 者为中，高于 3.00 者为强。以上述例子来说明，行业吸引力总分为 3.38，竞争能力总分为 3.40，则经营单位处于矩阵图的左上方，是一个比较理想的企业。理想企业图示如图 2-6 所示。

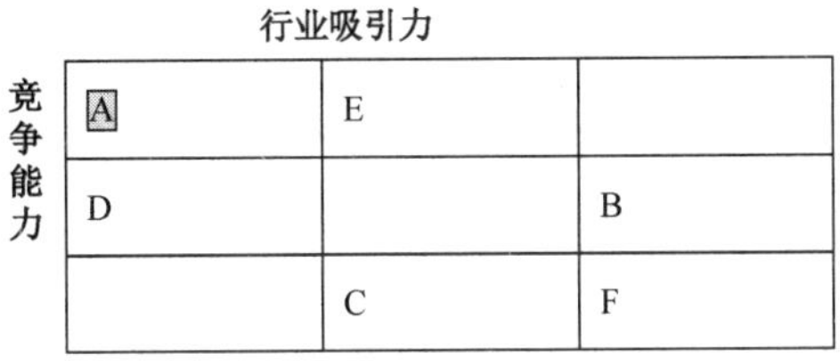

行业吸引力

竞争能力			
A	E	
D		B
	C	F

图 2-6 理想企业图示

若公司有多个经营单位，则用同样的办法可确定出每个经营单位在矩阵图中的位置。多个经营单位的总分值见表 2-10。

表 2-10 多个经营单位的总分值

经营单位	竞争能力	行业吸引力
A	3.40	3.38
B	2.50	1.05
C	0.75	2.45
D	2.20	3.50
E	3.60	2.35
F	0.75	1.10

最后，根据不同经营单位在矩阵中所处的位置，应用行业吸引力-竞争能力分析法对不同位置上的经营单位采取不同的战略。

行业吸引力-竞争能力矩阵对波士顿矩阵而言是一个改进，它考虑了更多的影响因素，而且这些影响因素被灵活应用在不同时期、不同产业中，使之更适合具体情况。然而，行业吸引力-竞争能力矩阵也存在一定的局限性，具体表现在以下几点。

① 等级值计算的主观性。
② 行业吸引力评价的模糊性。
③ 确定投资优先顺序的方法不完全实用。
④ 战略建议的笼统性。

(3) 政策指导矩阵法

行业吸引力-竞争能力矩阵被提出之后，在西方国家的企业中得到了广泛应用。在这一过程中，荷兰皇家壳牌石油公司针对这一方法中存在的局限性，提出了一个政策指导矩阵法。荷兰皇家壳牌石油公司的政策指导矩阵见表2-11。

表2-11 荷兰皇家壳牌石油公司的政策指导矩阵

经营单位竞争能力	产业市场前景		
	无吸引力	吸引力中等	吸引力强
弱	不再投资或尽快清算	分期撤退或有限扩张	加速发展或撤退
中	强化盈利或分期撤退	密切关注发展	不断强化
强	资金源泉	发展领先地位	领先地位

(4) 生命周期理论

① 生命周期理论概述。生命周期理论是由亚瑟·利特尔咨询公司提出的，并被战略管理学界所接受。生命周期理论认为，任何行业根据所表现的特征，可划分为下列阶段，行业生命周期各个阶段的特征见表2-12。

表2-12 行业生命周期各个阶段的特征

因素	孕育阶段	发展阶段	成熟阶段	衰退阶段
增长率	较国内生产总值增长更快	高于国内生产总值增长率	等于或低于国内生产总值增长率	零或负增长
增长潜力	顾客基本不满意或对产品相对不知晓	顾客部分满意或对产品相对不知晓	顾客一般满意或对产品知晓	顾客满意或对产品早已知晓
产品线范围	窄；品种少	宽；多样化	宽；标准化	窄；如行业分散则较少

续表

因素	孕育阶段	发展阶段	成熟阶段	衰退阶段
竞争者数量	竞争无统一规则，数量通常增加	最多，以后开始减少	稳定或下降	最少
市场占有率分布	无统一规律；通常很分散	逐渐地（或快速地）集中	稳定	集中化或很分散
市场占有率稳定性	不稳定	逐渐稳定	基本稳定	非常稳定
顾客稳定性	不稳定	逐渐稳定	稳定	非常稳定
进入行业的难易度	容易	比较困难	非常困难	无吸引力
技术	快速发展；已知技术很少	变化中	已知晓	已知晓；容易获取

应用生命周期理论时，一个经营单位的战略竞争地位可划分为以下几种类型。
- 主导地位。
- 强劲地位。
- 有利地位。
- 可维持地位。
- 软弱地位。

以行业成熟度为横坐标，竞争地位为纵坐标，这样组成一个具有20个单元的生命周期矩阵。按照亚瑟·利特尔咨询公司的建议，有4种战略选择，即发展类、选择性发展类、抽资转向或恢复类及放弃类。

② 生命周期理论的局限性。生命周期理论对战略方案的评价和选择具有重要意义，但也存在着不少应用上的局限性，具体表现如下。
- 生命周期曲线的抽象性。
- 行业演变的单一性。
- 生命周期的不可控性。
- 生命周期不同阶段适用战略模式化。

（5）产品-市场演化矩阵法

产品-市场演化矩阵法是由查尔斯霍弗（C.W.Hofer）提出的，它在许多方面与亚瑟·利特尔公司提出的生命周期理论相似。产品-市场演化矩阵有15个区域，如图2-7所示。

对每个经营单位可采取的战略方案，霍福尔提出了以下几条有益的建议。

① 经营单位 A 是一颗潜在的"明星"。相对较高的市场占有率、处于产品-市场演化的开发阶段及潜在的强大竞争力等因素，使它成为公司大力投资的理想对象。

② 经营单位 B 有点类似 A，不过，对 B 的投资取决于它的特殊性质，即为什么它的市场占有率如此低，而其竞争地位较强。为使投资有益，必须制定一项战略来克服市场占有率过低的弱点。

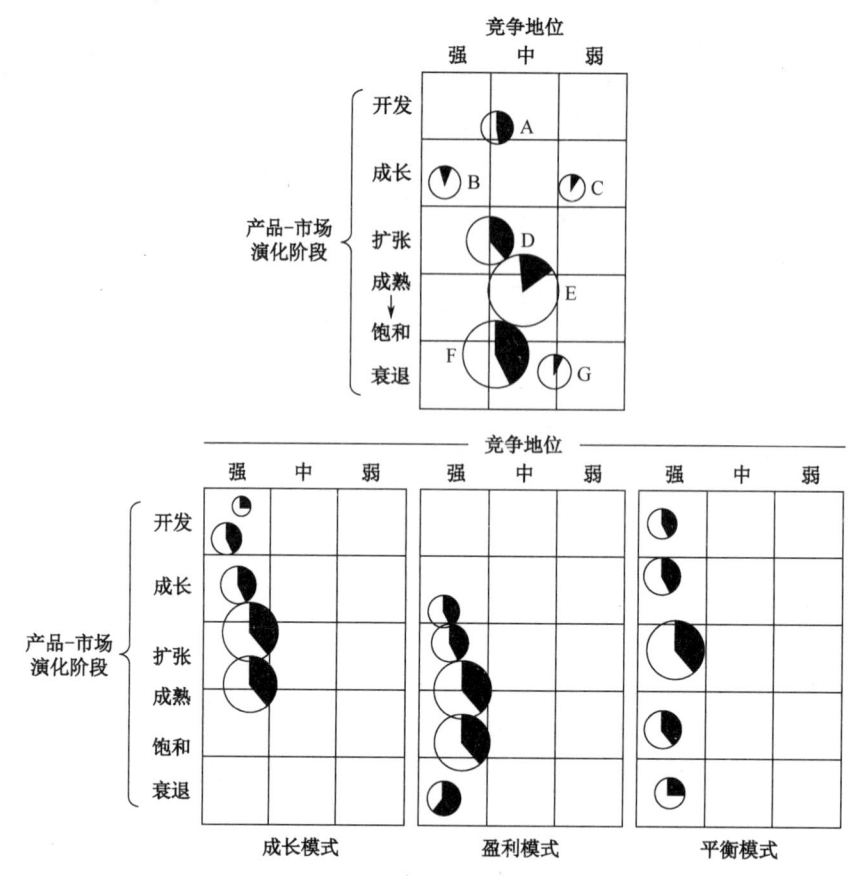

图 2-7 产品-市场演化矩阵

③ 经营单位 C 属于一个处于成长阶段且规模较小的行业，不仅竞争地位弱，而且市场占有率低。必须制定战略来弥补这两个不足之处，以使将来的投资有益。它也可能是放弃的合适对象，以便将其资源用于经营单位 A 或 B。

④ 经营单位 D 正处于扩张阶段，它的市场占有率较高，竞争地位较强。对它的投资应该用于维持其相对强大的竞争地位。从长远角度看，经营单位 D 可能会成为一只"金牛"。

⑤ 经营单位 E 和 F 都是公司的"金牛"，应成为公司资金的主要来源。

⑥ 经营单位 G 犹如处于波士顿矩阵中"狗"象限的企业。如果可能的话，它在短期内应多回收资金，但长远的战略更可能是放弃。

(6) 逐步推移选择法

美国乔治敦大学教授格鲁克（Luke）提出了就企业总体来选择战略的逐步推移选择法，逐步推移选择法战略选择示意图如图 2-8 所示。

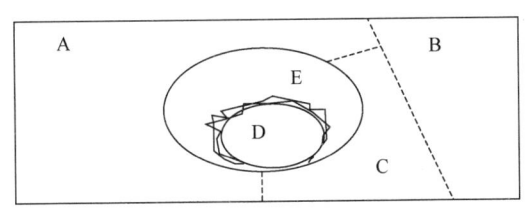

A—风险过大区；B—政策限制区；C—外界条件限制区；D—过去执行的战略；E—可供选择区。

图 2-8　逐步推移选择法战略选择范围示意图

格鲁克认为企业最常采用的是稳定发展战略。稳定发展战略选择表见表 2-13。

表 2-13　稳定发展战略选择表

步骤	选择	战略
Ⅰ	1	稳定：照旧不变
	2	稳定：职能上做一些变化
Ⅱ	3	组合：稳定与发展 3A：内部发展，现有产品 3B：内部发展，新产品（同心多样化） 3C：内部发展，新产品（复合多样化） 3D：外部发展，横向一体化 3E：外部发展，同心多样化 3F：外部发展，复合多样化
Ⅲ	4	发展（A—F）同 3A—3F
Ⅳ	5	组合：发展与紧缩 5A：退却/转向 5B：放弃 5C：依附
Ⅴ	6	紧缩 6A：退却/转向 6B：放弃 6C：依附 6D：清算

2.7　质量战略管理实施

质量战略管理实施是质量战略管理的关键。再好的战略，如不能实施也只能是"空中楼阁"。质量战略管理实施，除了企业有关领导的正确组织、指挥，还必须发动群众、带领群众，并采取适当的激励措施。

1. 制定务实和进取的质量目标

正确的目标是成功的一半。实施质量战略,必须首先制定面向质量的战略性发展目标。战略性质量发展目标的制定,必须考虑其挑战性和创造性,必须能够借此激励企业员工增强使命感、责任感、成就感并获得从事艰巨而伟大事业的充分的心理满足。同时,战略性质量发展目标也必须实事求是,必须与企业的实际情况和能力相匹配,必须具有达到目标的可能性。

对于一个企业来说,战略性质量发展目标一般是企业的战略性中、远期发展目标。为了实现企业的战略性中、远期发展目标,还必须制定相应的近期发展目标,并策划和安排具体的实施方法与步骤。企业的战略性质量发展目标一旦明确之后,就要在正确的质量方针的指导下编制合理的质量计划和工作策划,并按照质量计划严格控制各项质量活动,只有这样,才能使质量目标得以顺利实现。

2. 挖掘企业质量管理的内部动力

朱兰博士曾提出,产品质量的80%出于领导责任,而只有20%的问题是由员工造成的。解决企业质量管理内部动力问题的关键是要解决企业最高领导层的观念问题。在企业中,各级领导要对企业质量管理予以充分的重视,并且要通过优化管理模式来改进管理手段及积极采用先进的制造设备和工具,深入挖掘企业提高产品质量的潜力。

人是企业的主体,实施质量战略、挖掘企业质量管理内部动力要以人为本,要充分调动企业全体员工的积极性,充分发挥他们的主观能动性;要积极鼓励员工开展形式多样的技术和管理创新实践活动,通过技术和管理的创新,消除企业中不合理的环节和消极因素,最大限度地发挥企业的制造能力,持续提高企业的生产力水平。

3. 培育和发展以质量为核心的企业文化

企业要营造一种以质量为核心的企业文化,引导、激励和鞭策企业全体员工将质量视为企业的生命,使人人明白质量的重要性,人人争做质量管理先进工作者,为保证和改进产品质量而不懈努力。开展形式多样的"质量月"活动,实行"质量一票否决权制度",建立质量管理小组及设立企业质量管理奖等,都是为了在企业中营造良好的质量文化,形成良好的质量管理氛围或环境。

良好的质量文化的建立,与企业员工文化素质和科技水平有着密切的联系。"质量管理始于教育,终于教育",良好的企业员工的质量意识来源于质量管理教育和员工技术知识培训。

4. 进行切实且精心的经营策划

质量战略目标的制定固然重要,然而更为重要的是为实施质量战略管理而进行的切实且精心的策划。实施质量战略管理是一项系统性的工作，要采用科学、系统的方法建立严密有效的质量管理体系，确立切实可行的实施计划和操作步骤，并通过引用或采纳现代质量管理技术和方法，实施产品质量产生和形成全过程的质量管理。

5. 培育技术和管理创新机制，提高企业技术领先水平

正如费根鲍姆所说的"质量与创新相互依赖"。质量战略管理的实施，离不开技术创新和管理机制的创新；离不开积极、有效地引用先进的技术手段和设备。企业产品设计水平和制造能力直接影响企业的产品质量。实施质量战略管理，必须重视设计水平和制造能力的提高，必须紧紧跟随科学技术的发展水平，重视产品设计技术和管理工作的创新。

参考文献

[1] 边慧. 战略管理理论的历史演进线索[J]. 企业改革与管理，2011(6):5-8.

[2] 康秀梅. 战略管理理论流派的贡献与局限[J]. 现代营销（学苑版），2012(12):10-12.

[3] 德鲁克. 管理的实践[M]. 齐若兰，译. 北京：机械工业出版社，2009.

[4] 项保华，罗青军. 安德鲁斯战略思想及其扩展[J]. 科研管理，2002 (6):1-6.

[5] 钱德勒. 战略与结构：美国工商企业成长的若干篇章[M]. 孟晰，译. 昆明：云南人民出版社，2002.

[6] 安索夫. 战略管理[M]. 邵冲，译. 北京：机械工业出版社，2010.

[7] 斯坦纳. 战略规划[M]. 李先柏，译. 北京：华夏出版社，2001.

[8] 韩之俊，许前，钟晓芳. 质量管理（第二版）[M]. 北京：科学出版社，2007.

第 3 章

质量指标与质量指数

3.1 质量指标

3.1.1 质量指标的定义

质量是企业的生命。产品质量的好坏直接影响着企业的效益。要想提高产品质量,就要对质量管理工作的效果进行科学评价和分析,就必须借助于一些指标来实现。用于反映和评价质量水平变动情况的指标,我们称其为质量指标。质量指标和经济指标等一起构成了完整的统计指标体系。

工业产品质量在整个质量工作中具有强烈的导向性。它是国民经济统计指标中的重要组成部分。科学合理地设置工业产品的质量指标,对工业产品质量指标进行正确的统计、分析和评价能够准确地掌握产品的质量状况,进而为各级政府的宏观经济决策提供依据。同时,科学地设置质量指标对于引导企业在市场竞争中不断地改进产品质量、开发新产品、严格控制工序、降低质量损失、提高经济效益、深化质量管理、完善企业的质量保证体系起着重要的推动作用。

产品质量指标系统的建立,一般应遵循下列原则。

1. 目的性原则

建立一套目的性较强的质量指标体系,能为加强国家的宏观调控提供依据,并能对企业质量工作起导向作用。

2. 综合性原则

综合整个质量指标体系,能正确反映产品质量的总体水平。

3. 科学性原则

质量指标体系既要能全面地反映质量水平，同时又要适应我国国情，符合我国的经济体制和管理实际情况，使各项指标具有可行性、可统计性和可操作性。

4. 层次性原则

质量指标体系应由国家、地方和企业等不同层次的指标构成。国家的质量指标要精练、简明，地方和企业的质量指标要尽量详尽、具体。

5. 可比性原则

质量指标体系既要能简单明确地反映产品质量的实际水平，又要具有地区间、企业间的横向可比性和时间序列上的纵向可比性。

3.1.2 质量指标的作用

质量指标应具有以下几个方面的作用。

1. 能反映产品质量水平的变动情况

质量指标具有统计指标所具有的一切统计特征，通过分析其数值的变化情况，就可以知道产品质量水平的变动情况。

2. 能通过多年的产品质量指标数据来分析、预测未来产品质量水平的走势

有了质量指标，就可以利用现代成熟的预测理论和手段，对未来将要发生的产品质量走势进行技术分析和预测，以便于有重点地加强质量监督与管理工作。

3. 能通过指标纵向和横向的比较来分析不同地区、行业、经济类别的产品质量状况

质量指标的特点是具有可比性。通过按照规定的统计口径来分析质量指标，就可以将不同地区的产品质量水平放在一起进行比较，使各地区、行业的质量水平得到充分体现。

4. 质量指标是经济指标的一部分，是分析经济运行质量的一种工具

产品质量与经济发展密不可分。产品质量水平高，经济运行质量就比较高；产品质量水平不高，经济的损失也会相应增加。因此，质量指标从一个侧面反映了经济运行的情况，是分析经济运行质量的一种有效工具。

3.2 质量指标的选用

建立质量指标是为了进行特定用途的质量分析。因为分析对象不同，对分析所用的质量指标要求也不同,所以质量分析对象一旦确定就必须根据需求来科学地选择质量指标,只有这样才能实现预期目标。

根据质量指标的性质可以将质量指标分为总量指标、相对指标和平均指标。下面就对这三类指标的选用进行介绍。

3.2.1 总量指标的选用

当需要统计某时期产品质量总体水平等总量情况时,就需要采用总量指标。总量指标的种类很多,需要根据统计分析的需求来选用,常用的用于反映产品总体情况的总量指标主要有监督产品总数、企业销售额(收入)等,选用时主要考虑质量指标的特点与分析对象及要求是否相同或是否存在相关性。

为使总量指标资料准确,在进行总量指标统计时要注意以下几点。

① 对总量指标的实质、含义、范围进行严格的界定。总量指标的计算,并非单纯地汇总技术问题。有一些总量指标,如工业企业数,从表面上看是比较简单的,但是首先要确定工业企业的含义,才能统计出准确的工业企业数。又如在计算工业总产值时,就有一个确定工业概念的问题,然后是关于总产值包括范围的问题,这些问题得以解决后才能进行准确的统计。

② 计算实物总量指标时,要注意现象的同类性。同类性意味着同名产品,它直接反映产品同样的使用价值和经济内容,这无疑是可以综合汇总的。对于不同类现象则不能简单地相加汇总,应计算其实物指标。不过我们对现象同类性的要求不能绝对化,如计算产品批次合格率时,产品的同类性就不能作为计算的条件,因为它只要求通过产品批次和该批次是否合格的情况来计算批次合格率。

③ 要有统一的计量单位。在计算实物指标总量时,不同实物单位代表不同类现象,而同类现象有可能因历史或习惯的原因采用不同的计量单位。若计量单位不统一,则很容易造成统计上的差错或混乱,所以总量指标的实物单位应按照全国的统一规定来执行。

3.2.2 相对指标的选用

当需要分析某一总量指标的变化趋势时,就必须选择相对指标进行统计计算。因为相对指标从多方面深刻地说明了经济社会现象总体的结构、比例、发展速度、联系程度等,所以运用相对指标对经济社会现象进行对比分析是统计中最常用的方法。正确应用相对指标必须符合以下条件。

1. 正确选择比较标准

相对指标的比较标准是指相对指标的分母数值,它是对比的依据和标准。不同的比较标准反映和说明的问题不同。比较标准的选择一般因研究目的和任务的不同而有所不同。对比基数的大小对发展速度的影响，基数小的数量常常比基数大的数量增长快得多。在进行动态对比时，要选择能够反映一定特点的历史阶段作为比较标准。在进行长期对比时，要选择经济与社会发展比较稳定的时期作为比较标准。以经济和社会不稳定时期的数字作为比较标准，会影响计算数据的准确性，从而影响统计分析的实际效果。

2. 严格保持相对指标的可比性

相对指标是由两个有联系的指标数值对比而来的，因此这两个指标数值是否具有可比性非常重要。在实际工作中，影响相对指标可比性的因素很多，主要体现在以下几点。

① 进行对比的两个指标经济内容不同不能进行对比。
② 进行对比的两个指标口径范围不同不能进行对比。
③ 进行对比的两个指标所含基数不同不能进行对比。

3. 注意统计分组与相对指标的结合运用

统计分组是按照某一标志将统计总体划分为性质不同的各族。只有在正确分组的基础上，才能运用相对指标对现象的内部结构及现象间的依存关系进行正确分析。

4. 注意相对指标与质量指标的结合运用

相对指标虽然可以有效地反映事物的联系和对比关系，但同时把现象的绝对水平抽象化了，掩盖了现象间绝对量的差别。因而，在运用相对指标进行对比分析时必须结合问题指标，才能对经济社会现象有比较具体而完整的认识。

5. 注意相对指标与总量指标的结合运用

总量指标能够反映现象发展的总规模和总水平，但不易看清现象发展的程度和差别；相对指标能够反映现象之间的数量对比关系和差异程度，但将现象的具体规模和水平抽象化，从而掩盖了现象之间总量上的差别。因此，只用总量指标不易说明现象差别的程度，只用相对指标又无法反映这种差别的实际意义。所以，必须将相对指标和总量指标结合起来使用才能对客观事物有全面正确的认识。

6. 注意多种相对指标结合运用

相对指标按照其反映和说明的问题不同分为结构相对指标、比较相对指标、比例相对指标、计划完成相对指标、动态相对指标等。各种相对指标的作用各不相同，但在分析问题时常常要结合起来运用。

3.2.3 平均指标的选用

当需要对一个地区内的区域产品质量进行横向比较时，就需要用到平均指标。如某省下设十几个地级市，要统计各市的产品质量水平，就必须先计算出全省产品质量平均水平，然后将各市产品质量水平与其相比较，才能判定其质量水平的升降情况。

平均指标在统计分析中应用得非常广泛。平均指标实质上就是平均数，为使其充分发挥作用，选用时必须注意以下几个原则。

1. 平均数只能同时在同质总体中才能进行计算

这是计算平均数的必要前提条件和基本原则。所谓同质就是研究现象总体的各个单位在某一标志上性质是相同的。只有在同质总体中，总体各单位才具有共同的特征，才能通过计算它们的平均数来反映其一般水平。如果总体各单位是不同质的，那么计算出来的平均数非但不能说明事物的性质及其规律，反而会掩盖现象之间的本质差别，甚至歪曲事实真相。

2. 用组平均数补充总平均数

按同质总数计算的总平均数在许多情况下还不能充分地反映所研究现象的特征和规律，即在同质总数中各单位之间还存在着其他一些性质上的重要差别，而它们对总平均数往往有着重要的影响。因此，我们应重视总平均数的各个有关因素的作用，用有关标志对总数进行分组，计算组平均数对总平均数进行补充说明，以揭示现象内部结构组成的影响。

3. 用分组来补充说明平均数

平均数只是说明现象的一般水平，它一方面将总体各单位数量差异抽象化，另一方面又掩盖了总体各单位的差异及其分布情况。为了更深入地说明问题，需要将总体各单位按被平均的标志进行分组，以各组的具体分配情况补充说明总平均数。例如，某地产品质量合格率虽为 90%，但八大行业中却有 3 个行业产品质量合格率低于 70%，但其中一个主要行业产品质量合格率为 100%，因此带动了该地产品质量合格率处于高位运行，这样反映问题就显得更全面、更具体。

4. 以具体单位变动补充说明总平均变动

总平均表单说明现象变动的一般趋势，它体现了一定范围内经济社会现象的共性，但同时掩盖了经济社会现象的个性，并不显示个别单位的突出问题。因此，为了加强平均数对现象的认识作用，往往还需要以具体单位的变动来补充总平均变动，特别是以先进和落后的典型事实补充平均数之不足。

3.3 区域质量水平的指标体系

进入 21 世纪之后，人类社会进入科学技术水平不断发展和经济结构加快调整的重要时期。随着我国经济的不断发展和进步，各个行业的技术水平都在不断地发展提高，从最初的模仿，引进流水线设备制造，到自主研发，国际合作研发；从最初的生产技术到市场开发推广的策略，企业运营能力越来越重要，区域产业技术水平普遍提高，并在内涵上日趋复杂。所以，构建比较全面、客观、参考性强的区域产业技术水平评价体系具有重要的意义。

3.3.1 评价指标体系的原则

区域产业技术发展水平评价是一项融科学性、客观性、前瞻性为一体的工作。在进行区域产业技术发展水平评价时既要结合本区域实际情况，立足本行业特点，又要面向外部环境，还要着眼于未来的发展，从而对区域经济发展具有指导意义。因此，在技术变迁阶段定位的时候，在遵循一般性原则的基础上，还要遵循与区域实际相一致的特殊性原则。评价指标体系的原则包括以下几点。

1. 系统性原则

区域产业技术发展水平评价指标体系作为一个有机整体，必须有较广的覆盖面，能够从不同的角度来描述区域产业的主要特征和状况，综合反映农产品加工业的发展现状、技术水平和产业特征。

2. 科学性原则

科学性原则要求指标设计概念准确，数据来源权威。评价指标的设计应注重其经济意义的有效性，并采用国家统计年鉴中的统计口径，保证模型运算结果有效。

3. 可用性原则

虽然收集评价数据相对容易，但数据类型要与经济统计中已有的数据相一致，保证数据来源。

3.3.2 评价指标的构建与选择

1. 评价指标的构建

评价指标体系是由一系列相互联系、相互制约的指标组成的科学、完整的统一体。通过对产业技术的理论分析，建立评价指标体系的基本原则，构建区域产业技术发展水平评价指标体系，为区域产业技术发展水平的综合评价提供了一个客观的标准。

2. 评价指标的选择

（1）产业生产效率类指标

生产效率是决定产业技术水平的物质基础，为了从区域产业的资本、劳动等要素的数量与质量等方面考察产业的整体技术水平，可以采用劳动生产率、相对利润系数等指标。

X_1：劳动生产率=区域产业增加值/全部从业人员平均人数。劳动生产率是考核产业经济活动的重要指标，是产业生产技术水平、经营管理水平、职工技术熟练程度和劳动积极性的综合表现。

X_2：相对利润系数=区域产业利润总额/全国行业利润总额。相对利润系数是区域产业综合盈利能力在全国相对份额的表现，综合体现了区域产业的技术水平、生产效率和经营管理水平。

（2）产业市场绩效类指标

产品的市场绩效反映了区域产业技术的先进性和经济性，并集中体现了产品的市场竞争力。市场绩效类指标包括市场相对占有率、库存指数、国际竞争力指数等。

X_3：市场相对占有率=区域产业销售产值/总行业销售产值。市场相对占有率体现了市场对产品的接受程度，这不仅关系着产业技术水平的先进程度，更反映了产业技术的经济性，过于超前的产业技术通常并不能带来最好的市场接受度，只有综合了先进性和经济性的技术选择才最利于产业的发展。

X_4：库存指数=成品资金占用率。库存数量取决于市场对产品的采购意愿，体现了市场对产品的认可程度，由于企业通常希望在合理范围内尽量降低库存，释放流动资金，因此此处的库存指数采用倒数形式。

X_5：国际竞争力指数=区域产业出口交货值/全国行业出口交货值。产品的出口能力更能体现区域产业技术的先进程度。国际市场的竞争强度远强于国内市场，产品在国际市场上的表现体现了产业技术的国际化程度。

（3）企业运营类指标

技术并不局限于自然科学中狭义的技术，而应该是广义的技术。软技术是人类把在经济、社会、人文活动中发现的共性规律和经验，加以"有意识地"利用和总结，以形成的各种解决问题的规则、制度、机制、方法、程序、过程等操作性体系。此处把软技术,即产业内企业运营能力也列入了评价体系。企业运营能力综合体现了企业的管理活动、成本控制、资金利用等能力,可采用企业成本控制指数、企业资本利用率、企业资本运营效益与安全指数等指标。

X_6:企业成本控制指数=非生产成本/主营业务收入=销售成本+管理费用+财务费用/主营业务收入。在产品的性能、质量、技术水平相近的情况下,决定产品竞争力的一般是价格,企业成本控制能力越强,才越有可能降低价格,赢得市场。

X_7:企业资本利用率=流动资产年周转次数。流动资产年周转次数体现了流动资产周转效率,是评价企业资产利用率的一个重要指标。在一定时期内,流动资产周转次数越多,表明以相同的流动资产完成的周转额越多,流动资产利用的效果越好。

X_8:企业资本运营效益与安全指数=资本保值增值率。资本保值增值率是财政部制定的评价企业经济效益的十大指标之一,资本保值增值率反映了企业资本的运营效益与安全状况。该指标反映了投资者投入企业资本的保全性和增长性。该指标越高,表明企业的资本保全状况越好,所有者权益增长越快,债权人的债务越有保障,企业发展后劲越强。

3.3.3 案例分析——我国绿色经济水平评价

按照绿色经济评价指标模型的指标体系,利用2013—2020年《中国环境统计年鉴》《中国统计年鉴》中提供的统计数据,并通过各项指标数据的模型处理和综合比较,基于各省份2013—2017年的环比数据,采用ARMA预测模型预测2018—2019年的二氧化硫排放量、全社会固定资产投资额、废水排放总量、一般工业固体废物综合利用量及2020年的绿色经济评价指标数据。选取前4个因子作为公共因子,可以较为充分地反映2020年30个省份的绿色经济水平,基于因子分析法的各省份的绿色经济综合得分与排名见表3-1。

表3-1 基于因子分析法的各省份的绿色经济综合得分与排名

省份	F1（经济发展因子）	F2（社会发展因子）	F3（就业因子）	F4（环境保护因子）	F	排名
北京	0.050 3	0.795 0	0.808 6	-0.025 4	0.300 1	7
天津	0.004 2	0.376 5	0.508 7	0.193 8	0.157 7	22
河北	0.344 2	-0.017 6	0.518 1	0.116 2	0.260 6	10
山西	0.136 9	-0.003 1	0.595 4	0.100 6	0.148 5	25
内蒙古	0.175 8	0.139 5	0.250 4	-0.023 5	0.161 1	21
辽宁	0.280 8	0.181 0	0.304 2	-0208 2	0.225 7	14
吉林	0.200 8	0.080 4	0.429 5	-0.462 4	0.150 0	24
黑龙江	0.243 0	0.020 2	0.362 1	-0.346 3	0.161 7	20

续表

省份	F1 （经济发展因子）	F2 （社会发展因子）	F3 （就业因子）	F4 （环境保护因子）	F	排名
上海	0.169 6	0.793 6	0.606 2	-0.142 4	0.341 2	5
江苏	0.641 5	0.321 5	0.529 0	-0.012 4	0.508 8	2
浙江	0.334 2	0.415 2	0.600 8	-0.010 2	0.357 1	4
安徽	0.321 1	0.003 7	0.582 2	0.126 2	0.259 3	12
福建	0.254 1	0.130 8	0.351 0	0.166 7	0.228 8	13
江西	0.274 7	-0.025 3	0.351 0	0.089 3	0.198 6	17
山东	0.577 2	0.037 2	0.674 8	0.094 0	0.425 7	3
河南	0.510 5	-0.117 1	0.620 5	-0.055 6	0.333 8	6
湖北	0.354 1	0.089 6	0.617 8	-0.094 0	0.287 6	9
湖南	0.359 9	0.081 6	0.433 3	-0.238 9	0.260 1	11
广东	0.678 3	0.343 5	0.517 4	0.305 4	0.556 4	1
广西	0.215 6	-0.105 0	0.430 2	0.064 7	0.151 3	23
海南	-0.022 6	0.056 7	0.513 4	0.068 5	0.057 9	29
重庆	0.261 2	0.271 8	0.557 1	-0.754 8	0.224 1	15
四川	0.421 7	-0.063 1	0.383 7	0.203 9	0.287 7	8
贵州	0.291 8	-0.050 0	0.265 8	-0.280 5	0.168 5	19
云南	0.268 6	-0.096 7	0.328 3	0.010 4	0.170 2	18
陕西	0.263 2	0.029 4	0.462 7	-0.160 3	0.199 1	16
甘肃	0.087 0	-0.088 6	0.372 0	0.074 7	0.073 9	27
青海	0.119 3	-0.113 2	0.296 4	-0.246 8	0.057 1	30
宁夏	0.036 4	0.033 7	0.326 0	0.079 8	0.068 7	28
新疆	0.166 7	0.040 6	0.449 7	-0.288 1	0.134 6	26

从综合得分来看，2020年绿色经济因子分析综合得分排在前3名的依次是广东、江苏、山东；综合得分最低的3个省份依次是青海、海南、宁夏。从公共因子得分来看，广东在各省份经济发展因子和环境保护因子的得分中最高，江苏经济发展因子得分排名前3，但环境保护因子得分较低，山东经济发展因子和就业因子得分排名前3。值得注意的是，综合得分前3的省份的社会发展因子得分都不高，这说明在社会发展方面，这3个省份的水平还有待提高。而北京在社会发展因子和就业因子得分中排名最高，但环境保护因子和经济发展因子得分较其他几项低，因此总体排名偏中间位置，说明北京在经济快速发展过程中要往资源经济、绿色经济发展方向上努力，实现经济、社会、资源、环境可持续发展。而4个公共因子得分最低的3个省份各不相同，有11个省份的得分为倒数3名，说明我国各省份绿色经济发展不平衡具有普遍性和差异性，需要共同整治与特色发展，推动绿色经济发展。总体来说，绿色经济水平较高的省份大多为经济较发达地区，因为促进经济转型，将绿色经济发展与信息技术相结合，打造以信息技术为基础的绿色经济发展模式需要良好的经济支撑。

3.4 质量指数

3.4.1 质量指数的定义

通常我们所说的质量，是一种狭义上的概念，指的是具体的某一种产品的实物所具有的特性，以及这种特性能为人们所接受的程度。严谨地讲，就是相对于某一机构或组织制定的、为大部分人和企业接受或认可的评判标准的符合性程度，通俗地讲，人们能够完全接受，并感觉良好的，就表示质量好；勉强能够接受，感觉一般的，就表示质量一般；完全不能接受，感觉很差的，就表示质量很差。沃尔特·休哈特认为质量存在于主观和客观的两个侧面，主观一面是指人们对产品的感受、体验之类的判断，质量的一个重要尺度就是所付价格得到的价值。客观一面是指产品可测量的物理特性，是独立存在于人们的感觉之外的客观存在，故质量标准必须以物理的、数量化可测的产品特性的方式来表示。该定义既关注了顾客要求，又聚焦了产品特性，将顾客要求和产品特性联系起来。在《质量管理体系 基础和术语》（GB/T 19000—2016）中将质量定义为："一组固有特性满足要求的程度"。随着时代的变迁和社会经济的发展，"质量"这个词所包含的内容和使用范围在不断地丰富和扩大，质量概念中隐含了节约资源、环境保护和社会责任及可持续发展等内容。

广义上的质量，不仅代表了某一种产品的实物所具有的特性，而且代表了该地区所有产品的整体质量状况和水平，以及该地区未来发展质量的能力。这种整体质量水平及发展能力不是凭空想象出来的，无法测量，是一种系统的总体表现，更多的是根据该地区各种保障产品质量的基础条件、对质量发展所做的努力及贡献来进行表现的。

质量指数就是为了对这种广义上的质量进行具体量化的表达而创新的一个名词概念，通过合理建立质量指数的数学表达公式（模型），最终可以用数值来直观地表述这种广义上的质量。

3.4.2 质量指数的编制

产品质量指数的编制步骤及基本方法如下。

1. 计算产品主要质量参数的质量系数

因为产品质量参数有正指标、逆指标和区间值指标等不同类型，所以质量系数也有几种不同的计算方法。设 K 为产品质量系数，K_1 为产品某一质量参数报告期实际值，K_0 为产品某一质量参数基期实际值或标准值。

① 正指标质量系数的计算公式为

$$K = K_1/K_0 \tag{3-1}$$

② 逆指标质量系数的计算公式为

$$K = (1/K_1)/(1/K_0) = K_0/K_1 \tag{3-2}$$

③ 区间值指标分为以下几种情况。

A. 报告期和基期参数值均在质量规定的区间范围内，动态质量系数按 1 计算；报告期参数值在区间范围内，静态质量系数按 1 计算。

B. 报告期和基期参数值至少有一个超出区间上限，按逆指标方法计算动态质量系数；报告期参数值超出区间上限，按逆指标方法计算静态质量系数，用区间上限值与报告期实际值相比。

C. 报告期和基期参数值至少有一个超出区间下限，按正指标方法计算动态质量系数；报告期参数值超出区间下限，按正指标方法计算静态质量系数，用报告期实际值与区间下限值相比。

D. 报告期和基期参数值一个超出区间上限，一个超出区间下限时，先求出两个参数值与区间中点的差的绝对值，然后对比求出动态质量系数。

2. 计算产品综合质量系数

① 企业某种产品的综合质量系数的计算公式为

$$K = \Sigma K_n / n \tag{3-3}$$

式中，K 为某种产品综合质量系数，K_n 为产品某项质量系数，n 为该产品质量参数的个数。

② 工业部门、地区等综合单位计算产品综合质量系数时采用下列公式：

$$\begin{aligned}综合单位某产品综合质量系数 &= (企业某产品综合质量系数 \times 企业该产品产量)/企业产品产量 \\ &= \Sigma K_n Q_n / Q\end{aligned} \tag{3-4}$$

式中，Q_n 为企业某产品产量，Q 为企业总产品产量。

3. 计算工业产品综合质量指数

工业产品综合质量指数的计算公式为

$$I_k = \Sigma K_n W_n / \Sigma W_n \tag{3-5}$$

式中，I_k 为工业产品综合质量指数；W_n 为各产品综合质量系数的权数。本例是采用产品总价值指标计算的权数。

4. 案例分析

3个灯泡厂生产的灯泡评定质量的结果见表3-2。

表3-2 3个灯泡厂生产的灯泡评定质量的结果

企业	使用寿命（小时）		光能输入率（W）		质量综合系数
	实际值	质量系数	实际值	质量系数	
一厂	450	0.90	22	1.10	1.00
二厂	500	1.00	20	1.00	1.00
三厂	550	1.10	18	0.90	1.00

上表数据说明：3个灯泡厂生产的灯泡质量综合系数计算结果都等于1.00，都为合格品，但按质量标准检查只有二厂的两项参数达到标准值，属于合格品。而一厂和三厂的灯泡均有一项参数未达到标准值，因此属于不合格品。

3.5 质量指数的基本构成

3.5.1 服务质量指数

1. 概念

服务质量指数是由上海质量管理科学研究院自主研发的重要成果之一，它将对服务质量的测评和分析延伸到服务质量从形成到实现的全过程，综合考察服务能力、服务过程和服务绩效，并可对不同服务行业及不同服务企业进行服务质量的水平对比，为企业评估服务质量水平、提升质量竞争力提供了有效工具。

2. 服务质量与质量竞争力

世界著名管理大师彼得·德鲁克（Peter F.Drucker）说："新经济就是服务经济，服务就是竞争优势。"他指明了服务经济在新经济中的地位和服务对赢得竞争优势的巨大作用，深刻揭示了服务质量与竞争力之间的内在关系。需要注意的是，这里所指的服务不仅是指服务业，也包括制造业中与产品有关的技术服务、维修服务及管理部门所提供的服务。

3. 编制方法

美国著名营销学家隋塞莫尔（Valarie A.Zeithaml）和比特纳（M.J.Bittner）认为：管理人员必须确定以下内容。

① 本企业应根据哪些服务属性编制服务质量指数。

② 本企业应采用哪些指标计量顾客的总体评估。

③ 本企业是否应采用加权法编制服务质量指数。
④ 本企业各个部门、各个营业网点是否应采用完全相同的服务质量指数编制方法。

4. 银行储蓄所服务质量指数例证

下面，以银行储蓄所服务质量指数为例，介绍服务质量指数的编制过程。

① 根据银行管理人员、服务人员和储户专题座谈会获得的信息，选择了 18 个服务属性。

② 根据相关分析和回归分析结果，确定直接或间接影响储户满意程度的服务属性，据以编制服务质量指数。

③ 确定各个服务属性的相对权数。不同服务属性的重要性不同。因此，银行应采用加权法编制服务质量指数。服务质量指数编制人员可采用多元回归分析、联合分析等复杂的统计分析方法，确定服务属性权数。银行也可以以调查对象评定的服务属性重要性为权数，或者以储户评定的各个服务属性的重要性为权数，计算服务质量指数。

④ 确定调查方法。采用等距抽样法对储户进行问卷调查。发出 100 份问卷，收回 81 份有效问卷。在实际工作中，银行管理人员可采用简单随机抽样、分层抽样、整群抽样等方法，提高样本的代表性，并根据允许的抽样误差确定样本的容量。

⑤ 编制服务质量指数，银行管理人员就可以监测储蓄所的服务质量变化情况。如果下次编制的服务质量指数是 70%，那么说明储蓄所的服务质量在下降，如果下次编制的服务质量指数是 85%，那么说明储蓄所的服务质量有所提高。服务质量指数可反映储蓄所服务质量管理工作的实绩。银行管理人员可以根据服务质量指数，对储蓄所的服务质量进行长期跟踪监督，并根据服务质量指数变化情况采取相应的改进措施，不断地提高储蓄所的服务质量。

如果银行管理人员同时对竞争对手的储户进行调查，那么就可以编制竞争对手储蓄所的服务质量指数，并与本银行储蓄所的服务质量指数进行比较，了解本银行储蓄所的质量竞争实力，以便采取有效的措施，进一步提高服务质量，增强本银行储蓄所的质量竞争实力。银行编制服务质量指数，可了解服务质量的发展趋势，判断银行的服务质量竞争实力，及时发现服务质量的变化情况，有助于银行管理人员发现服务工作中存在的问题，采取有效的改进措施，提高储户感觉中的服务质量。因此，编制服务质量指数是银行服务质量管理工作中的一项重要措施。

5. 服务质量指数的主要内容

管理者对顾客需求进行识别和认知后，进行相关服务资源的配置；然后通过服务过程提供顾客所需求的服务质量，顾客在接受服务后形成感知，并与其期望值相比较，对服务质量进行评价。服务企业服务质量体系模型如图 3-1 所示。

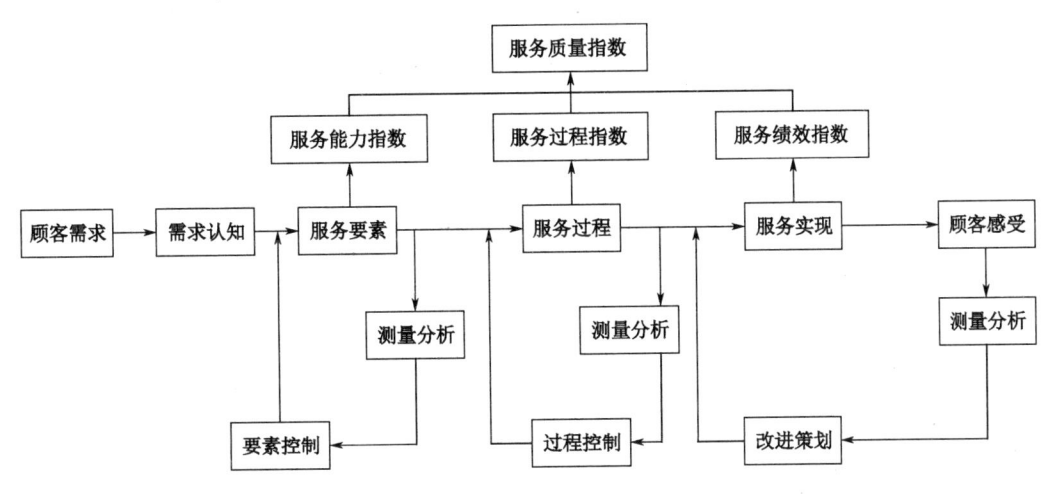

图 3-1 服务企业服务质量体系模型

服务质量主要从以下几方面评价。

(1) 服务质量绩效指数的设置

服务质量绩效测量的是服务质量的结果,它取决于服务内容、提供服务质量的水平能力和顾客对服务质量的需求与期望。对此,可以根据经典的服务质量测评模型——SERVQUAL,从可靠性、响应性、保证性、情感性和可触及性等方面,结合具体测评行业特性设计相应的服务质量绩效指数体系。

(2) 服务质量过程指数体系的设置

服务质量过程指数作为对服务过程的测量结果,可通过运用服务设计蓝图对服务流程进行过程分析,寻找关键服务接触点,确定服务过程评价的主客体,并通过扩展、细化服务质量差距模型(GAPs 模型)建立服务质量过程指数的测评指标。

(3) 服务质量能力指数体系的设置

运用现代质量管理理论总结出组织的服务质量要素,作为服务能力评价的对象;归纳组织内与质量相关的职能部门,作为被评价的职能部门;依据菲利普·克罗斯比的质量管理成熟度对职能部门做质量意识状态的水平判断;对服务质量要素、服务质量职能部门、服务质量意识水平进行多维综合内部评价,通过比较目前状况与最优状态寻找差距,得到服务质量能力水平。

6. 服务质量指数的重要性

服务质量指数是衡量服务型企业经营实绩的一个重要指数。编制服务质量指数,企业管理人员就可对本企业各个时期的服务质量进行比较,分析服务质量管理措施的效果。服务质量指数提高,表明顾客感觉中的整体服务质量提高。服务型企业提高顾客感觉中的整体服务质量,可提高顾客的满意度和顾客的忠诚度,减少顾客投诉,降低经营费用,提高经济收益,增强市场声誉。因此,服务质量指数是衡量企业社会效益和经济效益的重要指标。

编制服务质量指数有助于企业管理人员制定企业的竞争战略。企业管理人员既可对本企业各个时期的服务质量指数进行比较分析,也可对本企业和竞争对手的服务质量指数进行比较分析,判断本企业的质量竞争实力。例如,服务质量指数下降,表明企业质量竞争力下降。本企业的服务质量指数低于竞争对手企业的服务质量指数,表明本企业的质量竞争力较弱。这就要求企业管理人员进一步深入分析本企业服务质量管理工作中的问题,发现本企业服务工作中的薄弱环节,采取有效的措施,改进服务质量工作,以便提高顾客感觉中的服务质量,增强本企业的竞争实力。

美国某快递公司从20世纪80年代开始记录顾客的投诉,并根据这一信息改进内部管理流程。记录顾客投诉,有助于企业管理人员采取补救性措施,解决顾客不满的问题,但管理人员却无法根据这类信息预见并防止服务出错。为了实现"100%顾客满意"的目标,该公司从1988年开始采用统计分析方法,编制12个项目组成的服务质量指数,全面地衡量服务质量和顾客满意度。该公司还指定12位高层管理人员分别负责这12个服务属性的质量管理工作,并根据服务质量指数确定每一位员工的奖金。此外,该公司每周向所有员工分发一次服务质量指数报告,要求员工分析服务差错产生的原因,改进服务质量管理工作,使该公司赢得美国波多里奇国家质量奖。

服务质量指数是衡量服务型企业经营实绩的一个新的指标。编制服务质量指数,可促使服务型企业管理人员重视外部效率考核工作和顾客的消费经历,不断提高本企业的服务质量,从而在激烈的市场竞争中不断地提高本企业的竞争实力和经济效益。因此,提高服务质量指数应该是服务型企业的一个重要经营目标。

3.5.2 工业产品质量指数

1. 工业产品质量指数的内涵

所谓工业产品质量指数,就是综合反映一个地区工业产品质量水平的质量指标,是不同工业产品质量合格率的综合平均水平,也就是以工业产品销售收入作为权重所计算的工业产品综合合格率。

2. 工业产品质量指数的特点

① 综合性。它能科学、准确、综合地反映产品质量变化的方向和程度。

② 代表性。在编制工业产品质量指数时只需选取若干重要产品作为代表性产品,这样可以节省大量人力、物力和财力。

③ 相对性。工业产品质量指数以相对数形式出现，表明产品质量状况发展变化的程度。

④ 科学性。工业产品质量指数考虑了各产品加权因素后的质量综合变动，克服了简单算术平均法的不足，具有行业间的横向可比性和时间序列上的纵向可比性。

3. 工业产品质量指数的构成

工业产品质量指数是建立在对监督抽查结果进行综合统计基础上的一个质量指标，因此它是由监督检查的代表性产品的综合合格率指标所构成的。由于产品的种类不同、企业的所在区域不同，以及企业的规模和经济类型的统计要求，工业产品质量指数可以根据用途分为以下几种类型。

① 总指数。用于反映全省或一个地区的工业产品质量总体水平的指数。

② 行业指数。根据一般分类习惯，计算机械、电子、化工、纺织、食品、轻工、建材、冶金、医药等行业质量指数。

③ 企业规模指数。根据企业规模计算大型企业、中型企业、小型企业质量指数。

④ 企业类型指数。根据企业类型计算国有及国有控股企业、集体企业、股份制企业、三资企业、私营企业质量指数。

⑤ 地区指数。分别计算出省下属市或市下属县的质量指数。

⑥ 小类制造业指数。按照 GB/T 4754—2017《国民经济行业分类》标准计算出各有关制造业质量指数。

⑦ 产品指数。按检查产品计算得出各产品质量指数。

⑧ 特定类型指数。可根据统计需要分别计算某个专业区域产品质量指数或优势产业（如服装、皮革、木业、计算器具等产业）质量指数。

批次合格率指标作为一个反映检查产品质量合格比例数的指标，可与工业产品质量指数配合使用，以加强质量分析的技术能力，其构成可与工业产品质量指数的分类相同。

4. 工业产品质量指数的计算方法

工业产品质量指数计算的具体方法是：首先，按照本地区经济结构确定本地区重点行业范围和代表性产品；其次，对确定的代表性产品进行质量抽查和企业相关情况调查；再次，根据抽查结果计算各代表性产品的质量指数；最后，以各代表性产品的质量指数为变量，以各代表性产品所属制造业的销售收入为权数，计算工业产品质量总指数和各分类指数。

（1）代表性制造业的确定

根据 GB/T 4754—2017《国民经济行业分类》确定代表性制造业。根据统计地区工业经济结构的特点，选择本地区内的重点（主导）和有特色的制造业作为代表性制造业。在选择代表性制造业时实事求是，只要能涵盖本地区的主要工业行业即可，切不可求多求全，只要所选取的制造业的销售收入能占全部制造业销售收入的50%以上即可。

（2）代表性产品的选取

在确定了代表性制造业后，应该从代表性制造业所包含的产品中选取一种本地区的重点产品作为代表性产品。个别制造业若选一种产品不够，则可选两种或三种产品作为代表性产品。代表产品的选择主要考虑：①本地区确立发展的重点或优势主导产品；②本地区各重点行业中能反映行业特色的代表性产品；③与人民生活密切相关，且量大面广的主要日用消费品；④能反映本地区经济特色和科技水平的主要产品。

参考文献

[1] 董金良. 工业产品质量指数编制的理论探讨[J]. 安徽工业大学学报（社会科学版），2004，21(1):50-51.

[2] 温德成. 产品质量竞争力及其构成要素研究[J]. 世界标准化与质量管理，2005(6):4-8.

[3] 雷家樑. 质量竞争力指数及其意义[J]. 中国质量认证，2006(1):26-27.

[4] 程虹，李清泉. 我国区域总体质量指数模型体系与测评研究[J]. 管理世界，2009(1): 2-9.

[5] WEI S L. Producer-Supplier Contracts with Incomplete Information[J]. Management Science, 2001, 47(5):709-715.

[6] 赵奥. 中国绿色增长水平的实证测度[J]. 统计与决策，2019，35(13):130-133.

[7] 王主鑫,朱颖,张晓宇,等. 基于空间相关性的制造业质量竞争力指数分析与预测[J]. 工业工程与管理，2019，24 (1):174-181；188.

[8] 程虹，陈川. 制造业质量竞争力理论分析与模型构建[J]. 管理学报，2015，12(11): 1695-1702.

第 4 章

质量需求预测

4.1 质量需求的分类

质量管理往往是围绕着质量需求展开的,只有明白了什么是质量需求,才有可能进一步为后续一系列满足这种质量需求的工作做铺垫,才能真正服务于顾客。

西方经济理论中主要是从数量的角度来论述需求的,而假定产品是同质的。事实上,市场上顾客需求的产品,总是表现为一种数量上和质量上的需求,两种属性是不可分割的。产品的质量需求是相对于数量需求而言的,可以理解为顾客愿意并且能够购买某种产品的质量水平的分布,也可以表示为顾客愿意并且能够购买不同质量水平的产品的总和。从产品质量需求这一定义可以看出,构成产品质量需求必须同时具备两个条件:一是顾客愿意购买,二是顾客有能力购买,二者缺一不可。愿意购买但没有支付能力,或者有支付能力但不愿意购买,都不是有效的产品质量需求。具体来说,产品的质量需求包含以下两个方面的内容。

4.1.1 顾客需求

顾客需求是指顾客在生理方面和心理方面对生存和幸福的基本要求和欲望。一般来说,公司会采取各种措施以了解顾客的需求与需要,从而设计出更好的产品与服务。顾客也是了解有关生产与服务系统绩效的来源。

亚伯拉罕·马斯洛(Abraham H.Maslow)认为顾客需求是有关生理需求和心理需求的一个主要的信息来源。他将人类需求分为生理、安全、社会、尊重和自我实现五个层次。

根据顾客需求的非对称性特点，狩野纪昭（Noriaki Kano）教授又将顾客的需求分为必备需求、单向需求和吸引需求，具体内容如下。

1. 必备需求

必备需求是顾客对企业提供的产品或服务因素的基本要求，是企业为顾客提供的承诺性利益。如果这些要求没有得到满足，那么顾客会非常不满意。相反，如果这些要求得到了满足，顾客也不会因此产生更高的满意度。

2. 单向需求

单向需求是指顾客的满意状况与需求的满足程度呈比例关系的需求，是企业为顾客提供的变动性利益，如价格折扣。企业提供的产品或服务水平超出顾客期望越多，顾客的满意状况越好，反之亦然。

3. 吸引需求

吸引需求是指既不会被顾客明确表达出来，也不会被顾客过分期望的需求，是企业为顾客提供的非承诺性利益。吸引需求对顾客满意状况具有很强的正面影响。具有这类需求特征的产品或服务因素一旦得到满足，将会对顾客的满意状况产生超比例的提升；相反，即使没有满足顾客的这类需求，顾客的满意状况也不会明显下降。

一般而言，并不会将必备需求属性和吸引需求属性作为重要的决策属性，因此这两类需求具有非关注性。对于必备需求属性而言，顾客会认为所有的服务均应包含相应的功能，因此并不会将这类属性作为决策依据，当必备需求都不能达到时，这类服务会被简单地排除在购买选择之外。与必备需求不同的是，吸引需求是超出顾客期望之外的需求，顾客在购买之前并不十分关注这类属性，因此吸引需求并不会对顾客的购买决策产生重大影响，但是这类需求会使顾客产生新奇感，并有物超所值的感觉，从而使满意水平较高。单向需求的属性才是顾客关注的属性集合。必备需求的非对称性明确了企业在新服务开发过程中需要达到的基本标准。吸引需求的非对称性明确了企业服务创新的方向。单向需求决定了企业现实的服务差异化定位。

4.1.2 市场需求

市场需求是指一定的顾客在一定的地区、一定的时间、一定的市场营销环境和一定的市场营销计划下对某种商品或服务有购买意愿而且有能力购买的数量的计划总和。可见，可以将市场需求看作顾客需求的总和。

市场需求是开展市场营销工作的根本，主要是估计市场规模的大小及产品潜在需求量。

如果不能正确分析、把握市场需求,那么会使市场营销工作迷失方向。根据需求水平、时间和性质的不同,可归纳出以下需求状况。

1. 负需求

负需求是指绝大多数人对某种产品感到厌恶,甚至愿意出钱回避它的一种需求状况。在负需求情况下,应分析市场为什么不喜欢这种产品,是否可以通过产品重新设计、降低价格等积极营销方案来改变市场的态度,将负需求转变为正需求。

2. 无需求

无需求是指目标市场对产品毫无兴趣或漠不关心的一种需求状况。通常,市场对产品无需求是由下列原因引起的。

① 人们一般认为对个人无价值的东西。
② 人们一般认为有价值,但在特定的市场无价值的东西。
③ 新产品或人们不熟悉的物品等。

在无需求情况下,企业应刺激市场营销,即通过大力促销及其他市场营销措施,努力将产品所能提供的利益与人的自然需要和兴趣联合起来。

3. 潜伏需求

潜伏需求是指部分顾客对某物有强烈的需求,而现有产品或服务又无法满足的一种需求状况。在潜伏需求情况下,企业的主要工作是开发市场营销,即开展市场营销研究和潜在的市场范围测量,进而开发有效的产品和服务来满足这些需求,将潜伏需求变为现实需求。

4. 下降需求

下降需求是指市场对一个产品或几个产品的需求呈下降趋势的一种需求状况。在下降需求情况下,企业的主要工作为重振市场营销,即分析衰退的原因,进而开拓新的目标市场,改进产品特点和外观,或采用更有效的沟通手段来重新刺激市场需求,使老产品开始新的生命周期,并通过创造性的产品再营销来扭转需求下降趋势。

5. 不规则需求

不规则需求是指某些产品或服务的市场需求在一年不同季节,或一周不同的日子,甚至一天的不同时间上下波动很大的一种需求状况。在不规则需求情况下,企业的主要工作是协调市场营销,即通过灵活的定价、大力促销及其他刺激手段来改变需求的时间模式,使物品或服务的市场供给与需求在时间上协调一致。

6. 充分需求

充分需求是指某些产品或服务的目前需求水平和时间等于预期的需求水平和时间的一

种需求状况。这是企业最理想的一种需求状况。但是，在动态市场上，顾客偏好会不断发生变化，竞争也会日益激烈。因此，在充分需求情况下，企业应做好维持市场营销工作，即努力保持产品质量，经常测量顾客满意度，通过降低成本来保持合理的价格，并激励推销人员和经销商大力推销，千方百计维持目前需求水平。

7. 过量需求

过量需求是指市场需求超过了企业所能供给或所供给的水平的一种需求状况。在过量需求情况下，企业应减少市场营销，即通过提高价格、合理分销产品、减少服务和促销等措施，暂时或永久地降低市场需求水平，或者设法降低来自盈利较少或服务需要不大的市场的需求水平。需要强调的是，减少市场营销并不是杜绝需求，而是降低需求水平。

8. 有害需求

有害需求是指市场对某些有害产品或服务的需求。对于有害需求的情况，企业应做好反市场营销工作，即劝说喜欢有害产品或服务的顾客放弃这种爱好和需求，大力宣传有害产品或服务的严重危害性，大幅度提高价格及停止生产供应等。减少市场营销和反市场营销的区别在于：前者是采取措施减少需求，后者是采取措施消灭需求。

4.2 质量需求的影响因素分析

对产品质量需求的研究，主要从以下两个方面进行考虑。

① 产品质量需求的水平。一般情况下，处于经济发展不同阶段的社会具有不同的产品质量需求水平，这种产品质量需求水平是社会总体消费水平和生产水平的反映。

② 产品质量需求的结构，即对不同质量水平的产品的需求量比例。一般情况下，处于不同消费水平的群体有不同的产品质量需求层次，由这些需求层次所决定的对各种质量等级产品的需求量，形成了产品质量需求的结构。

随着西方发达国家的复苏及新兴国家的逐步崛起，国际市场上产品质量需求的增长相当迅速，在全球化和消费趋同规律的作用下，这种趋势会经由发达国家向发展中国家传导，对发展中国家产生了比较深远的影响。从我国产品质量需求的变化情况来看，随着经济的发展和居民收入水平的提高，产品质量需求呈现出快速增长的特点，主要表现在：① 对高档产品的需求量迅速增加，顾客的质量意识和观念都有很大提升，这种现象在商品经济发展较快、对外开放程度较高和社会消费水平较高的沿海地区表现得更为突出；② 随着居民收入水平的提高，消费模式也呈现出由温饱型向小康型转换的特点，消费决策中价格因素的作用有所下降，产品质量需求出现了快速膨胀的现象；③ 社会消费结构和消费观念都发生了很大的变化，顾客不再仅仅满足于产品的耐用性能，而开始追求产品的享受性能，产品质量需求的结构开始出现较大幅度的提升；④ 随着改革开放和全球化的推进，国内外之间及国内区域之间的交流更加便利，信息传递更加便捷，出现了消费早熟和消费攀比的现象，突出地表现在产品质量需求的超前变化上，在市场上形成了一股追求优质品和名牌商品的热潮。具体来说，质量需求的影响因素主要有以下几点。

1. 价格因素

在新古典经济理论框架中，价格是影响需求的重要因素之一，不过，该理论框架假定市场上产品是同质的，因此仅从价格与需求数量的角度进行描述和分析。与数量需求曲线关于产品的同质假定不同，产品质量需求曲线讨论的是价格与产品质量需求（包括总体质量需求水平和质量需求结构）的关系。为了描述价格对产品质量需求的影响，我们也可以应用"质量差价"这一概念来代替"价格"，深入分析其矛盾运动规律。现假设市场上某一产品分为高（Q_H）、中（Q_M）、低（Q_L）三种质量水平，其市场价格分别为 P_H、P_M 和 P_L，三种不同质量水平的产品的价格差异即为质量差价（ΔP）。一般情况下，在其他条件不变时，一种产品的质量差价上升，顾客购买高质量产品的预期成本会大幅增加，会使得顾客减少对高质量产品的需求，转向中、低档质量水平的产品，这种产品质量需求结构的水平下降，会逐步导致总体产品质量需求水平的下降。相反，一种产品的质量差价下降，顾客购买高质量产品的预期成本减少，会使得顾客增加对高质量产品的需求，转向高档质量水平的产品，这种产品质量需求结构的水平上升，会逐步导致总体产品质量需求水平的上升。产品质量需求曲线图如图 4-1 所示。

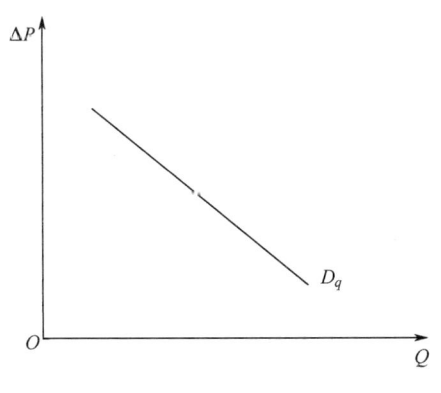

图 4-1 产品质量需求曲线图

2. 顾客收入

在其他条件不变的情况下，收入越高则对质量的要求也越高，因此有更多的质量需求，反之，则越小。"吉芬商品"和"炫耀性商品"就从另一个角度说明了顾客收入与产品质量需求的关系：随着顾客收入的增加，对于"吉芬商品"这类低档产品，即使是价格下降，顾客的需求还是会下降；而对于质量相对较高或更稀缺的"炫耀性商品"，即使价格上涨，顾客的需求仍然会上升。

3. 相关产品的价格

顾客对某一种产品的质量需求，除了受该产品自身的影响，还与其互补品或替代品的质量状况有关。顾客对一种产品的质量需求，与其互补品的质量状况呈同方向变动，与互补品的价格呈反方向变动；与替代品的质量状况呈反方向变动，与替代品的价格呈同方向变动。

4. 顾客偏好

顾客对质量的偏好程度会影响其产品质量需求，如果顾客对某一种产品有更高的质量偏好，那么其质量需求往往更高；相反，则反之。顾客的质量偏好受社会、历史、宗教及家庭渲染等因素的影响，反映了顾客的生理或心理需要。

5. 顾客对未来的预期

这种预期包括对自己收入水平和产品价格水平变动的预期，如果预期未来收入水平上升或未来产品价格上升，就会增加现在的产品质量需求；反之，如果预期未来收入水平下降或未来产品价格水平下降，就会减少现在的产品质量需求。

6. 人口结构的变动

人口结构的变动主要影响产品质量需求的构成，从而影响某些产品的质量需求。例如，人口的老龄化影响对保健用品的质量需求，新生儿人口增加影响对婴幼儿产品的质量需求。

7. 政府的消费政策

例如，政府对奢侈品征税，在一定程度上可以抑制过高的产品质量需求，而实行消费信贷制度或对优质产品给予补贴，则会鼓励产品质量需求的增加。

除此之外，如果把影响产品质量需求的其他因素都引进来加以考察，在质量差价不变的情况下，其他因素发生变化，也会导致产品质量需求发生变动，产品质量需求曲线变动如图 4-2 所示，在产品质量不变的情况下，由于顾客的收入等因素的变化，产品质量需求曲线发生移动。例如，在同样产品的质量差价 ΔP_0 下，由于顾客的收入增加，产品质量需求自然会增加，产品质量需求水平由 Q_0 增加到 Q_1，质量需求曲线由 D_0 移动到 D_1；如果由于人口老龄化，那么在同样的质量差价 ΔP_0 下，总体上会减少非老龄人消费的产品的质量需求，产品质量需求水平由 Q_0 减少到 Q_2，质量需求曲线由 D_0 移动到 D_2。

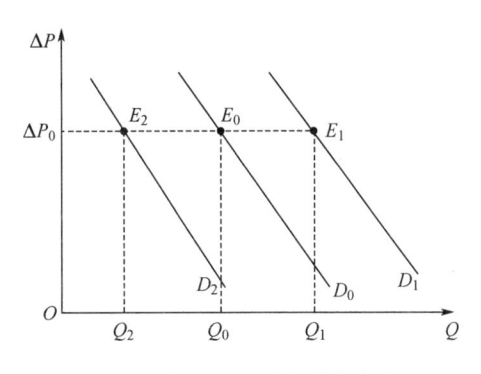

图 4-2　产品质量需求曲线变动

4.3　质量需求预测方法

质量预测是指以已掌握的产品质量信息数据为基础，结合与质量相关的经济发展指标的变化情况，从分析产品质量趋势变化的历史、现状和规律出发，运用科学的方法对产品质量的未来发展趋势所做的预测与推断。

质量预测方法是指以实现质量预测为目标所采用的各种专业分析技术与方法。需求作为经济发展的基础和评价指标，与经济发展密不可分。质量需求预测方法是在经济预测的基础上发展起来的，是根据对质量经济发展变化规律性的认识，从需求的角度研究未来质量水平变化的方法论。因此，质量需求预测方法与经济预测方法从预测技术的角度来讲是完全一致的。要做好质量需求预测，就必须掌握有关的经济预测方法和理论知识。质量需求预测方法主要包括定性质量预测方法和定量质量预测方法。

4.3.1　定性质量预测方法

1. 定性质量预测概述

定性质量预测是指预测者根据自己所掌握的产品质量历史信息和产业质量发展状况，结合自身的质量监督管理经验和质量分析水平，对产品质量水平变化发展的方向、性质和程度做出的判定。定性质量预测主要应用于对产品质量水平发展的性质预测。质量问题的影响因素比较复杂，有时难以分清主次。预测者所掌握的产品质量历史信息不够完整，以及外部环境和条件对产品质量水平影响的不确定性导致在一些情况下很难进行定量质量预测。这时也只能采用定性质量预测来解决。

定性质量预测的特点是：需要的数据少；能考虑无法定量的因素；比较简便可行。因此，定性质量预测是一种不可缺少的灵活的质量预测方法。

因为定性质量预测主要依靠预测者的经验和判定能力，易受主观因素的影响，主要目的不在数量的估计，所以为了提高定性质量预测的准确程度，应重视预测所需资料的调查和处理工作。通过调查与搜集，可以获得不同类型的原始质量信息资料。只有对这些数据资料做进一步的整理加工，才能使之反映预测产品质量水平变化的本质特征，从中获取有益的信息，为科学预测奠定基础。具体资料的整理可以分为三个阶段：编辑、分类汇总、分析。

（1）编辑阶段

重点是对所搜集的资料进行详细的检查和审核，以筛选出有实用价值的资料。编辑的目的是保证有用资料的完整性和准确性。

（2）分类汇总阶段

编辑工作完成后，一般要对有用的资料按照分析需要进行分类汇总。常见的分类汇总可以分为对量化的资料进行分类汇总、对定性的资料进行分类汇总两种。

（3）分析阶段

要根据预测的要求进行分析。常见的分析方法有：平均法——用样本的平均值来表示，如企业产品的平均销售收入等；频率分布法——根据分析对象变量值出现的次数占总数的百分比进行分析，如不合格项目出现的频率等；多问题和多因素的综合分析法——针对各个不同的质量影响因素进行分析。

2. 质量调查预测方法

质量调查预测是指预测者在深入质量调查研究的基础上，取得必要的质量状况信息，再根据自己的质量工作实践和专业技术水平，通过座谈会、编制调查表或采取抽样调查等方式，对产品质量水平变化的前景所做的分析判断。

因为影响产品质量的因素错综复杂，既有企业产品设计与开发技术应用、企业产品质量改进、出厂产品质量检验把关等企业内在环境的影响，又有市场竞争、顾客偏好、原材料价格变化、经济宏观调控政策等外部环境的影响，所以调查的内容十分广泛。针对不同的预测对象，调查的方式与侧重点也各不相同，这里结合质量预测的实践把质量调查内容大致分为以下几个方面。

（1）产品设计与开发技术调查

产品设计与开发是指为了开拓市场，满足用户需求，根据市场调研的结果，运用新原理、新材料、新技术、新工艺设计，开发具有新功能、新水平的新产品或对老产品进行改进的全部活动。产品的设计与开发技术运用得是否科学，将直接影响产品质量水平。从某种程度上讲，重视质量意味着要保证原材料的品质，这必将提高生产成本；延长产品使用寿命和提高产品可靠性，意味着产品的结构或体积可能发生变化，影响产品的外观和适用性；最终为生产出高质量的产品，必然会提高产品的价格。因此，如何在保证产品性能的前提下，设计开发出符合质量要求的产品，就与产品设计与开发技术的运用密切相关。不少企业为满足顾客需求，会经常性地对产品性能进行改进和提升，这时候无一例外地需要变更部分原材料和加工工艺方法，因此如何在提升产品性价比的前提下，确保产品符合标准要求，就需要认真分析。从实践来看，不少产品一经改型，其质量水平就会发生变化。这时就需要调查运用新原理、新材料、新技术、新工艺设计后对产品质量可能带来的影响。特别是要了解如何实施产品质量的可靠性设计与开发。

（2）企业内部质量改进调查

持续的质量改进是企业内部质量管理的重要环节。这里所讲的质量改进是消除系统性的问题。在现有的产品质量基础上加以提高，使质量达到一个新水平、新高度。它与质量控制的区别在于，前者致力于满足质量要求的能力，重点是防止差错或问题的产生，充分发挥现有的质量管理能力；而后者则致力于增强满足质量要求的能力，重点是提高质量保证能力。质量改进是一个过程，即 PDCA 循环，由于种种原因，企业每次改进产品质量的活动不一定都能取得好的效果，产品的质量水平不一定都会得到提高。随着科学技术的进步，新材料、新技术、新工艺的发展会对原有的产品生产提出改进要求，通过技术改进后，产品的性能、结构、外观等可能发生变化，但对产品质量会产生何种影响，还需要进一步的研究和认识。

（3）产品出厂检验把关调查

产品出厂检验是确保产品质量的关键一环。即使企业生产的产品存在质量问题，但只要严格按照标准要求进行出厂检验，就能及时发现不合格品，以确保出厂的产品质量均符合标准要求。对产品的出厂检验分为两种：一是型式检验，即按照产品标准要求实施全项目检验，因为其要求高，部分项目属于对产品性能有影响的损耗性检验，所以只能实施抽样检查，一般一年抽查一次。二是产品生产线检验，即对每一个产品进行检验，因为检验需要花费一定的时间，且不能给产品性能带来较大的影响，所以只能按照产品标准选择部分项目进行检验。因为不同企业自行规定的出厂检验项目不同，所以发现不合格品的概率也不同。另外，出厂检验设备的精度、检验人员对检测技术的熟练度都会对产品出厂检验把关产生影响，因此需要通过调查了解这些影响情况。

（4）市场占有率与顾客偏好情况调查

市场占有率不仅反映了企业产品受顾客欢迎的程度，还反映了一个企业产品的竞争能力。产品的销售情况好，受到顾客的喜爱，这是因为该产品除了有较高的性价比，还具有较好的质量和适应性。实践证明，市场畅销的产品，其质量总体不会太差，而滞销产品在质量或适应性上肯定存在一定的问题。产品的市场占有率可以从侧面反映产品的质量情况。因此，通过对产品的市场占有率和消费者偏好情况进行调查，可以了解产品质量水平的情况。

(5) 原材料价格提高、经济宏观调控政策等外部环境影响调查

企业作为一个利益集团以追求利益最大化为目标。当原材料价格提高时，将直接影响企业利润，为了提高经济效益，企业势必会通过降低生产成本、采用新的工艺或提高产品售价等手段来提高产品利润。事实证明，市场机制无疑是最有效率的经济运行机制，但其也不是万能的。市场机制存在的内在缺陷、我国市场经济体制的不健全及企业利益驱动等因素都会构成政府干预经济的理由，这种政府干预经济的活动也就是我们通常所说的政府对经济的宏观调控政策。政府通常用于经济调控的手段主要有：产业政策、货币政策、财政政策、经营与管制等。政府经济宏观调控政策的出台将会对企业经营产生重大影响，直接影响企业生产的效益与利润，从而导致产品价格出现波动，最终通过市场的反馈，为维持必要的利润，产品将会出现原料、性能和结构的变动，进而影响产品质量。外部环境影响调查就是对影响产品质量水平的各种能考虑到的影响因素进行的详细调查，并对它们的影响程度进行分析，最终根据质量预测分析人员的经验和历史回顾，对产品质量水平变动情况进行预测。

3. 专家预测方法

专家预测方法就是向一组专家征询意见，将专家对过去产品质量历史资料的解释和对未来的分析判断进行汇总整理，尽可能取得统一意见，并对产品质量水平发展变化的前景进行预测的方法。专家预测方法可分为专家会议预测法和专家通信预测法。

(1) 专家会议预测法

专家会议预测法就是针对质量预测问题，组织专家会议进行集体判断预测的方法。召开专家会议是经常采用的办法，它可以集思广益，因为专家的经验和熟悉领域的同步，其对产品质量问题的了解也存在片面性，所以预测单位将多位质量预测专家集中起来一起研究讨论，可以充分了解和掌握产品质量的全部情况，在产品质量走势预测上相互启发、取长补短。经过集体讨论，分析得出的预测结果要比个别专业预测人员得出的结论更全面和准确。专家会议预测法既有优点也存在比较明显的缺点，但这两者都与质量预测组织者的组织能力和提供的质量预测材料有直接的关系。如果组织得当，专家的研究领域能包含与产品质量水平相关的主要方面，会前准备考虑周全，就可以通过专家会议的形式得到较理想的预测结果。

国外最初采取的专家预测方法便是专家会议预测法。后来发现专家会议预测方法存在以下不足。

① 参加会议的人数有限，代表性不够。

② 个别质量方面的权威专家提出的意见容易左右其他专家的意见。

③ 有些专家碍于情面，对自己认为不正确的判断也不愿意发表意见。

（2）专家通信预测法

专家通信预测法又称德尔菲法，是美国兰德公司在 20 世纪 40 年代末发展起来的，后来成为在世界上得到广泛应用的一种定性预测方法。专家通信预测法具有以下特点。

① 匿名性。专家预测一般采用通信的方式，分别向各位专家征求意见，参加预测的专家不见面、不通气、姓名保密，只与预测单位负责人保持联系。

② 反馈性。向一组专家轮番征求意见。每次都把预测要求和经整理的专家意见汇总后反馈给各位专家，既方便各位专家了解各种意见，又可使各位专家在掌握全局情况的基础上，拓展思路，提出独立的创新见解。

③ 集中性。专家意见经多次征求后会趋同一致，这样就可以用统计的方法加以处理，最终可以得出定量化的预测结果。

专家通信预测的工作流程和具体操作步骤一般分为以下几点。

① 确定预测的目标，成立质量预测组织机构。质量预测根据预测的内容和要求可以分成多种预测形式，如一个区域的产品质量总体水平变化趋势；单一产业的产品质量水平发展趋势；具体到一个企业的产品质量走势等，要确保预测取得预期效果，就要明确预测的目标和要求，并成立组织机构，确定负责人和工作人员，使预测工作能够按照要求实施。

② 选定专家。专家预测离不开专家，这里所说的专家是指熟悉产品质量监督管理理论、熟悉预测产品或产业的发展情况、对产品质量走势预测经验丰富的专业人员。专家组的人数要根据预测目标的难易程度确定。为了使选择的专家具有代表性，专家的专业领域要适当广泛，既要有质量管理方面的专家，又要有经济管理方面的专家，专家可以从质量技术监督部门选择，也可从政府部门、科研机构、企业或产品质量检验机构中选择。

③ 搜集与预测对象有关的信息材料。要使专家预测取得预期的目标，就要切实做好预测用的、与预测对象有关的信息材料的搜集准备工作，这项工作虽然可以要求参与质量预测的专家自行准备，但由于质量信息的不对称性，许多质量监督管理信息还需要质量技术监督部门提供，为此，就需要指定专人负责将这些与预测有关的产品质量信息按照要求事先进行分类汇总，从而为预测专家提供参考。

④ 设计征询表。征询表应紧紧围绕需要预测的对象，从各个侧面提出有针对性的问题。征询表内容应简明扼要、含义要清楚明确，使专家能正确理解，便于回答。

⑤ 开展专家征询。征询准备阶段完成后，即可进行征询阶段。在此阶段一般要进行 3～5 轮的征询意见过程。

第 1 轮，预测组织机构将预测目标、征询表和预测基础信息材料发给专家，要求其根据预测工作要求提出预测结果并按时上报预测组织机构。随后组织机构对专家意见进行汇总整理，并准备下一轮预测要求。

第 2 轮，预测组织机构将第 1 轮汇总整理的意见和要求及补充信息材料反馈给各位专家，各专家可以根据新的信息做出新的判断或修改自己原有的意见，并按时上报预测组织机构。随后预测组织机构对专家意见进行汇总整理，并准备下一轮预测要求。

第3轮，预测组织机构将第2轮汇总整理的意见和要求及补充信息材料再次反馈给各位专家，各专家可以根据新的信息做出新的判断或修改自己原有的意见，提出最终预测结果，并按时上报预测组织机构。随后预测组织机构对专家意见进行汇总整理，并用统计方法加以集中整理，最后可以得出比较符合实际的预测结果。若还需要继续征询，则仍按照上述要求继续。

⑥ 数据处理。数据处理即使用统计方法对各位专家的预测结果进行统计分析。一般根据预测对象和目标的要求不同，可以采用不同的统计方法进行处理。通常用中位数计算方法。所谓中位数，就是一种较算术平均数更为合理的平均数，这里作为专家预测的协调结果，用上、下四分位数作为预测的分散区间。假如有 n 位专家参加预测工作，他们的预测值从小到大排列为 $x_1 \leqslant x_2 \leqslant \cdots \leqslant x_n$，则中位数 $x_中$、上四分位数 $x_上$、下四分位数 $x_下$ 的计算公式如下：

$$x_中 = \begin{cases} x_{k+1} & (n = 2k+1) \\ \dfrac{x_k + x_{k+1}}{2} & (n = 2k) \end{cases}$$

$$x_上 = x_中 + \frac{1}{2}(x_n - x_中) \qquad (4\text{-}1)$$

$$x_下 = x_中 - \frac{1}{2}(x_中 - x_1)$$

举例，设有10名专家预测2007年某地产品质量监督合格率结果，其预测值分别为81，82，83，84，85，87，88，88，89，90。

则

$$x_中 = \frac{85 + 87}{2} = 86$$

$$x_上 = 86 + \frac{1}{2}(90 - 86) = 88$$

$$x_下 = 86 - \frac{1}{2}(86 - 81) = 83.5$$

这说明专家预测2007年的监督合格率为86，至少有50%的专家的预测在上、下四分位数之间。

专家通信预测法也存在一些不足，主要不足如下。
① 由于专家不见面，缺少思想交流和研讨。
② 容易忽略少数专家的前瞻性意见。
③ 组织机构主观意向容易影响专家思考。
④ 要经过多轮征询，专家容易反感生厌等。

因此，专家通信预测法主要应用于缺乏充足的质量信息或具备很多影响因素的情况下，对长远期产品的质量趋势预测。

4. 主观概率预测方法

主观概率预测方法是指利用主观概率对各种预测意见进行集中整理，得出综合性质量预测结论的方法。这里所指的预测意见是指采用质量调查预测方法、专家预测方法所获得的预测结果。

主观概率是指在一定条件下，个人对某一事件在未来发生和不发生可能性的估计，反映个人对未来事件的主观判断和信任程度。而客观概率则是指某一随机事件经过反复试验后，出现的相对次数，也就是对某一随机事件发生的可能性大小的客观度量。客观概率与主观概率的根本区别在于，客观概率具有可检验性，而主观概率则不具备这种检验性。因此，当产品质量水平无法确定时（无法计算客观概率），常采用主观概率预测方法进行预测。这里侧重介绍主观概率加权平均法。

主观概率加权平均法是以主观概率为权数对各种预测意见进行加权平均，求得综合性预测结果的方法。其计算步骤为，首先根据过去预测的准确度来确定各种可能情况的主观概率；然后用加权平均法计算综合预测值；最后计算平均偏差程度，校正预测结果。

举例，某生产企业的 3 名预测人员欲对下一年度产品的销售额进行预测，预测期望值计算表见表 4-1，计划人员预测销售的期望值为 1 000 万元，统计人员的预测值为 900 万元，计划、统计人员的预测能力分别是预测人员的 1.2 倍和 1.4 倍。要求计算：① 预测人员的预测期望值；② 预测人员的平均预测期望值；③ 下一年度企业产品预测销售额。

表 4-1 预测期望值计算表

预测人员	估计	销售额（万元）	主观概率
甲	最高销售额	1 120	0.25
	最可能销售额	965	0.50
	最低销售额	640	0.25
	期望值	922.5	0.30
乙	最高销售额	1 080	0.20
	最可能销售额	972	0.50
	最低销售额	660	0.30
	期望值	900	0.35
丙	最高销售额	1 200	0.25
	最可能销售额	980	0.60
	最低销售额	600	0.15
	期望值	978	0.35

① 预测人员的预测期望值为：

甲的期望值=1 120×0.25+965×0.50+640×0.25=922.5（万元）

乙的期望值=1 080×0.2+972×0.50+660×0.30=900（万元）

丙的期望值=1 200×0.25+980×0.60+600×0.15=978（万元）

② 预测人员的平均预测期望值为：

922.5×0.30+900×0.35+978×0.35=934.05（万元）。

③ 计划、统计人员分别是预测人员预测能力的 1.2 倍和 1.4 倍，所以下一年度的预测销售额为：

$$\frac{934.05+1\,000\times 1.2+900\times 1.4}{1+1.2+1.4}=942.79（万元）$$

④ 计算平均偏差程度，校正预测结果。过去 5 个年度的实际数与预测数之比见表 4-2。

表 4-2　过去 5 个年度的实际数与预测数之比

季　度	1	2	3	4	5	平均比率
实际数/预测数	0.88	1.05	0.97	1.08	1.01	0.998

平均比率是各季度实际数与预测数之比的简单算术平均数为 0.998，即 99.8%，说明实际数比预测数有高有低，平均为 99.8%；平均偏差程度为 0.2%，说明实际数比预测数平均低 0.2%，因此应将预测数扣除 0.2%进行校正。经校正后，该公司下一年度的预测销售额为：942.79×99.8%=940.90（万元）。

5. 指标判断与扩散指数预测方法

（1）指标判断预测方法与扩散指数预测方法的含义

产品质量受经济环境的影响极大，只要经济形势发生变化，就势必会对产品质量水平产生一定影响，而且这种影响有时表现得非常突出。例如，20 世纪 90 年代液化石油气减压阀市场竞争激烈，产品价格直线下滑，每只价格从 20 多元跌到了 7 元多，随着产品生产利润从高到低、从有到无，不少企业为降低原材料成本，使用质量较差的原材料生产产品，导致生产出来的产品很难满足相关标准要求，最后形成了行业性产品质量问题。

① 指标判断预测方法是指根据经济发展指标的变化与市场现象变化之间的关系，由经济指标的变化来分析判断和预测市场未来变化的方法。

② 扩散指数预测方法是指根据与产品质量相关联的各种质量经济指标的变化，来分析判断产品质量水平未来发展变化趋势的方法。

（2）质量经济指标判断分析

随着经济发展环境条件的变化，产品质量也会发生相应的变化，这种变化必然会在一些质量经济指标上先后反映出来，因此我们可以根据质量经济指标的先后变化情况把质量经济指标分为先行指标、同步指标、滞后指标。

① 先行指标是指其变化先于产品质量变化，且其变化会引起产品质量水平变化的质量

经济指标。当产品质量水平出现变化的趋势，但还未发生变化时，先行指标已经先于产品质量水平变化而开始出现变化。因此，只要注意搜集调查这些先行指标的变化信息即可根据其变化对未来产品质量的变化趋势进行预测。属于这类的质量经济指标有财政金融政策、价格政策、产品市场竞争情况、产品质量稳定提高率等。

② 同步指标是指其变化与产品质量变化基本同步，同时发生变化的质量经济指标。属于这类的质量经济指标有工业生产总值、产品质量监督抽查合格率等。调查积累这些指标变化的信息也是开展质量预测所必需的。

③ 滞后指标是指其变化落后于产品质量变化的质量经济指标。虽然这类质量经济指标在产品质量发生变化后才呈现出自身的变化，但这些质量经济指标可以验证根据先行指标所做出的产品质量走势预测，同时可对下一周期的产品质量状况进行预测。

先行指标、同步指标、滞后指标之间不是孤立和静止的，而是相互联系密切的。在不同的产品质量变化阶段，所采用的质量经济指标不尽相同。因为在不同产品质量变化阶段，一些质量经济指标与产品质量的变化是有区别的，所以必须科学确定产品质量变化与质量经济指标变动之间的关系，要做到这一点，需要进行长期的分析和观察，只有这样，才能进行准确预测。

（3）扩散指数判断分析

扩散指数预测方法是根据若干个质量经济指标的变动来计算扩展指数，以扩展指数为依据来判定产品质量未来的发展变化趋势。

扩散指数预测方法的操作步骤是，选择若干个质量经济指标，并收集本期和上期的数据，再对两期的数据加以比较，若本期数据比上期数据大为正，小为负；正值表示上升，负值表示下降。若以 X 表示上升指标个数，Y 表示下降指标个数，$Z=X+Y$ 表示指标总个数，则（X/Z）×100%称为扩散指数，我们可以以此扩散指数作为预测未来产品质量走势的标准。

一般认为，若扩散指数为 50%以上，则表示未来产品质量水平具有上升趋势；若扩散指数为 60%以上，则可判断未来产品质量水平具有上升趋势；若扩散指数为 40%以下，则表示未来产品质量水平具有下降趋势。

扩散指数预测方法的计算周期，可以根据质量预测的需求和质量经济指标信息资料的搜集情况而定。采用不同的周期进行预测，其指标值也要与之相适应。

举例：先假定选择 7 个经济指标，对某期产品质量水平变化趋势进行预测，各质量经济指标本期数值与上期数值的比较见表 4-3。

表 4-3　各质量经济指标本期数值与上期数值的比较

质量经济指标名称	本期数值与上期数值之差
1	+
2	+
3	+
4	−
5	+
6	+
7	−

由表 4-3 可知，上升的质量经济指标数是 5 个，即 $X=5$，下降的经济指标数是 2 个，即 $Y=2$，则 $Z=7$，扩散指数为：

$$\frac{X}{Z} \times 100\% = \frac{5}{7} \times 100\% = 71.43\%$$

本例中扩散指数达到 71.43%，说明产品质量将会出现较大幅度的上升。

4.3.2　定量质量预测方法

1. 时间序列预测方法

时间序列预测方法是指将预测目标的历史数据按照时间的顺序排列成为时间序列，然后分析它随时间的变化趋势，并建立数学模型进行外推的定量化预测方法。

时间序列是指某种统计指标的数值，按照时间先后顺序排列起来的数列。一般用 $y_1, y_2, \cdots, y_t$ 表示，t 为时间。

在时间序列中，每个时期数值的大小都受许多不同因素的影响。要想把各种因素加以细分，测定其作用的大小是很困难的，为此，时间序列分析通常对各种可能产生影响的因素按性质不同分为长期趋势、季节变动、循环变动和不规则变动。长期趋势是指由于某种根本性因素的影响，时间序列在较长时间内朝着一定的方向持续上升或下降，以及停留在某一个水平上的倾向。它反映了考察对象的主要变化趋势。季节变动是指由于自然条件和质量经济条件的影响，时间序列在一年内随着季节的转变而引起的周期性变动。例如，冬季比较干燥，则电器的绝缘强度相对较好，而到了春季因为南方存在梅雨季节，所以相对来说，电器的绝缘强度会有所降低。循环变动是以数年为周期的周期变动。它与长期趋势不同，不是朝单一方向持续发展，而是以波浪形式起伏波动。它的波动时间较长，变动周期长短不一，短则一年以上，长则数年、数十年，上次出现后，下次何时出现难以预料。不规则变动是指由各种偶然性因素引起的无周期变动。不规则变动又可分为突然变动和随机变动。所谓突然变动，是指诸如自然灾害、政策发生改变所引起的变动；随机变动是指由于大量的随机因素所产生的影响。

时间序列的组合形式常见的有以下几种类型。

① 加法型：
$$y_t = T_t + S_t + C_t + I_t \tag{4-2}$$

② 乘法型：
$$y_t = T_t S_t C_t I_t \tag{4-3}$$

③ 混合型：
$$y_t = T_t S_t + C_t + I_t, \quad y_t = S_t + T_t C_t I_t \tag{4-4}$$

式中，y_t 为时间序列的全变动；T_t 为长期趋势；S_t 为季度变动；C_t 为循环变动；I_t 为不规则变动。对于一个具体的时间序列，要采用哪种组合形式，应根据所掌握的资料、时间序列的性质及研究的目的来确定。

（1）移动平均法

移动平均法是在算术平均的基础上发展起来的一种预测方法，它根据时间序列资料逐项推移，依次计算包含一定项数的时间序列的平均数，以反映长期趋势的方法。当时间序列的数值由于受周期变动和不规则变动的影响起伏较大，不易显示出发展趋势时，可以用移动平均法消除这些因素的影响，分析、预测序列的长期趋势。移动平均法有一次移动平均法、加权移动平均法、趋势移动平均法等形式。

● 一次移动平均法，就是取时间序列的几个观察值求平均值，并依次滑动，直至将数据处理完毕，得到一个平均值序列。

设时间序列为 $y_1, y_2, \cdots, y_t, \cdots, y_n$。那么一次移动平均计算公式为
$$M_t = \frac{y_t + y_{t-1} + \cdots + y_{t-n+1}}{n} (t \geq n) \tag{4-5}$$

式中，M_t 为 t 期移动平均数；n 为移动平均的项数。公式表明当 t 向前移动一个时期，就增加一个近期数据，去掉一个远期数据，得到一个新的平均数。因为它不断地补充近期数据，删除远期数据，逐步向前移动，所以称为移动平均法。

当 n 比较大时，可以利用的递推公式为
$$M_t = M_{t-1} + \frac{y_t - y_{t-n}}{n} \tag{4-6}$$

因为移动平均法可以平滑数据，消除周期变动和不规则变动的影响，使长期趋势显现出来，所以可以用于预测。预测公式为
$$\hat{y}_{t+1} = M_t \tag{4-7}$$

即以第 t 期移动平均数作为第 $t+1$ 期的预测值。

● 在一次移动平均公式中，每期数据在平均中的作用是等同的。但是，每期数据所包含的信息量并不同，近期数据包含更多关于未来情况的信息。因此，把各期数据等同看待不太科学，需要充分考虑各期数据的重要性，即对近期数据给予较大的权重，这就是加权移动平均法的基本思想。

设时间序列为 $y_1, y_2, \cdots, y_t, \cdots, y_n$。那么加权移动平均计算公式为

$$M_{tw} = \frac{W_1 y_t + W_2 y_{t-1} + \cdots + W_n y_{t-n+1}}{W_1 + W_2 + \cdots + W_n} (t \geq n) \tag{4-8}$$

式中，M_{tw} 为 t 期加权移动平均数；W_n 为 y_{t-n+1} 的权数，它体现了相应的 y 在加权移动平均数中的重要性。

利用加权移动平均数来预测，其公式为

$$\hat{y}_{t+1} = M_{tw} \tag{4-9}$$

即以第 t 期加权移动平均数作为第 $t+1$ 期的预测值。

● 当时间序列出现明显变化趋势，如直线增加或减少时，用移动平均法和加权移动平均法来预测，将会出现比较大的滞后误差，因此需要对两次移动平均进行修正，利用移动平均滞后偏差的规律来建立直线趋势的预测模型，这就是趋势移动平均法。

一次移动平均数为

$$M_t^{(1)} = \frac{y_t + y_{t-1} + \cdots + y_{t-n+1}}{n} \tag{4-10}$$

在一次移动平均的基础上再进行一次移动平均就是二次移动平均，其计算公式为

$$M_t^{(2)} = \frac{M_t^{(1)} + M_{t-1}^{(1)} + \cdots + M_{t-n+1}^{(1)}}{n} \tag{4-11}$$

当 n 比较大时，可以利用的递推公式为

$$M_t^{(2)} = M_{t-1}^{(2)} + \frac{M_t^{(1)} - M_{t-n}^{(1)}}{n} \tag{4-12}$$

趋势移动平均预测公式为

$$\hat{y}_{t+T} = a_t + b_t T \tag{4-13}$$

其中：

$$a_t = 2M_t^{(1)} - M_t^{(2)}$$

$$b_t = \frac{2}{n-1}\left(M_t^{(1)} - M_t^{(2)}\right)$$

（2）指数平滑法

移动平均法虽然计算简单，但由于计算移动平均数时，只用了近期的 n 个数据，没有充分利用时间序列的全部信息，且对参与运算的 n 个数据等权对待，这往往不符合实际情况。一般认为，越近的数据越能反映当前的情况，对今后的预测影响越大，越远的数据影响越小。虽然加权移动平均法能克服这个缺点，但人为选取 n 个权数仍有较大的主观性。指数平滑法则是对时间序列由近及远采取具有衰减性质的加权处理，是移动平均法的改进形式。

指数平滑法根据平滑次数的不同，可分为一次指数平滑法、二次指数平滑法、三次指数平滑法，分别适应不同类型的时间序列进行预测。

一次指数平滑法，设时间序列为 $y_1, y_2, \cdots, y_t, \cdots$，则一次指数平滑计算公式为

$$S_t^{(1)} = \alpha y_t + (1-\alpha) S_{t-1}^{(1)} \tag{4-14}$$

式中，$S_t^{(1)}$ 为一次指数平滑值；α 为加权系数，且 $0 < \alpha < 1$。

当 $t \to \infty$ 时

$$S_t^{(1)} = \alpha \sum (1-\alpha)^j y_{t-j} \tag{4-15}$$

从公式中可见 $S_t^{(1)}$ 实际上是系数，分别为 $y_t, y_{t-1}, \cdots, y_{t-j}, \cdots$ 的加权平均。加权系数分别为 $\alpha, \alpha(1-\alpha), \alpha(1-\alpha)^2, \cdots$。是按照几何级数衰减，近期的数据权数较大，远期的数据权数变小，且权数之和 $\alpha \sum (1-\alpha)^j = 1$。因为加权系数符合指数规律，又具有平滑数据的功能，所以称为指数平滑。用这种平滑值进行的预测，称为一次指数平滑法。一次指数平滑法的预测公式为

$$\hat{y}_{t+1} = S_t^{(1)} = \alpha y_t + (1-\alpha) \hat{y}_t \tag{4-16}$$

这也就是以第 t 期指数平滑值作为 $t+1$ 期的预测值。

一次指数平滑法中，加权系数的选择是很重要的。α 的大小规定了在新预测值中新数据和原预测值所占的比重。α 值越大，新数据所占比重就越大，原预测值所占比例就越小。上式也可改为

$$\hat{y}_{t+1} = \hat{y}_t + \alpha \left(y_t - \hat{y}_t \right) \tag{4-17}$$

新预测值 $\hat{y}_{t+1}$ 是根据预测误差对原预测值进行修正而得到的。α 值越大，修正幅度越大；α 值越小，修正幅度越小。因此，α 值既代表预测模型对时间序列数据变化的反应速度，同时又决定预测模型修正误差的能力。

具体 α 值如何选择，应综合考虑以下条件。

若时间序列波动不大，比较平稳，则 α 值应取小一些（0.1～0.3），使预测模型包含较长的时间序列信息；若时间序列具有迅速且明显的变动倾向，则 α 值应取大一些（0.6～0.8），使预测模型灵敏度高一些，以便迅速跟上数据的变化。在实际应用中，要多取几个 α 值进行试算，至于选择哪个 α 值可用均方误差（Mean Square Error，MSE）进行比较，最后选择误差较小的 α 值。

用一次指数平滑法进行预测，还会涉及初始值 $S_0^{(1)}$ 的选取问题，当时间序列的样本容量大于 20 时，初始值对预测结果影响小，可选第一期观察值作为初始值；当时间序列的样本容量较小（小于 20 时），应选择最初的几期观察值的均值作为初始值。

举例：2013—2019 年，某区域产品质量水平见表 4-4，试预测 2020 年的产品质量水平。

表 4-4　某区域产品质量水平

年份	序号	质量水平 y_t	预测值					$(y_t - \hat{y}_t)^2$				
			α=0.8	α=0.5	α=0.3	α=0.1	α=0.05	α=0.8	α=0.5	α=0.3	α=0.1	α=0.05
2013	1	94.60	95.70	95.70	95.70	95.70	95.70	1.210	1.210	1.210	1.210	1.210
2014	2	96.80	94.82	95.15	95.37	95.59	95.65	3.920	2.722	2.045	1.464	1.334
2015	3	96.70	96.40	95.98	95.80	95.72	95.59	0.088	0.526	0.812	0.978	1.226
2016	4	95.70	96.64	96.34	96.07	95.80	95.54	0.885	0.406	0.136	0.012	0.025
2017	5	95.50	95.89	96.02	95.96	95.79	95.50	0.151	0.269	0.210	0.089	0.000
2018	6	95.10	95.58	95.76	95.82	95.77	95.45	0.228	0.435	0.520	0.448	0.123
2019	7	95.40	95.20	95.43	95.60	95.73	95.41	0.042	0.001	0.042	0.091	0.000
2020	8	结果	95.36	95.41	95.54	95.67	95.37					
		均方误差						0.932	0.796	0.711	0.613	0.560

从数据变动情况分析，属于波动走势，用一次指数平滑法计算。初始值用前两期数据：

$$S_0^{(1)} = \frac{y_1 + y_2}{2} = \frac{94.6 + 96.8}{2} = 95.7$$

$$\hat{y}_1 = S_0^{(1)}$$

$$\hat{y}_{t+1} = S_t^{(1)} = \alpha y_t + (1-\alpha)\hat{y}_t$$

因此，当 $\alpha = 0.1$ 时，

$$\hat{y}_2 = \alpha y_1 + (1-\alpha)\hat{y}_1 = 0.1 \times 94.6 + 0.9 \times 95.7 = 95.59$$
$$\hat{y}_3 = \alpha y_2 + (1-\alpha)\hat{y}_2 = 0.1 \times 96.8 + 0.9 \times 95.6 = 95.72$$
$$\hat{y}_4 = \alpha y_3 + (1-\alpha)\hat{y}_3 = 0.1 \times 96.7 + 0.9 \times 95.7 = 95.80$$
$$\hat{y}_5 = \alpha y_4 + (1-\alpha)\hat{y}_4 = 0.1 \times 95.7 + 0.9 \times 95.8 = 95.79$$
$$\hat{y}_6 = \alpha y_5 + (1-\alpha)\hat{y}_5 = 0.1 \times 95.5 + 0.9 \times 95.8 = 95.77$$
$$\hat{y}_7 = \alpha y_6 + (1-\alpha)\hat{y}_6 = 0.1 \times 95.1 + 0.9 \times 95.8 = 95.73$$
$$\hat{y}_8 = \alpha y_7 + (1-\alpha)\hat{y}_7 = 0.1 \times 95.4 + 0.9 \times 95.7 = 95.67$$

运用上述方法，我们可以分别得出 2020 年该地产品质量水平：

$\alpha = 0.1$，预测值为 95.67；

$\alpha = 0.05$，预测值为 95.37；

$\alpha = 0.3$，预测值为 95.54；

$\alpha = 0.5$，预测值为 95.41；

$\alpha = 0.8$，预测值为 95.36。

计算各个预测值的均方误差：得出 $\alpha = 0.05$ 时预测值为 95.37 的误差值最小；故 2020 年的产品质量水平预测值为 95.37。

一次指数平滑法虽然克服了移动平均法的缺点，但当时间的变动出现直线趋势时，用一次指数平滑法仍然存在明显的滞后偏差，因此必须加以修正。修正的方法就是再进行二次指数平滑，利用滞后偏差的规律来建立直线趋势模型。

二次指数平滑法的计算公式为

$$S_t^{(1)} = \alpha y_t + (1-\alpha)S_{t-1}^{(1)} \\ S_t^{(2)} = \alpha S_t^{(1)} + (1-\alpha)S_{t-1}^{(2)}$$ (4-18)

式中，$S_t^{(1)}$ 为第 t 期一次指数平滑值；y_t 为第 t 期的观察值；$S_t^{(2)}$ 为第 t 期的二次指数平滑值。

当时间序列从某时期开始具有直线趋势时，可用直线趋势预测模型进行预测。二次指数平滑法的预测公式为

$$\hat{y}_{t+T} = a_t + b_t T$$ (4-19)

其中：

$$a_t = 2S_t^{(1)} - S_t^{(2)}$$

$$b_t = \frac{\alpha\left(S_t^{(1)} - S_t^{(2)}\right)}{1-\alpha}$$

因此，二次指数平滑预测的步骤可以概括为，首先确定加权系数 α 及初始值 $S_0^{(1)}$ 和 $S_0^{(2)}$；然后对时间序列进行计算得到 $S_t^{(1)}$ 和 $S_t^{(2)}$；利用 $S_t^{(1)}$ 和 $S_t^{(2)}$ 估计出 a_t 和 b_t；最后运用预测公式计算得到 $\hat{y}_{t+T}$。

如果时间序列的变化呈现为二次曲线的变化趋势时，那么可以用三次指数平滑法进行预测。所谓三次指数平滑法，就是将二次指数平滑序列再进行一次指数平滑，其计算公式为

$$S_t^{(3)} = \alpha S_t^{(2)} + (1-\alpha)S_{t-1}^{(3)}$$ (4-20)

式中，$S_t^{(3)}$ 为第 t 期三次指数平滑值；初始值 $S_0^{(3)}$ 可以选择取 $S_0^{(2)}$。

三次指数平滑法的预测公式为

$$\hat{y}_{t+T} = a_t + b_t T + c_t T^2$$ (4-21)

其中：

$$a_t = 3S_t^{(1)} - 3S_t^{(2)} + S_t^{(3)}$$

$$b_t = \frac{\alpha\left[(6-5\alpha)S_t^{(1)} - 2(5-4\alpha)S_t^{(2)} + (4-3\alpha)S_t^{(3)}\right]}{2(1-\alpha)^2}$$

$$c_t = \frac{\alpha^2\left[S_t^{(1)} - 2S_t^{(2)} + S_t^{(3)}\right]}{2(1-\alpha)^2}$$

自适应过滤法与移动平均法、指数平滑法一样，也是以时间序列的历史观测值进行某种加权平均来预测的，它要寻求一组最佳的权数，其办法是先用一组给定的权数来计算一个预测值，然后计算预测误差，再根据预测误差调整权数以减小误差。这样反复进行，直至找出一组最佳权数，使误差减小到最低限度。因为这种调节权数的过程与通信工程中过

滤传输噪声的过程极为接近，故称为自适应过滤法。

自适应过滤法的计算公式为

$$\hat{y}_{t+1} = w_1 y_t + w_2 y_{t-1} + \cdots + w_N y_{t-N+1}$$
$$= \sum_{i=1}^{N} w_i y_{t-i+1} \tag{4-22}$$

式中，$\hat{y}_{t+1}$ 为第 $t+1$ 期的预测值；w_i 为第 $t-i+1$ 期的观察值权数；y_{t-i+1} 为第 $t-i+1$ 期的观察值；N 为权数的个数。

其调整权数的公式为

$$w'_i = w_i + 2Ke_{t+1} y_{t-i+1} \tag{4-23}$$

式中，$i=1,2,3,\cdots,N; t=N, N+1,\cdots,n$；$n$ 为序列数据的个数；w'_i 为调整前的第 i 个权数；w_i 为调整后的第 i 个权数；K 为调整常数；e_{t+1} 为第 $t+1$ 期的预测误差。

式 4-23 表明，调整后的一组权数应等于旧的一组权数加上误差调整项，这个调整项包括预测误差、原观察值和调整常数三个因素。调整常数的大小决定权数调整的速度。

在开始调整权数时，首先要确定权数的个数 N 和学习常数 K。一般来说，当时间序列的观察值呈现季节变动时，N 应取季节性长度值。如序列以一年为周期进行季节变动时，若数据是月度的，则取 $N=12$，若数据是季节性的，则取 $N=4$。如果时间序列无明显的周期变动，则可用自相关系数法来确定 N，即以序列的最高自相关系数的滞后期作为 N。

调整常数 K 的大小会影响到权数的调整速度。K 值越大，则调整越快，K 值较小，则调整就会变慢，但 K 值过大，会出现权数的振动，找不到最佳的权数。通常取 K 为 $1/N$，也可以用不同的 K 值进行试算，以确定一个能使均方误差最小的 K 值。初始权数的确定很重要，一般取：

$$w_1 = w_2 = \cdots = w_N = \frac{1}{N}$$

自适应过滤法有两个明显特点：一是使用了全部的数据信息来寻找最佳权数，并随着数据轨迹变化而不断更新权数，从而不断提高预测的精度；二是虽然计算工作量较大，但适合利用计算机进行测算，技术也比较简单。

对于一个特定的时间序列 $y_1, y_2, \cdots, y_t, \cdots, y_n$，使用自适应过滤法的具体操作过程如下。

第 1 步，确定权数的个数 N 及初始权数。一般取 $w_1 = w_2 = \cdots = w_N = \frac{1}{N}$。

第 2 步，按预测公式计算预测值：$\hat{y}_{t+1} = w_1 y_t + w_2 y_{t-1} + \cdots + w_N y_{t-N+1}$。

第 3 步，计算预测误差：$e_{t+1} = y_{t+1} - \hat{y}_{t+1}$。

第 4 步，根据预测误差调整权数：$w_i = w_i + 2Ke_{t-1} y_{t-i+1}$。

第 5 步，利用调整后的权数计算下一期的预测值：

$$\hat{y}_{t+2} = w'_1 y_{t+1} + w'_2 y_t + \cdots + w'_N y_{t-N+2}$$。

第6步，重复第3~5步一直计算到 $\hat{y}_n, e_n$ 和相应的权数。第一轮调整结束。

第7步，若一轮的预测总误差已符合预测精度，且权数无明显变化，则可用这组权数预测第 $n+1$ 期的结果值。否则，用所得到的权数作为初始权数，重新从头开始调整权数。

2. 回归分析预测方法

现代统计学中的回归的含义是指变量之间的依存关系，回归是研究自变量与因变量之间的关系形式的分析方法。其目的在于根据已知自变量来估计和预测因变量的总平均值。

回归分析是指用一个或一组随机变量来估计或预测某一个随机变量的观察值所建立的数学模型及所进行的统计分析。它主要研究某一随机变量（因变量）与其他一个或几个普通变量（自变量）之间的数量变动的关系。

回归分析与相关分析均为研究及测量两个或两个以上变量之间关系的方法。但是相关分析研究的都是随机变量，并且不分自变量与因变量；而回归分析研究的变量要定出自变量与因变量，并且自变量是确定的普遍变量，因变量是随机变量。

回归分析包括拟合回归模型、测定和控制误差、显著性检验。

在确定变量之间确实存在相关关系的基础上，拟合一个表明变量之间依存关系的数学表达式（回归模型），来反映变量之间数量上的相关规律性，并可根据自变量的变动来预测因变量的变动。回归分析中的测定和控制误差通过计算估计标准误差指标，可以反映因变量估计值的准确程度，从而将误差控制在一定范围内。显著性检验可以检验拟合的模型，用给定的自变量估计因变量是否有效，必须通过显著性检验才能得出结论。

由回归分析求出的关系式称为回归模型。回归模型可以从不同的角度分为以下几类。

（1）一元回归模型与多元回归模型

一元回归模型是根据某一因变量与一个自变量之间的相关关系建立的模型。而多元回归模型是根据某一因变量与两个或两个以上自变量之间的相关关系建立的模型。

（2）线性回归模型和非线性回归模型

因变量与自变量之间的关系呈直线型，称为线性回归模型。因变量与自变量之间的关系呈曲线型，称为非线性回归模型。

（3）普通回归模型与带虚拟变量回归模型

自变量都是数量变量的称为普通回归模型。自变量既有数量变量又有品质变量的，称为带虚拟变量回归模型。

（4）无自回归模型与自回归模型

用滞后的因变量作为自变量的，称为无自回归模型。不用滞后的因变量作为自变量的，称为自回归模型。

第1种常用的回归分析预测方法是一元线性回归预测法，其计算过程如下。

第1步，建立一元线性回归模型。

设 x 为自变量，y 为因变量，y 与 x 之间存在某种线性关系，即一元线性回归模型为

$$y_i = \alpha + \beta x_i + \varepsilon_i \tag{4-24}$$

式中，x 代表影响因素（自变量）；ε 代表各种随机因素对 y 的影响的总和（随机误差项）；α 和 β 为回归模型系数。

第2步，提出一元线性回归模型的基本假设。

为了确保模型参数的估计量具有良好的性质，通常需要对模型提出以下几个基本假设。

① 随机误差 ε_i 随机误差项的数学期望值为零，即 $E(\varepsilon_q) = 0$。

② 随机误差项 ε_i 的方差与 i 无关，为一个常数。

③ 不同的随机误差项 ε_i，ε_j 间相互独立。

④ 随机误差项 ε_i 与自变量 x 之间不相关。

⑤ ε_i 服从正态分布。

第3步，一元线性回归模型的系数估计。

估计回归模型系数有许多方法，但使用最广泛的是最小二乘法。最小二乘法的中心思想是通过数学模型我们可以做出一条趋势线。这条趋势线必须满足下列两点要求：一是原数列的观察值与模型的估计值的离差平方和最小，二是原数列的观察值与模型的估计值的离差总和为零。

用公式表示为

$$\sum(y_i - \hat{y}_i)^2 = 最小值 \quad \sum(y_i - \hat{y}_i) = 0 \tag{4-25}$$

根据最小二乘法的要求：

$$Q = \sum(y_i - \hat{y}_i)^2 = \sum(y_i - \alpha - \beta x_i)^2 \tag{4-26}$$

根据极值原理，为使 Q 具有最小值，则对 α 和 β 分别求偏导数，并令其为零，整理后得出：

$$\begin{cases} n\alpha + \beta\sum x_i = \sum y_i \\ \alpha\sum x_i + \beta\sum x_i^2 = \sum(x_i y_i) \end{cases} \tag{4-27}$$

通过对上面两个等式求解，可以从中得出 α 和 β 的估计值：

$$\begin{cases} \beta = \dfrac{n\sum x_i y_i - \sum x_i \sum y_i}{n\sum x_i^2 - (\sum x_i)^2} \\ \alpha = \dfrac{\sum y_i}{n} - \beta\dfrac{\sum x_i}{n} \end{cases} \tag{4-28}$$

所以，这条理想的回归直线可以表示为

$$\hat{y}_i = \alpha + \beta x_i \tag{4-29}$$

由 α 和 β 的线性性质，可以求出它们的方差和随机误差项的方差 σ^2，具体推导和公式

计算请参阅有关统计学和计量经济学书籍,这里不再介绍。

第 4 步,一元线性回归模型的检验。

得到了回归模型系数估计量,就可以建立一个线性回归模型。但这个模型能否客观揭示所研究的经济现象中各变量之间的关系,能否用于实际预测,还需要进行进一步的检验才能确定。一元线性回归模型的检验包括经济检验、统计检验和计量经济学检验。

经济检验就是用经济理论与实际经验所进行的检验。主要检验模型系数的符号和大小是否与经济理论与实际经验相吻合,从经济实用角度验证模型的适用性。

统计检验就是检验模型的统计学性质。对于已建立的一元线性回归模型,检验其是否符合变量之间的客观规律性,变量 x_i 和 y_i 之间是否具有显著的线性相关关系等。常用的统计检验有拟合优度检验、回归模型系数的显著性检验等。

计量经济学检验就是检验模型的计量经济学性质,看其是否符合给定的条件和假设。检验所用的方法有自相关检验和异方差检验等。

第 5 步,一元线性回归模型的预测。

当一元线性回归模型通过各种检验后,即可认为该回归模型能够正确地反映经济现象,可以用于预测。这里所讲的预测就是给定自变量的一个特定值,利用回归模型对因变量的值进行估计。预测可以分为点预测和区间预测两种。

点预测因为其预测的值是一个点,所以称为点预测。假定回归模型为 $\hat{y}_i = \alpha + \beta x_i$,当给 x 一个定值 x_0 时,就可以用该模型求出 $\hat{y}_0$,$\hat{y}_0$ 就是 y 的预测值。

区间预测就是指在一定的显著性水平上,依据数理统计方法计算出的包含预测目标未来真实值的某一个区间范围。利用回归模型进行预测一般会存在误差,因而预测值不一定正好等于真实值,所以我们不仅要对 y_i 进行点预测,还要知道预测结果的波动范围,使我们的预测值在比较大的概率下落入该区间。

第 2 种常用的回归分析预测方法是多元线性回归预测法。因为经济现象的复杂性,某一经济变量往往受到多种因素的影响,仅用一元线性回归模型常常难以解决复杂的经济问题,所以必须使用多元线性回归模型。多元线性回归模型的构造原理与一元线性回归模型的构造原理基本相同,只是计算更为复杂,需要引入矩阵这一数学工具。

多元线性回归模型的一般形式为

$$y_i = \beta_0 + \beta_1 X_{1i} + \beta_2 X_{2i} + \cdots + \beta_j X_{ij} + \varepsilon_i \quad (i = 1, 2, \cdots, n) \tag{4-30}$$

式中,k 为自变量的数目;β_0 为截距项,它给出了所有未包含在模型中的自变量对 Y 的平均影响;$\beta_j (j = 1, 2, \cdots, k)$ 称为回归系数,表示在其他自变量保持不变的情况下,X 每变化一个单位时,Y 的均值的变化,它给出了 X 的单位变化对 Y 均值的直接影响。

将 n 期观测值 $(Y_i, X_{1i}, X_{2i}, \cdots, X_{ij})$ 代入上式,得到:

$$Y_1 = \beta_0 + \beta_1 X_{11} + \beta_2 X_{21} + \cdots + \beta_k X_{k1} + \varepsilon_1$$
$$Y_2 = \beta_0 + \beta_1 X_{12} + \beta_2 X_{22} + \cdots + \beta_n X_{k2} + \varepsilon_2$$
$$\cdots$$
$$Y_n = \beta_0 + \beta_1 X_{1n} + \beta_2 X_{2n} + \cdots + \beta_k X_{kn} + \varepsilon_n$$
(4-31)

写成矩阵形式为

$$\begin{pmatrix} Y_1 \\ Y_2 \\ \vdots \\ Y_n \end{pmatrix} = \begin{pmatrix} 1 & X_{11} & x_{21} & \cdots & x_{k1} \\ 1 & X_{12} & x_{22} & \cdots & x_{k2} \\ \vdots & \vdots & \vdots & & \vdots \\ 1 & X_{1n} & x_{2n} & \cdots & x_{kn} \end{pmatrix} \begin{pmatrix} \varepsilon_1 \\ \varepsilon_2 \\ \vdots \\ \varepsilon_n \end{pmatrix}$$
(4-32)

上述矩阵公式可简写为

$$Y = BX + U \quad (4\text{-}33)$$

其中:

$$Y = \begin{pmatrix} Y_1 \\ Y_2 \\ \vdots \\ Y_n \end{pmatrix} \quad X = \begin{pmatrix} 1 & X_{11} & X_{21} & \cdots & X_{k1} \\ 1 & X_{12} & X_{22} & \cdots & X_{k2} \\ \vdots & \vdots & \vdots & & \vdots \\ 1 & X_{1n} & X_{2n} & \cdots & X_{kn} \end{pmatrix}$$

$$B = \begin{pmatrix} \beta_0 \\ \beta_1 \\ \vdots \\ \beta_k \end{pmatrix} \quad U = \begin{pmatrix} \varepsilon_1 \\ \varepsilon_2 \\ \vdots \\ \varepsilon_n \end{pmatrix}$$

由于多元线性回归模型的参数估计、模型的检验和预测基本与一元线性回归模型的参数估计、模型的检验和预测相同，因此这里不再展开介绍。

第3种常用的回归分析预测方法是趋势曲线预测法。

趋势曲线模型预测法是长期趋势预测的主要方法。它是根据时间序列的发展趋势配合合适的曲线模型，外推预测未来的趋势值。下面仅介绍直线模型预测法。

直线预测模型为

$$\hat{y}_t = a + bt \quad (4\text{-}34)$$

其中：$\hat{y}_t$ 为预测值；a 和 b 为参数，a 为 $t=0$ 时的预测值，b 代表逐期的增长量；t 为时间。

直线预测模型中的参数可用最小二乘法和折扣最小二乘法来估计。

① 最小二乘法，就是使误差平方和 $Q = \sum(y_t - \hat{y}_t)^2 = \sum(y_t - a - bt)^2 = 0$

由此可以得出：

$$\hat{a} = \frac{\sum y_t}{n}$$
$$\hat{b} = \frac{\sum t y_t}{\sum t^2}$$
(4-35)

式中：$\hat{a}$ 为 a 参数的估计值，$\hat{b}$ 为 b 参数的估计值。

用最小二乘法进行预测有一个缺陷，即它把近期误差与远期误差同等看待，没有侧重近期，而实际上近期误差对预测准确性的影响要比远期误差重要得多。

② 折扣最小二乘法，就是对误差平方进行指数折扣加权后，使其总和达到最小的方法。

$$Q = \sum \alpha^{n-t} \left(y_i - \hat{y}_i \right)^2 \quad (4\text{-}36)$$

式中：α 为折扣系数，$0 < \alpha < 1$。

对上式求偏导数可得到关于参数 a、b 的方程组：

$$\begin{cases} \sum_{t=1}^{n} \alpha^{n-t} y_t = a \sum_{t=1}^{n} \alpha^{n-t} + b \left(\sum_{t=1}^{n} \alpha^{n-t} \right) t \\ \left(\sum_{t=1}^{n} \alpha^{n-t} \right) t y_t = a \left(\sum_{t=1}^{n} \alpha^{n-t} \right) t + b \left(\sum_{t=1}^{n} \alpha^{n-t} \right) t^2 \end{cases} \quad (4\text{-}37)$$

由上式可知，最近期的误差平方的权数为 α^0，最远期的误差平方的权数为 α^{n-1}。由于 $\alpha^0 = 1$，而随着 t 的变大，则 α^{n-1} 的权重越小。这表明对近期的误差平方不打折扣，而对远期的误差平方，越远打的折扣越大。折扣的程度视 α 取值大小而异，α 值越接近 0，折扣加权作用越大；α 值越接近 1，折扣加权作用越小。如 $\alpha = 1$，则指数折扣加权就失去了作用，成为最小二乘法。

第 4 种回归分析预测方法是季节变动预测法。

在现实经济生活中，季节变动是一种极为普遍的现象。许多商品的销售量受气候变化的影响表现出明显的季节性变动，就这种含有季节性变动的时间序列而言，用数学方法拟合其演变规律并进行预测是相当复杂的，甚至是不可能的。但是，如果我们能够设法从时间序列中分离出长期趋势线，并找到季节变动的规律将二者结合起来预测，就可以简化问题，也能够达到预测精度的要求。季节变动预测法的基本思路是：首先，找到描述整个时间序列总体发展趋势的数学方程，即分离趋势线；其次，找出季节性变动对预测对象的影响，即分离季节影响因素；最后，将趋势线与季节影响因素合并，得到能够描述时间序列总体发展规律的预测模型，并用于预测。

季节变动预测的判定和计算方法比较复杂，这里不做介绍，感兴趣的读者可参阅相关书籍。

第 5 种回归分析预测方法是基于机器学习的预测法。

模式识别诞生于 20 世纪 20 年代，随着 20 世纪 40 年代计算机的出现，20 世纪 50 年代人工智能的兴起，模式识别在20世纪60年代初迅速发展成一门学科。它所研究的理论和方法在很多科学和技术领域中得到了广泛的重视，推动了人工智能系统的发展，扩大了计算机应用的可能性。几十年来，模式识别研究取得了大量的成果，在很多领域得到了成功的应用。

模式识别是指对表达事物或现象的各种形式的（数值的、文字的和逻辑关系的）信息进行处理和分析，以对事物或现象进行描述、辨认、分类和解释的过程，是信息科学和人工智能的重要组成部分。模式识别又常称作模式分类，从处理问题的性质和解决问题的方法等角度来看，模式识别分为有监督的分类和无监督的分类。二者的主要差别在于，各实验样本所属的类别是否预先已知。一般来说，有监督的分类往往需要提供大量已知类别的样本，但在实际问题中，这是存在一定困难的，因此研究无监督的分类就变得十分有必要了。

什么是模式？广义地说，存在于时间和空间中可观察的事物，如果可以区别它们是否相同或是否相似，都可以称之为模式。模式所指的不是事物本身，而是从事物获得的信息。因此，模式往往表现为具有时间或空间分布的信息。模式还可分成抽象的和具体的两种形式。前者如意识、思想、议论等，属于概念识别研究的范畴，是人工智能的另一个研究分支。这里所指的模式识别主要是对语音波形、地震波、心电图、脑电图、图片、照片、文字、符号、生物传感器等对象的具体模式进行辨识和分类。

模式识别研究主要集中在两个方面：一是研究生物体（包括人）是如何感知对象的，属于认知科学的范畴；二是在给定的任务下，如何用计算机实现模式识别的理论和方法。前者是生理学家、心理学家、生物学家和神经生理学家的研究内容，后者通过数学家、信息学专家和计算机科学工作者近几十年来的努力，已经取得了系统的研究成果。应用计算机对一组事件或过程进行辨识和分类，所识别的事件或过程可以是文字、声音、图像等具体对象，也可以是状态、程度等抽象对象。这些对象与数字形式的信息相区别，称为模式信息。

对表征事物或现象的各种形式的（数值的、文字的和逻辑关系的）信息进行处理和分析，以对事物或现象进行描述、辨认、分类和解释的过程，是信息科学和人工智能的重要组成部分。

模式识别问题指的是对一系列过程或事件的分类与描述，具有某些类似性质的过程或事件就分为一类。模式识别问题一般可以应用以下方法进行分析处理。

① 统计模式识别方法。统计模式识别方法是受数学中的决策理论的启发而产生的一种识别方法，它一般假定被识别的对象或经过特征提取向量是符合一定分布规律的随机变量。其基本思想是将特征提取阶段得到的特征向量定义在一个特征空间中，这个空间包含了所有的特征向量，不同的特征向量或者说不同类别的对象都对应于空间中的一点。在分类阶

段，利用统计决策的原理对特征空间进行划分，从而达到识别不同特征的对象的目的。统计模式识别中应用的统计决策分类理论相对比较成熟，研究的重点是特征提取。

② 数据聚类识别方法。数据聚类识别方法的目标是用某种相似度计算的方法将数据组织成有意义的和有用的各组数据，数据聚类不需要利用已知类的信息。因此，它是一种非监督学习的方法，解决方案是数据驱动的。也就是说，不依赖任何监督学习或指导。

③ 人工神经网络模式识别。人工神经网络模式识别的研究起源于对生物神经系统的研究。人工神经网络区别于其他识别方法的最大特点是它对待识别的对象不要求有太多的分析与了解，具有一定的智能化处理的特点。

④ 句法结构模式识别。句法结构模式识别着眼于对待识别对象的结构特征的描述。

模式识别方法具有多样性，对于如何对它们进行分类没有明确的定义。模式识别系统的目标是在表示空间和解释空间之间找到一种映射关系。这种映射关系可以是一个分类、回归或者描述方案，也可以称为假说。这种假说可以通过以下方法获得。

① 监督学习、概念驱动或归纳假说：在表示空间中找到一个和解释空间的结构相对应的假说。在给定模式下假定一个解决方案，为了使之有效，任何在训练集中接近目标值的假说都必须在未知的样本上得到近似的结果。分类方法就是一种典型的监督学习方法。

② 非监督学习、数据驱动或演绎假说：在解释空间中找到一个与表示空间的结构相对应的假说。非监督方法试图找到一种只以表示空间中的相似关系为基础的有效假说。聚类算法就是一种典型的非监督学习方法。

模式识别工程中模式识别系统组成单元及相应的工程任务如图 4-3 所示。

模式获取 → 特征提取 → 预处理 → 分类决策 → 后处理

图 4-3　模式识别工程中模式识别系统组成单元及相应的工程任务

① 模式获取。为了使计算机能够对各种现象进行分类识别，要用计算机可以运算的符号来表示所研究的对象，可以采取信号或图像获取、数据采集两种形式。通常输入对象的信息有以下三种类型：一是二维图像，如文字、指纹、地图、照片等；二是一维波形，如脑电图、心电图等；三是物理参量和逻辑值，前者如疾病诊断中病人的体温及各种化验数据等，后者如对某参量正常与否的判断或对症状有无的描述，如疼与不疼，可用逻辑值 0 和 1 表示。在引入模糊逻辑的系统中，这些值还可以包括模糊逻辑值，如大、比较大、很大等。

通过测量、采样和量化，可以用矩阵或向量表示二维图像或一维波形，这就是模式提取过程。

② 特征提取。由图像及波形或测量仪器获得的数据量是相当大的。例如，一个文字图

像可以有几千个数据，一个心电图波形也可能有几千个数据，一个卫星遥感图像的数据量更大。为了有效地实现分类识别，就要对原始数据进行有效变换，得到最能反映分类本质的特征，这就是特征提取和选择的过程。一般把原始数据组成的空间称为测量空间，把分类识别赖以进行的空间称为特征空间，通过变换，可以把在维度较高的测量空间中表示的模式变换为在维度较低的特征空间中表示的模式。在特征空间中的一个模式通常也称为一个样本，它往往可以表示为一个向量，即特征空间中的一个点。

③ 预处理。预处理的目的是去除噪声，加强有用的信息，并对输入测量仪器或其他因素所造成的退化现象进行复原。有时特征值不能直接输入分类器或描述器，需要对数据进行预处理加工，如特征值标准化、规范化、离散化等。

④ 分类决策。分类决策是模式识别系统的核心单元，它在特征空间中用统计方法把被识别对象归为某一类别。基本做法是在样本训练集基础上确定某个判断规则，使相关人员按照这种判断规则对被识别对象进行分类所造成的错误识别率最小或引起的损失或错误率最小。

⑤ 后处理。有时从模式识别核心单元输出的值不能直接应用，可能需要对其进行诸如解码之类的处理，如需要把分类预测的结果还原为最终用户能理解的友好结果，这些最后需要做的工作被称为后处理。

模式识别应用的发展起源于对使用特征类型的评定，而现在已经有了很多种模式识别方法。为了评定特征类型，首先要有一个初始模式集，也称为训练集，在监督学习方法中，初始集是用来发展模式识别核心单元的。

模式识别系统通常用每个类的错误率和总的错误率来评价系统性能。为了更好地对模式识别系统性能进行评价，使用一组独立的样本进行测试是不可或缺的，也就是说，应使用设计该系统和进行样本训练时没有用过的样本进行评定。这组独立的样本被称为测试集或预测集。

模式识别的基本问题为距离度量。目前，有多种方法可以度量两个对象之间的距离，对象可以有多个属性值，或者直接就是一个 n 维空间的两个点，最简单就是二维平面上的两个点。通常用 dist(X, Y) 符号表示 X 和 Y 之间的距离。这里介绍常用的两种计算距离的方法，每种方法都有其特定的应用场景。

① 欧几里得距离是最常用的一种计算距离的方法，两个点或元组 $x_1 = (x_{11}, x_{12}, \cdots, x_{1n})$ 和 $x_2 = (x_{21}, x_{22}, \cdots, x_{2n})$ 的欧几里得距离是

$$\mathrm{dist}(x_1, x_2) = \sqrt{\sum_{i=1}^{n}(x_{1i} - x_{2i})^2} \tag{4-38}$$

换言之，对于每个数值属性，取元组 x_1 和 x_2 属性对应值的差，取差的平方并累计，并取累计距离计数的平方根。

② 曼哈顿距离是由 19 世纪的赫尔曼·闵可夫斯基（Hermann Minkowski）所创的词汇，是使用在几何度量空间的几何学用语，用以标明两个点在标准坐标系上的绝对轴距总和。这里可以定义曼哈顿距离的正式意义为 L1-距离或城市区块距离，也就是在欧几里得空间的固定直角坐标系上两点所形成的线段对轴产生的投影的距离总和。

例如，在平面上，坐标(x_1, y_1)的点P_1与坐标(x_2, y_2)的点P_2的曼哈顿距离为

$$|x_1 - x_2| + |y_1 - y_2| \tag{4-39}$$

要注意的是，曼哈顿距离依赖坐标系统的转度，而非在坐标轴上的平移或映射。

如果对每个变量根据其重要性赋予一个权重，那么以上两种距离度量则会变成加权的距离度量，如加权的欧几里得距离可以表示为

$$\text{dist}(x_1, x_2) = \sqrt{\sum_{i=1}^{n} w_i (x_{1i} - x_{2i})^2} \tag{4-40}$$

可以看出来，普通的欧几里得距离或者曼哈顿距离度量只是加权度量的一种特例情况，也就是权重=1 时的特殊情况。

KNN（K-Nearest Neighbor，K 最近邻）算法是一种基于最近样本训练的分类算法。KNN 算法于 20 世纪 50 年代早期首次引入，在给定大量训练集时，该方法是劳动密集型的，直到 20 世纪 60 年代计算能力大大增强之后才流行起来，KNN 算法是一种典型的基于距离运算的机器学习算法，它通过寻找最邻近的元素直到分类结束，即分类结果不再变化。KNN 算法是一个理论上比较成熟的算法，也是最简单的机器学习算法之一。该算法的思路是：如果一个样本在特征空间中的 K 个最相似（特征空间中最邻近）的样本中的大多数属于某一个类别，那么该样本也属于这个类别。在 KNN 算法中，所选择的邻居都是已经正确分类的对象。KNN 算法在分类决策上只依据最邻近的一个或者几个样本的类别来决定待分样本所属的类别。KNN 算法虽然从原理上依赖于极限定理，但在分类决策时只有极少量的相邻样本。

4.4 质量需求预测技术路线

4.4.1 质量需求预测技术路线总结

综合上节的分析内容，可以看出，在质量需求预测的过程中，定性分析与定量分析是最为主要的质量预测方法。质量需求预测技术路线如图 4-4 所示。

质量战略与规划

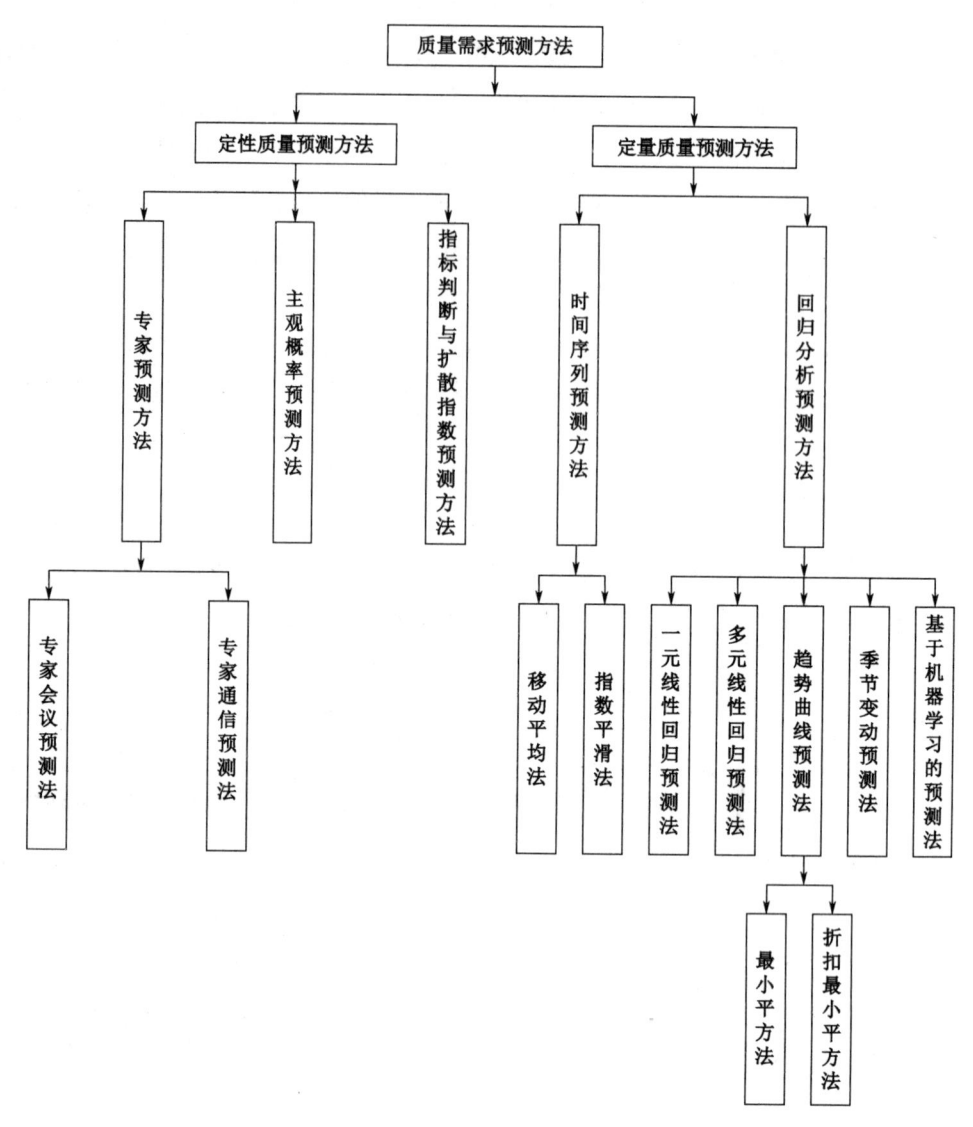

```
                        质量需求预测方法
                              │
              ┌───────────────┴───────────────┐
        定性质量预测方法                  定量质量预测方法
              │                                │
   ┌──────────┼──────────┐          ┌──────────┴──────────┐
  专家      主观概率   指标判断与     时间序列              回归分析
  预测      预测方法   扩散指数       预测方法              预测方法
  方法                 预测方法          │                     │
   │                              ┌─────┴─────┐    ┌────┬────┬────┬────┐
┌──┴──┐                          移动      指数    一元  多元  趋势  季节  基于
专家  专家                        平均      平滑    线性  线性  曲线  变动  机器
会议  通信                        法        法      回归  回归  预测  预测  学习的
预测  预测                                          预测  预测  法    法    预测法
法    法                                            法    法
                                                              │
                                                         ┌────┴────┐
                                                         最小      折扣
                                                         平方法    最小
                                                                   平方法
```

图 4-4 质量需求预测技术路线图

4.4.2 不同质量需求预测技术路线比较

在质量需求预测技术路线中,定性质量预测方法和定量质量预测方法各有所长,也有各自的局限性。下面对两者进行比较。

1. 预测现有趋势延续或转折的能力

定量质量预测方法不能识别预测趋势的转折。例如,经济的增长一般是波动性增长,而不是一直持续性增长,仅仅应用定量质量预测方法不能预测经济发展的波动。趋势的转折是暂时的还是长期的,必须依赖定性判断。

2. 信息应用的充分性

定量质量预测方法不能充分运用历史数据所包含的信息。例如,时间序列预测方法一般容易忽视较早的历史数据所包含的信息,而过分依赖近期数据。回归分析预测方法一般容易忽视近期数据所包含的信息,它赋予所有历史数据相同的权重。

定性质量预测方法可以充分利用各种信息,包括有关预测环境信息、过去类似案例及其失误等,使决策者可以充分利用他人的经验,并结合各种信息做出判断。

3. 预测的客观性

定量质量预测方法的最大优点在于其具有客观性。只要选择好模型,任何人应用同样的数据都会得出相同的预测结果。定性质量预测方法则不同,应用同样的信息,不同的人可以得出完全不同的结论。定性质量预测方法受决策者性格、情绪和阅历等方面的影响。

定性质量预测方法和定量质量预测方法各有优缺点,在选择预测方法时,应考虑合适性、费用和精确性。常用的质量预测方法的特点见表 4-5。

表 4-5 常用的质量预测方法的特点

方法	适用情况	应做工作
定性质量预测方法	对缺乏历史统计资料或趋势面临转折的事件	大量的调研
时间序列预测方法	不带季节变动的预测	预测变量的历史资料
回归分析预测方法	自变量与因变量之间存在线性关系	为所有变量收集历史数据

4.4.3 定性质量预测方法与定量质量预测方法的适用性探讨

定性质量预测方法和定量质量预测方法各有优点和缺点。定性质量预测方法的优点在于注意对当期事物发展变化的把握,缺点是容易受到主观因素的影响;定量质量预测方法的优点是结果的客观性,缺点是比较机械,难以预测事物性质的发展变化。选择相对来说更合适的综合预测方法,要视具体情况而定。综合预测方法比较见表 4-6。

表 4-6 综合预测方法比较

表示事物发展的时间序列类型	规则		定性定量预测关系
	半规则	特别时期	定性修正定量
		平常时期	定量包含定性
	不规则		定量修正定性

当表示事物发展的时间序列是规则变化的时候,只应用定量质量预测方法就可以找出事物发展变化的内在规律。当时间序列不规则的时候,可以通过定量修正定性的方法修正

预测者主观判断的系统误差。半规则的含义是指事物发展有时候是规则的，有时候受特别事件的影响而不规则。平常时期可以应用定量包含定性的方法。当因特别事件发生而使序列不规则的时候，可以应用定性修正定量的方法把特别事件的影响反映进去。

定性质量预测方法和定量质量预测方法各有所长，它们具有互补性。相比之下，定性修正定量的方法更容易被接受，它符合人们的常规的思维习惯。然而，如果频繁地修正定量预测结果也会降低它的预测效果。在大多数情况下，定量修正定性和定量包含定性这两种方法都提高了预测的效果。然而，针对定性质量预测方法和定量质量预测方法这两种质量需求预测技术路线，如何使二者更好地结合起来并发挥其作用，还需要进行更深入的研究。

参考文献

[1] 哈曼，埃里克生，翟祥龙. 需求预测与需求分析[J]. 现代外国哲学社会科学文摘，1981(7):7-9.

[2] 孙明玺. 预测和评价[M]. 杭州：浙江教育出版社，1986.

[3] Ruey S. Tsay. 金融时间序列分析[M]. 潘家柱，译. 北京：机械工业出版社，2006.

[4] 汤树光，张楠. 时间序列预测方法简析[J]. 经济问题，1982(7):45-49.

[5] 赵平. 论我国的消费质量需求对产品质量的影响[J]. 经济科学，1992(5):57-61.

[6] 朱连弟. 主观预测与定量预测相结合的方法探讨[J]. 北京统计，1996(9):33.

[7] 朱连平. 主观预测与定量预测的结合应用[J]. 浙江统计，1996(11):32.

[8] 王生福. 定量预测法[J]. 新疆财经大学学报，2000(3):54.

[9] 刘志安，赵晓玲. 质量需求论[J]. 牡丹江师范学院学报（哲学社会科学版），2000(4):9-11.

[10] 王晓暾，熊伟. 基于改进灰色预测模型的动态顾客需求分析[J]. 系统工程理论与实践，2010，30(8):1380-1388.

[11] 杨明顺，李言，林志航，等. 质量屋中顾客需求向技术特征映射的一种方法[J]. 工程图学学报，2006，27(2):39-42.

[12] 佘元冠，石贵龙. 基于TRIZ理论的QFD改进技术研究[J]. 科技管理研究，2008，28(3):182-184.

[13] 龚益鸣，丁明芳，崔建. 顾客需求识别及其模型[J]. 复旦学报（自然科学版），2003，42(5): 718-720.

[14] 冯春山，吴家春，蒋馥. 定性预测与定量预测的综合运用研究[J]. 东华大学学报（自然科学版），2004，30(3):114-117.

[15] 严谨, 梅建生, 韦希佳. 市场预测的基本理论和定性预测[J]. 机械工业标准化与质量, 2007(3):33-37.

[16] 乔仁杰. 产品全生命周期质量管理关键技术研究及系统开发[D]. 武汉: 湖北工业大学, 2019.

[17] 肖卓. 消费需求预测及其重大作用[J]. 中国民营科技与经济, 2008(10):68-69.

[18] 荆洪英, 张利, 闻邦椿. 基于提高产品质量的质量屋需求优化[J]. 中国机械工程, 2010, 21(1):94-99.

[19] 刘杨, 刘桂珍, 陈亚哲, 等. 基于产品广义质量的质量屋需求研究与应用[J]. 中国工程机械学报, 2010, 8(3):370-374.

[20] 屈科科. 基于Minitab的产品质量功能展开设计方法研究[D]. 成都: 西华大学, 2011.

[21] 朱春燕. 基于质量功能展开与公理化设计集成的产品设计方法研究[D]. 南京: 南京航空航天大学, 2009.

[22] 张媛媛. 定量预测理论与技术文献综述[J]. 经济师, 2012(12):17-19.

[23] 崔纪鹏, 马炳先, 张正明. 面向用户服务质量需求的服务选择方法研究[J]. 计算机技术与发展, 2012, 22(12):38-42.

[24] 李玉鹏, 曾丽娟, 曹进. 基于顾客满意度感知要素的需求预测模型[J]. 计算机集成制造系统, 2017, 23(2):404-413.

[25] 张雷, 李璟, 袁远, 等. 基于客户特征的产品环境需求预测方法研究[J]. 机械设计与制造, 2020(1):281-284.

[26] 秦旭, 李璟, 袁远, 等. 基于灰色马尔科夫模型的客户环境需求预测方法[J]. 机械设计与研究, 2018, 34(3):134-139.

第 5 章

质量规划与设计

5.1 质量规划

5.1.1 质量规划的目的

规划是个人或组织制订的比较全面且长远的发展计划,是对未来整体性、长期性、基础性问题的思考以及对未来行动进行设计的方案。质量工作是在企业全体人员的共同努力下完成的,它渗透企业经营活动的全过程。质量规划同其他规划一样,旨在为全体职工在质量工作上指明方向,提出要求,规定任务。因此,制订质量规划的目的在于以下几点。

5.1.2 质量规划的内容

质量规划一般包括质量方针和质量政策、质量目标、质量计划,具体内容如下。

1. 质量方针和质量政策

这是指导整个企业质量活动的认识基础和行动准则,是制订各种质量规划的依据,它由企业最高决策层确定,并编入《质量管理手册》。

2. 质量目标

这是企业根据自己的质量方针、质量政策及党和国家每个时期的要求所确定的一段时间内或年度的质量经营目标。企业年度质量经营目标可由质量管理委员会提出,交企业最高领导审核批准。

质量目标可以是管理水平方面的，如获得质量管理奖等，也可以是产品水平方面的，如某产品达到国内外同类产品先进水平等，还可以是工作或服务水平方面的。

质量目标要层层分解，基层的质量目标要围绕企业的质量总目标，保证总目标的实现。为此，应画出质量目标展开网络图，并进行必要的审核。此外，质量目标应尽可能定量化，以便检查。

3. 质量计划

质量计划按质量目标可分为突破性质量计划和控制性质量计划。

（1）突破性质量计划

突破性质量目标和据此制订的突破性质量计划是企业富有进取精神的体现，大致行为以下几种。

① 新产品质量计划。制订新产品质量计划时，必须全面执行质量职能，由与新产品质量有关的部门共同拟订和执行。它必须是"产品生命周期"的质量计划，即从市场调查、确定用户需求开始，一直到产品的使用维护，按质量保证体系做出安排。

② 产品创优计划。制订产品创优计划时，应瞄准国内外同类产品的先进水平。按质量特性找出差距，提出解决期限，明确负责人，制定达到预定目标的措施，并进行定期检查。此外，还应把QC（质量控制）小组的活动列为实现创优计划的重要措施，加强组织领导。

③ 质量攻关计划。一般可由技术攻关小组或QC小组制订质量攻关计划，针对课题，提出措施，按PDCA循环逐步实施。有些重大的质量攻关计划，除了发动群众献计献策，还要由技术业务部门负责制订，以行政的名义向产品攻关的各有关部门下达正式任务，限期完成计划项目。

④ 老产品改进改型质量计划。对老产品改进改型的设计、样品加工、试验、制造、使用等有关过程，都应制订质量目标计划，或汇总成文后单独下发，或连同"设计任务书""试制计划"等一起实施，同步执行。

⑤ 满足合同要求的质量目标计划。满足合同要求的质量目标计划主要是为满足顾客的特殊要求——在产品上做局部的特性修改而制订的。

（2）控制性质量计划

控制性质量计划是企业经营管理工作中必不可少的环节，其内容如下。

① 质量指标计划。一般是指上级主管部门或企业自己确定需要考核的一些质量指标，如优良品率、废品率、外场故障率、一次试车合格率等，应和生产计划同时下达，由质量管理或检验部门考核。在编制质量指标计划时，应主要参考历史纪录和当时条件，既要考虑先进性，又要考虑可行性。

② 工序控制计划。制订工序控制计划时，最好要画出流程图或网络图。同时，要针

控制对象制定控制的标准,该控制标准的内容应包括预测量的质量特性值、选用的仪器、要记录的数据、对超差件应采取的措施以及抽样检查的方案等。

对于产品的一些关键、重要工序,还应单独制订控制计划,并在有关工艺文件中做出醒目的标记。

③ 质量监督计划。质量监督的范围很广,包括工作质量、制度执行情况、工艺纪律、人员资格考核等。其监督对象既有单位,又有个人;其监督时限,既可定期,又可不定期。质量监督计划的执行和检查情况,可以按监督检查周期表的形式展开。

④ 质量教育培训计划。根据实际情况,企业应每年提出普及和深化教育的内容、重点对象、学时分配、进度要求、考核办法等,作为职工培训教育计划的重要部分。

⑤ 质量工作计划。质量工作计划主要包括各种质量管理职能的推进设想、对企业年度质量目标实施过程的协调要求及一些重大质量活动的安排、检查考核的规定等。质量工作计划必须有前述各类特定计划为补充,否则就难以落实。

5.1.3 质量规划的过程

1. 质量规划的制订步骤

按照质量管理"朱兰三部曲"的观点,质量规划的制订大致可以分为以下几个步骤。

① 确定外部和内部的顾客。企业生产的产品或提供的服务面向的主要顾客是谁?企业内部的零部件加工或服务工作,其下道工序或服务对象是什么?这是制订质量规划时首先要考虑的问题。

② 调查顾客的需要。调查时,既要看到目前的实际需要,又要对其未来的发展进行预测。需要特别注意的是,应设身处地地站在顾客的立场上考虑问题。顾客与生产商对同一事物的评价往往是不同的,具体见表5-1。

表5-1 顾客与生产商观点对照

项目	顾客观点	生产商观点
产品价值	产品提供的劳务	产品带来的收益
质量定义	产品适用性	合乎标准
花色品种	多多益善,便于挑选	尽可能少,便于生产
成本	生命周期成本(包括原价、运营费、保养维修费等)	生产成本
质量责任	整个使用期	保用期
备件	难以避免的坏事	有利可图的生意
售后服务	竭诚欢迎的大好事	耗费人力、物力的麻烦事

③ 按顾客需要发展产品,使产品质量不断攀登新高峰。顾客的需要是不断变化、不断

增长的。要想使企业现有的质量水平不断适应顾客新的需要,就必须加快产品的更新换代,采用国际最先进的质量标准。

④ 制定既符合顾客需要,成本又尽可能低的质量目标。在满足顾客需要的前提下,既要考虑市场的竞争状况,又要考虑产品的销售价格和生命周期成本,制定出产品或服务的质量目标,选择质量标准和确定各项具体的质量指标。

⑤ 确定能满足产品质量特性的工艺流程。

⑥ 验证工序保证能力,使工艺流程在运行中能满足质量目标的需要,确保工序能力的适应性和稳定性。

2. 质量规划的参考依据

在制订质量规划时,应该将以下几点作为参考依据。

(1) 质量方针

质量方针指"由最高管理部门正式阐明的、组织关于质量的总的打算与努力方向"。实施组织的质量方针往往被原封不动地采纳并使用于项目之中。但是,如果实施组织没有正式的质量方针,或者项目涉及多个实施组织(如合资项目),那么项目管理班子就需要为项目制定一项质量方针。不管质量方针来源如何,项目管理班子均应负责保证项目的所有利害关系者全部知晓此项方针。

(2) 范围说明书

范围说明书是质量规划的一项关键投入,因为它记载了项目的主要可交付成果,以及用于确定利害关系者主要要求的项目目标。

(3) 产品描述

虽然产品描述的一些内容可能已体现在范围说明书中,但产品描述往往包括可能影响质量规划的一些技术问题及其他问题的细节。

(4) 标准与规章制度

项目管理班子必须考虑可能影响项目的任何应用领域的具体标准与规章制度。

(5) 其他过程的要求

除了范围说明书与产品描述,其他知识领域的过程,也应被视为质量规划的一部分。例如,采购规划可能会确定应当反映在总体质量管理计划中的对承包商的质量要求。

3. 质量规划的制订方法

(1) 成本效益分析法

质量规划过程必须考虑成本与效益间的权衡取舍。符合质量要求所带来的主要效益是减少返工,它意味着劳动生产率的提高,成本降低,利害关系者更加满意。为达到质量要求所付出的主要成本是开展项目质量管理活动的开支。所得效益总是大于成本是质量管理学科的一项公理。

(2) 基准对照法

基准对照法是将项目的实际做法或计划做法与其他项目的做法进行对照，从中萌生出如何改进的思路，或者提供一项量度绩效的标准。其他项目既可在实施组织内部，也可在其外部；既可在同一应用领域内，也可在其他领域内。

(3) 实验设计法

实验设计法用于识别哪些因素影响特定变量。此项技术最常应用于某项目的产品中，如汽车设计人员可能希望确定悬架减震弹簧与轮胎如何搭配，才能以合理的成本取得最平稳的行驶性能。然而，实验设计也能应用于项目管理中，比如成本与进度之间的权衡与取舍。例如，虽然资深工程师的成本要比初级工程师高得多，但可以预期他们能在较短时间内完成所指派的工作。一项设计恰当的"实验"（此处指计算资深与初级工程师以不同方式搭配时项目的成本与工期）往往可以从为数相当有限的方案中确定最优的解决方案。

总之，质量规划是全面质量管理的第一步，也是全面计划管理的重要内容。做好质量规划工作，对提高企业素质关系重大，应引起企业领导和质量管理部门的高度重视。

5.2 质量设计

质量设计是质量螺旋曲线中的一个环节。对制造业来说，质量设计是将顾客的要求转化为产品设计；对服务业来说，质量设计就是将顾客要求转化为运营职能。据调查，一般产品的设计质量约占全部质量的 50%~70%；中等复杂程度的机电产品，有 40%因开发设计的错误导致产品的适用性问题；化学产品中，50%的问题由开发造成。另外，产品成本的 70%~90%是由设计决定的。而设计工作费用所占成本的比例要比制造费用所占成本的比例少得多，通常只占 20%。如果采用科学的设计，那么可使产品成本降低 25%~40%。设计引起问题的频数及严重程度促使企业研究和开发专用的质量工具，以减少产品设计阶段出现的问题。大力加强产品设计过程的质量管理，建立设计开发全过程的质量保证体系，对提高产品的设计质量是非常重要的。

5.2.1 质量设计的原则

为了对产品的质量设计进行控制和优化，在设计过程中应当遵循以下质量设计原则。

1. 需求原则

在进行质量设计的过程中最基本的出发点是满足客观需求，即满足顾客或市场的需求，只有满足市场需求的产品，才会有生命力。通过市场调研了解市场信息，确定产品的需求，是确保设计成功的关键因素。在进行质量设计的过程中应注意区分显性需求和隐性需求，并应从动态的角度观察市场需求，适时地进行产品的升级换代，以适应市场的需求。

2. 信息原则

在进行质量设计的过程中，应当收集和交流市场信息、科学技术信息、测试信息、评审信息和制造工艺信息等。为了满足质量设计要求，设计人员必须要全面、充分、正确和可靠地掌握这些与设计相关的信息。

3. 系统原则

对于设计的对象，可以将其看成一个特定的技术系统。系统的输入往往伴随着物质流、能量流和信息流，输出为满足特定要求的功能。因此，在进行质量设计的过程中应该将设计问题视为功能结构系统，引入系统论的方法来解决设计中的问题。

4. 继承原则

科学技术的发展规律表明，任何新技术、新工艺的产生都是在原有技术和工艺的基础上做出的重大创新和局部革新。完全抛弃原有技术和工艺，在经济上是很不合算的，也是不可能的。因此，在进行质量设计的过程中，为了降低产品成本，缩短产品设计研发周期，应继承原有技术中比较先进、合理的部分，抛弃其落后的部分，开发出具有创新性的产品，加快新产品的更新换代。

5. 效益原则

产品成本的70%~80%取决于产品的设计过程，产品的制造成本、使用成本和报废成本等在设计过程中就基本被确定了。因此，设计要讲究技术经济效益和社会效益。在进行质量设计的过程中，应当把设计过程管理与预期效益紧密联系起来，同时兼顾社会效益与生产制造过程中的经济效益。

6. 简化原则

为了降低成本、确保产品质量、提高产品的可靠性，在确保产品功能的前提下，设计应当遵循简化原则。

7. 定量原则

随着计算机软件技术和硬件技术的迅速发展和广泛运用，信息的分析和处理过程都被大大地简化，促使了各个领域都尽可能地做出科学的定量评价。因此，在进行质量设计的过程中，除了应当对技术参数进行定量分析，其他领域也应尽可能做出科学的定量评价，使产品的技术与经济性得到辩证、统一的评价，便于设计管理的科学化。

8. 时间原则

随着市场竞争的全球化，竞争越来越激烈，谁先推出新产品谁就能先获益，新产品是确保企业获得竞争力的前提。因此，在设计开发产品的过程中，必须预测市场的变化，以免设计出的产品不符合市场需求。

9. 合法原则

质量设计活动必须符合国家的法律、法规、政策及相应的国家标准等。在进行质量设计的过程中会涉及众多的法律、法规，还会涉及相关的国家政策和标准化问题。因此，设计人员应当熟悉相关的法律、法规、政策、标准，提高质量设计的标准，避免法律纠纷。

10. 审核原则

质量设计过程类似生产制造过程，它是一种信息加工、分析、处理、判断、决策和修正的过程。生产制造过程中为了保证每一道工序的质量，必须对每一道工序的质量进行检验。同样的，为了对质量设计过程进行控制，就必须对每一个质量设计程序进行审核或评审，以免将错误的设计信息转入下一个设计程序。严格的审核制度是完善质量设计的重要措施。

5.2.2 质量设计的主要内容

质量设计根据使用者的使用目的、经济状况及企业内部条件确定了所需设计的质量等级或质量水平。它反映设计目标的完善程度，表现为各种规格和标准，是设备工程质量形成的关键过程。在进行质量设计的过程中需要通过过程化的控制方法对设计过程进行控制，保证设计的设备达到适用、可靠和经济等要求。质量设计主要包括以下几个方面的内容。

1. 市场研究质量设计

这一过程即明确构成顾客"适用性"的因素有哪些，并通过市场研究所取得的信息确定设计目标。

2. 概念质量设计

概念质量设计也称构思质量设计，即选择产品或服务的概念以反映市场研究所确定的顾客需求。其目的是构思产品，使设计目标完善化，努力使预期质量特性适应市场的实际需要。

3. 规格质量设计

把选择的产品概念转化成详细说明的产品规格，这一过程称为规格质量设计，即实际设计规格达到与适用性等级需要相符合程度的过程。

4. 功能质量设计

为了保证产品的功能质量，要求所设计的新产品达到技术上规定的功能目标。

5. 价值质量设计

为了保证产品的价值质量，即质量成本，就要使产品的生产技术准备费用、制造费用和使用费用最低，使产品在价格上有较强的市场竞争能力。

5.2.3 质量设计的步骤

质量设计的步骤为质量设计和开发策划、质量设计输入、质量设计输出、质量设计评审、质量设计验证、质量设计确认和质量设计更改。进行产品质量设计时，为了使产品更具有国际竞争力，必须严格按照这 7 个步骤实施。

1. 质量设计和开发策划

质量设计和开发策划的要求为：组织应对产品的质量设计和开发进行策划和控制。在进行质量设计和开发策划时，组织应确定以下几点。

① 设计和开发阶段。
② 适合于每个设计和开发阶段的评审、验证和确认活动。
③ 设计和开发的职责和权限。组织应对参与设计和开发的不同小组之间的接口实施管理，以确保有效沟通，并明确职责分工。

在进行每项设计之前都要制订计划，明确项目负责人及各个阶段的进度要求和工作重点，委派具备相应资格的人员，并规定这些活动中相关人员的职责和权限。具体实施设计质量控制时，应根据一定的设计策划原则拟定质量设计策划的内容、进行质量设计策划的输出及质量设计策划输出的更新等。

2. 质量设计输入

对于质量设计输入方面的具体实施，应根据设计目标和标准要求确定质量设计输入的内容、形式、评审要求及评审方式等。

质量设计输入的要求为确定与产品要求有关的输入，并做好记录。这些输入具体包括以下 4 点。

① 功能要求和性能要求。

② 适用的法律法规要求。

③ 适用的、来源于以前类似设计的信息。

④ 设计和开发所必需的其他要求。

对于以上输入，应当进行严格的评审，以确保输入的充分与适宜。要求应完整、清楚，并且不能自相矛盾。

根据 ISO 9004:2018《质量管理 组织质量 实现持续成功的指南》中对设计输入提供的指南，设计输入的内容包括以下几点。

① 内部输入。例如，方针、标准和规范；技能要求；可信度要求；现有产品的文件和数据；其他过程的输出。

② 外部输入。例如，顾客或市场的需求和期望；合同要求和相关各方的规范；相关的法律和法规要求；国际或国家标准；行业规则。

③ 那些对确定安全和功能起关键作用的产品或过程的特性的其他输入。例如，运行、安装和使用；储存、搬运、维护和交付；物理参数和环境；处置要求。

此外，还应该对影响产品设计和开发过程的输入进行识别，以满足相关的需求和期望。需要注意的是，在软件和服务产品的设计和开发过程中，最终使用者要求的和直接顾客要求的输入，可能特别重要。这类输入应当以贯穿后续验证和确认能进行有效试验的方式来表达。

3. 质量设计输出

对产品质量设计的输出，应当确定输出的形式、内容及要求等。质量设计输出应该以能够针对质量设计输入进行验证的方式提出，并应当在放行前得到批准。质量设计输出的具体内容应包括以下 4 点。

① 满足质量设计输入要求。

② 为采购、生产和服务提供的适当信息。

③ 包含或引用产品接受准则。

④ 规定对产品的安全和正常使用所必需的产品特性。

需要注意的是，生产和服务提供的信息可能包括产品防护的细节。

4. 质量设计评审

在质量设计评审的过程中，应确定评审的内容、形式、阶段、目的、参与评审的人员、评审的记录等。在适宜的阶段，应依据所策划的安排对设计和开发进行系统的评审，以便评价设计和开发的结果满足要求的能力，以及识别相应问题并提出必要的措施。评审的参与者应当包括与评审的设计和开发阶段有关的职能的代表。评审结果及任何必要措施的记录应予以保持。

5. 质量设计验证

在实施质量设计验证时，应当确定验证的方法及相应的处理办法。为了确保设计输出满足输入的要求，应依据所策划的安排对设计和开发进行验证。验证结果及任何必要措施的记录应予以保持。

6. 质量设计确认

为了确保产品能够满足规定的使用要求或已知的预期用途的要求，应依据所策划的安排对设计和开发进行确认。确认应在产品交付或实施之前完成。确认结果及任何必要措施的记录应予以保持。

7. 质量设计更改

应识别质量设计更改并保持记录。在适当的时候，应当对质量设计更改进行评审、验证和确认，并在实施前得到批准。质量设计更改的评审应包括评价更改对产品组成部分和已交付部分的影响。更改的评审结果及任何必要措施的记录都应予以保持。识别所有的质量设计更改，并在实施更改前得到授权人的批准，更改后还需进行评审，评审结果及相应措施都应做好记录。

5.2.4　质量设计的方法

1. 正交试验设计方法

（1）试验设计方法概述

试验设计是数理统计学的一个重要分支。多数数理统计方法主要用于分析已经得到的数据，而试验设计则是用于决定数据收集的方法。试验设计方法主要用于讨论如何合理地安排试验及如何对试验所得的数据进行分析等。试验设计方法常用的术语定义如下。

① 试验指标：指作为试验研究过程的因变量，常为试验结果特征的量（如得率、纯度等）。

② 因素：指试验研究过程的自变量，常常是造成试验指标按某种规律发生变化的那些原因。

③ 水平：指试验中因素所处的具体状态或情况，又称为等级。

下面通过一个简单的例子对试验设计进行简单的介绍。

举例：某化工厂想提高某化工产品的质量和产量，对工艺中三个主要因素各按三个水平进行试验，试验结果见表 5-2。试验的目的是提高合格产品的产量，寻求最适宜的操作条件。

表 5-2 试验结果

因素		温度/℃	压力/Pa	加碱量/kg
符号		T	p	m
水平	1	80（T_1）	5.0（p_1）	2.0（m_1）
	2	100（T_2）	6.0（p_2）	2.5（m_2）
	3	120（T_3）	7.0（p_3）	3.0（m_3）

在上述例子中，合格产品的产量为试验指标，温度、压力、碱的用量是因素，温度有 3 个水平，温度用 T 表示，下标 1、2、3 表示因素的不同水平，分别记为 T_1、T_2、T_3。针对上述实例该如何设计试验方案呢？很容易想到的是全面搭配法方案，如图 5-1 所示。

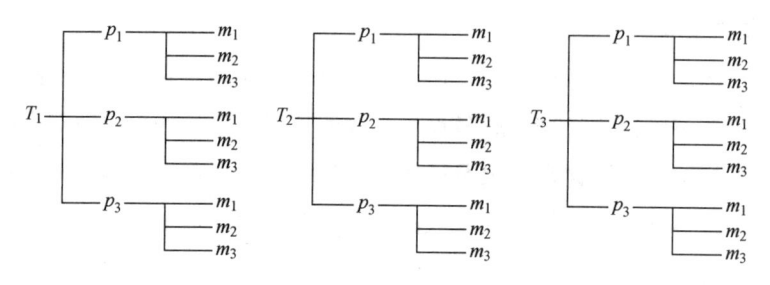

图 5-1 全面搭配法方案

此方案数据点分布的均匀性极好，因素和水平的搭配十分全面，唯一的缺点是实验次数多达 $3^3=27$ 次（指数 3 代表 3 个因素，底数 3 代表每个因素有 3 个水平）。因素、水平数愈多，则实验次数就愈多。例如，做一个 6 因素 3 水平的试验，就需要做 $3^6=729$ 次实验，显然难以做到。因此，需要寻找一种合适的试验设计方法。

（2）正交表

正交表是正交设计的基本工具，是根据均衡分散的思想，用组合数学理论在拉丁方及正交拉丁方的基础上构造的一种表格，具体分类如下。

① 各列水平数均相同的正交表。各列水平数均相同的正交表称为单一水平正交表。单一水平正交表名称的写法举例如图 5-2 所示。

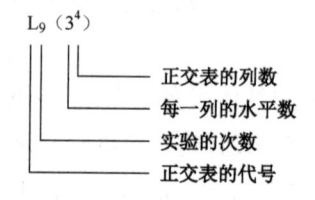

图 5-2 单一水平正交表名称的写法举例

其中，各列水平均为 2 的常用正交表有：$L_4(2^3)$，$L_8(2^7)$，$L_{12}(2^{11})$，$L_{16}(2^{15})$，$L_{20}(2^{19})$，$L_{32}(2^{31})$；各列水平数均为 3 的常用正交表有：$L_9(3^4)$，$L_{27}(3^{13})$；各列水平数均

为 4 的常用正交表有：L_{16}（4^5）；各列水平数均为 5 的常用正交表有：L_{25}（5^6）。

② 混合水平正交表。各列水平数不相同的正交表称混合水平正交表。混合水平正交表的写法举例如图 5-3 所示。

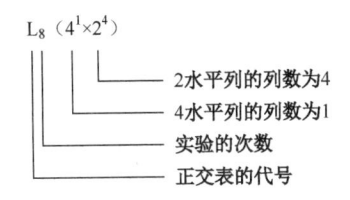

$$L_8（4^1×2^4）$$

- 正交表的代号
- 实验的次数
- 4 水平列的列数为 1
- 2 水平列的列数为 4

图 5-3　混合水平正交表的写法举例

L_8（$4^1×2^4$）常简写为 L_8（$4×2^4$）。此混合水平正交表含有 1 个 4 水平列，4 个 2 水平列，共有 1+4＝5 列。

在选择正交表的过程中，一般都是先确定试验的因素、水平和交互作用，后选择适用的 L 表。在确定因素的水平数时，主要因素宜多安排几个水平，次要因素可少安排几个水平。具体遵循的原则如下。

① 先看水平数。若各因素全是 2 水平，则选用 L（2^*）表；若各因素全是 3 水平，则选用 L（3^*）表。若各因素的水平数不相同，则选择适用的混合水平表。

② 每一个交互作用在正交表中应占 1 列或 2 列。要看所选的正交表是否足够大，能否容纳得下所考虑的因素和交互作用。为了对试验结果进行方差分析或回归分析，还必须至少留一个空白列，作为"误差"列，在极差分析中要作为"其他因素"列处理。

③ 要看试验精度的要求。若要求高，则宜取实验次数多的 L 表。

④ 若试验费用昂贵，或试验的经费有限，或人力和时间都比较紧张，则不宜选用实验次数太多的 L 表。

⑤ 按原来考虑的因素、水平和交互作用去选择正交表，若无正好适用的正交表可选，简便且可行的办法是适当修改原定的水平数。

⑥ 当无法确定某因素或某交互作用的影响是否存在时，应慎重选择 L 表。若条件许可，应尽量选用大表，让影响存在的可能性较大的因素和交互作用各占适当的列。某因素或某交互作用的影响是否真的存在，留到方差分析进行显著性检验时再做结论。这样既可以减少试验的工作量，又不至于漏掉重要的信息。在选定正交表后，要进行表头设计。所谓表头设计，就是确定试验所考虑的因素和交互作用，在正交表中该放在哪一列的问题。

● 有交互作用时，表头设计必须严格地按规定进行。因篇幅限制，此处不再讨论，有兴趣的读者可以查阅相关书籍。

● 若试验不考虑交互作用，则表头设计可以是任意的。如对 L_9（3^4）的表头进行设计，其表头设计方案见表 5-3。正交表的构造是组合数学问题，对试验之初不考虑交互作用而选用较大的正交表，空列较多时，最好仍与有交互作用时相同，按规定进行表头设计。只不过将有交互作用的列先视为空列，待试验结束后再加以判定。

表 5-3 $L_9(3^4)$ 表头设计方案

	列号	1	2	3	4
方案	1	T	p	m	空
	2	空	T	p	m
	3	m	空	T	p
	4	p	m	空	T

（3）正交试验设计方法分析

用正交表安排多因素试验的方法称为正交试验设计方法。其特点为：①完成试验要求所需的实验次数少。②数据点的分布很均匀。③可用相应的极差分析方法、方差分析方法、回归分析方法等对试验结果进行分析，引出许多有价值的结论。

从上述举例可以看出，采用全面搭配法方案，需做 27 次实验。那么采用简单比较法方案又如何呢？先固定 T_1 和 p_1，只改变 m，观察因素 m 不同水平的影响，做了如图 5-4（a）所示的 3 次实验，发现 $m = m_2$ 时的实验效果最好（好的用 □ 表示），合格产品的产量最高，因此认为在后面的实验中因素 m 应取 m_2 水平。

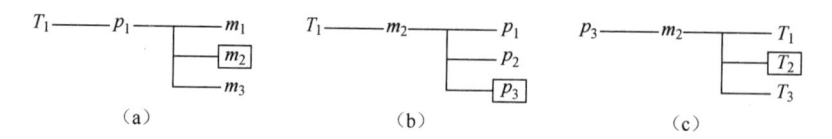

```
T₁——p₁——m₁        T₁——m₂——p₁        p₃——m₂——T₁
         [m₂]                  p₂                 [T₂]
         m₃                   [P₃]                 T₃
    (a)                 (b)                 (c)
```

图 5-4 简单比较法方案

固定 T_1 和 m_2，改变 p 的 3 次实验如图 5-4（b）所示，发现 $p = p_3$ 时的实验效果最好，因此认为因素 p 应取 p_3 水平。

固定 p_3 和 m_2，改变 T 的 3 次实验如图 5-4（c）所示，发现因素 T 宜取 T_2 水平。

因此，为提高合格产品的产量，最适宜的操作条件为 T_2、p_3、m_2。与全面搭配法方案相比，简单比较法方案的优点是实验的次数少，只需做 9 次实验。但必须指出，简单比较法方案的试验结果相对来说是不可靠的。这是因为：①在改变 m 值（或 p 值，或 T 值）的 3 次实验中，说 m_2（或 p_3 或 T_2）水平最好是有条件的。在 $T \neq T_1$，$p \neq p_1$ 时，m_2 水平不是最好的可能性是有的；②在改变 m 的 3 次实验中，固定 $T = T_2$，$p = p_3$ 应该说也是可以的，是随意的，故在此方案中数据点的分布的均匀性是毫无保障的；③用这种方法比较条件好坏时，只是对单个的试验数据进行数值上的简单比较，不能排除必然存在的试验数据误差的干扰。

运用正交试验设计方法，不仅兼有上述两个方案的优点，而且实验次数少，数据点分布均匀，结论的可靠性较好。对于上述举例适用的正交表是 $L_9(3^4)$，其试验安排见表 5-4。

表 5-4 试验安排表

	列号	1	2	3	4
	因素	温度/℃	压力/Pa	加碱量/kg	
	符号	T	p	m	
试验号	1	1(T_1)	1(p_1)	1(m_1)	1
	2	1(T_1)	2(p_2)	2(m_2)	2
	3	1(T_1)	3(p_3)	3(m_3)	3
	4	2(T_2)	1(p_1)	2(m_2)	3
	5	2(T_2)	2(p_2)	3(m_3)	1
	6	2(T_2)	3(p_3)	1(m_1)	2
	7	3(T_3)	1(p_1)	3(m_3)	2
	8	3(T_3)	2(p_2)	1(m_1)	3
	9	3(T_3)	3(p_3)	2(m_2)	1

所有的正交表与 $L_9(3^4)$ 正交表一样，都具有以下 2 个特点。

① 在每一列中，各个不同的数字出现的次数相同。在表 $L_9(3^4)$ 中，每一列有 3 个水平，水平 1，2，3 都是各出现 3 次。

② 表中任意 2 列并列在一起形成若干个数字对，不同数字对出现的次数也都相同。在表 $L_9(3^4)$ 中，任意 2 列并列在一起形成的数字对共有 9 个：(1,1)，(1,2)，(1,3)，(2,1)，(2,2)，(2,3)，(3,1)，(3,2)，(3,3)，每一个数字对各出现一次。

这 2 个特点称为正交性。正是由于正交表具有上述特点，才保证了用正交表安排的试验方案中因素水平是均衡搭配的，数据点的分布是均匀的。因素、水平数越多，运用正交试验设计方法就越能显示出它的优越性，如上述提到的 6 因素 3 水平试验，用全面搭配法方案需 729 次，若用正交表 $L_{27}(3^{13})$ 来安排，则只需做 27 次试验。

在化工生产中，因素之间常有交互作用。如果上述的因素 T 的数值和水平发生变化时，那么试验指标会随因素 p 变化的规律也发生变化；反过来，如果因素 p 的数值和水平发生变化时，那么试验指标会随因素 T 变化的规律也发生变化。这种情况称为因素 T、p 间有交互作用，记为 $T \times p$。

正交试验设计方法之所以能得到科技工作者的重视并在实践中得到广泛的应用，其原因不仅在于其能够使试验的次数减少，而且能够用相应的方法对试验结果进行分析并引出许多有价值的结论。因此，用正交试验设计法进行实验，如果不对试验结果进行认真的分析，并引出应该引出的结论，那么就失去了用正交试验设计法的意义和价值。然而，由于篇幅原因，本书不对此展开讨论，有兴趣的读者可以查阅正交设计方面的相关书籍。

（4）正交试验设计的一般步骤

① 明确试验目标，确定试验指标。

② 挑因素，选水平。

③ 选用正交表。

④ 进行表头设计。

⑤ 确定试验计划方案。

⑥ 分析试验结果，确定因素适宜的水平组合。

2. 三次设计法

三次设计法是由田口玄一博士于 20 世纪 70 年代提出的。他利用经典方法对存在因素情况下的控制因素进行了研究，提出了文件参数设计的概念及确定产品和过程参数最优值的方法：用部分因素识别关键控制因素，设定它们的水平使得变异最小。

三次设计是一种优化设计，进一步运用正交设计的理论和方法研究考核指标的稳定性，是线外质量管理的主要内容。它和传统的产品的三段设计（方案设计、技术设计和施工设计）有一定的交叉。通过三次设计的方法能够使产品具有稳健性。三次设计又称为三阶段设计，具体包括系统设计、参数设计和容差设计。

（1）系统设计

系统设计即产品的功能设计，又称一次设计，是利用专业知识和技术确定整个系统（产品）的结构、材料、寿命及性能，以满足产品规划所要求的功能。例如，化工生产过程选择什么样的原材料和工艺路线；生产电机选用何种导线，采用哪些加工工艺等。系统设计质量的好坏取决于专业技术的高低。对于某些结构复杂、参数多、特性值多的产品，要全面考虑各种参数组合的综合效应，单凭专业技术往往无法定量地确定经济合理的最佳参数组合。尽管系统设计有这个不足，有时甚至由于时间限制不可能对所有系统进行研究，只能根据直觉或预测，从各个系统中挑选几个重要的系统进行研究。系统设计是三次设计的基础，不仅决定了产品的价值，还决定了产品的稳定性，为选择需要考察的因素和待定的水平提供了依据。

（2）参数设计

参数设计又称二次设计，是在系统设计完成后，通过确定系统（产品）的各个元器件、零部件参数的最佳值及最适宜的组合，以降低成本、提高质量。因为系统设计是凭专业知识推定出待考察的因素和水平，所以无法综合考虑减小质量波动，降低成本等因素。而参数设计是一种非线性设计，它运用正交试验、方差分析等方法来研究各种参数组合与输出特性之间的关系，以便找出特性值波动最小的最佳参数组合。因此，参数设计也被称为参数组合的中心值设计。

实践表明，整机质量既取决于产品整体的设计，又取决于零部件的质量。一个系统的功能与其自身的结构密切相关。好的参数组合不一定是以每件零部件最优为条件的，而是一种不同档次、不同质量水平的低成本的组合，从而实现低成本高质量的设计要求。产品设计中的波动情况是复杂的，很多产品的输出特性与因素组合之间并不是线性关系。

例如，有一晶体管稳压电源，输入为交流 220 伏，要求输出目标值为直流 110 伏，波动范围必须控制在±2 伏内。决定稳压电路输出特性的主要因素是晶体管的电流放大倍数 HFE（其输出特性呈非线性关系）及调节电阻 R 的大小（电阻的输出呈线性关系）。

通常专业设计人员看到电路输出与目标值发生偏离时，大多是调整晶体管 HFE 的工作点，使输出达到目标值，但又产生了输出电压波动偏大的问题。例如，原稳压电源的晶体管 HFE 工作点在 A_1（A_1=20），对应的输出电压为 95 伏。这时，设计人员通常是把 HFE 从 A_1 调整到 A_2（A_2=40），使输出电压达到 110 伏。但是，晶体管的 HFE 总会有一定范围的波动。假定 HFE 的波动范围为±20，当选定 A_2=40 为设计中心值时，HFE 就将在 20～60（A_1～A_3）波动，对应的输出目标的波动范围将是 95～120 伏。过去为解决这一问题，都是进一步严格挑选元件，以减小 HFE 的波动范围。这样势必会增加制造成本。如何运用参数设计的原理来优化设计呢？当 A_4=80 这个工作点时，对应输出特性曲线变化的平坦区。现在仍采用 HFE 波动为±20 的晶体管，但工作点选 A_4=80，此时输出电压波动范围为 120～122 伏，波动幅度大大减小。这时的输出电压为 121 伏，比目标值 110 伏高出一个 M=11 伏的偏差。这个偏差可用调节电阻 R 来校正，通过改变调节电阻 R 的大小来调整输出电压，使其达到 110 伏。通过这项设计，我们找到了晶体管 HFE 与电阻的最佳参数组合为 A_4B_4。

在设计开发的过程中，常常在关系未知的情况下进行参数设计，而不是像上例中的关系那样明确可鉴。这就必须通过试验的办法，并借助正交试验、方差分析、信噪比等数理统计的方法，以较少的次数找出符合设计目标值且稳定性很高的参数组合。因此，通过参数设计对系统参数值进行合理搭配，才有可能用廉价的元器件、零部件制造出性能良好的整机。参数设计是三次设计的核心。

（3）容差设计

决定系统要素的中心值后，便进入决定这些因素波动范围的容差设计阶段。因为某些输出特性的波动范围仍然较大，若想进一步控制波动范围，则需考虑选择较好的原材料、配件，但这样自然会提高成本，所以有必要对产品的质量和成本进行综合平衡。容差设计是在参数设计的基础上，从经济的角度出发，进一步考虑允许质量特性值的波动范围，对影响较大的关键参数给予较小的误差范围，对次要参数的误差范围则可适当放宽要求。通过研究容差范围与质量成本之间的关系，对质量和成本进行综合平衡。例如，可以将那些对产品输出特性影响大而成本低的零部件的容差选得小一些，而对产品输出特性影响小而成本高的零部件的容差选得大一些。为此，必须要有一个质量损失函数来评价质量波动所造成的经济损失。

以上述晶体管稳压电源的设计为例，当输出电压正好等于 110 伏时，质量波动最小。随着质量波动的增大，引起的经济损失（包括社会经济损失）也将增大。例如，质量波动造成零部件返工、报废及顾客由于质量波动也多付费用等。可见，容差设计是在决定了最佳参数组合的中心值后，根据质量损失函数，在综合平衡顾客与制造厂质量费用的情况下，选定合理的公差范围。

以上通过稳压电源的参数设计和容差设计的例子，对三次设计的原理进行概念性的介绍。实际计算往往要复杂得多，通常要运用正交试验、方差分析和信噪比等对质量特性进行综合评定。

3. 统计工程法

多里安·谢宁（Dorian Shainin）将统计方法与工程技术相结合，创立了一种称为 DOE（design of experiment，试验设计）的简单有效地解决工程问题的方法。

谢宁 DOE 是建立在帕累托定律的基础上的。谢宁将必须解决的问题（输出或响应）称为绿 Y，第一位或者最主要的原因称为红 X，占绿 Y 的 50%以上；第二位的原因称为粉红 X，占绿 Y 的 20%～30%；第三位的原因称为浅粉红 X，占绿 Y 的 10%～15%。帕累托定律：绿 Y 和红 X 如图 5-5 所示。

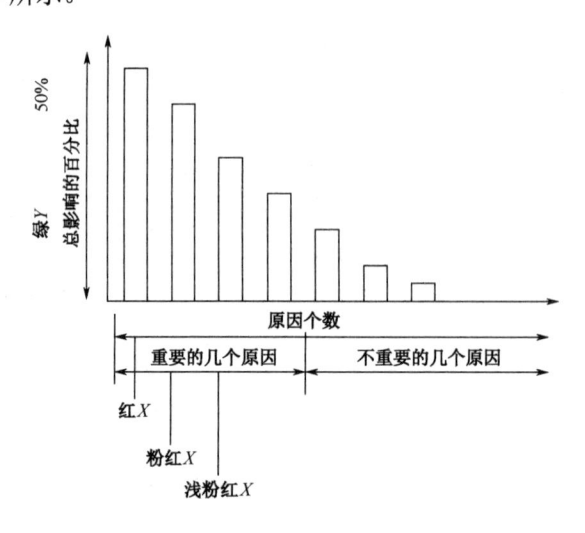

图 5-5 帕累托定律：绿 Y 和红 X

因此，迅速准确地找到红 X、粉红 X 及浅粉红 X，对于提高质量、解决工程问题等至关重要。谢宁 DOE 组合多变量图等 10 种不同的 DOE 工具（或技术），各种工具可以单独使用，也可以组合使用。图 5-6 所示的减少变量框图显示了各种 DOE 工具的关系。它在连续解决问题的过程中，把 10 种工具完美地结合，将开始可能是一个有 1 000 个变量的问题逐步消除次要变量，直到提取出红 X、粉红 X、浅粉红 X。如图 5-7 所示为搜索红 X：解决问题的路径框图，给出谢宁 DOE 定义绿 Y、搜索红 X 的解决问题的框架。

图 5-6　减少变量框图

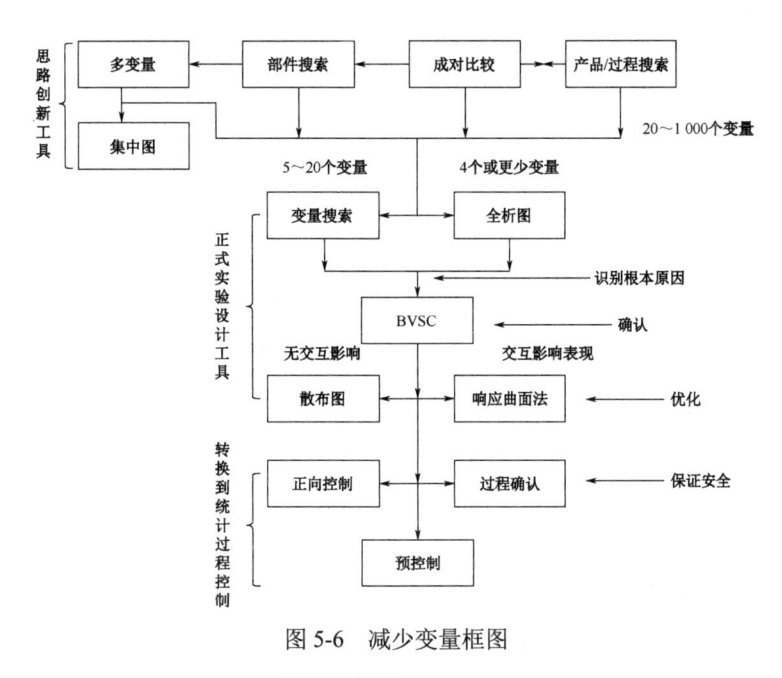

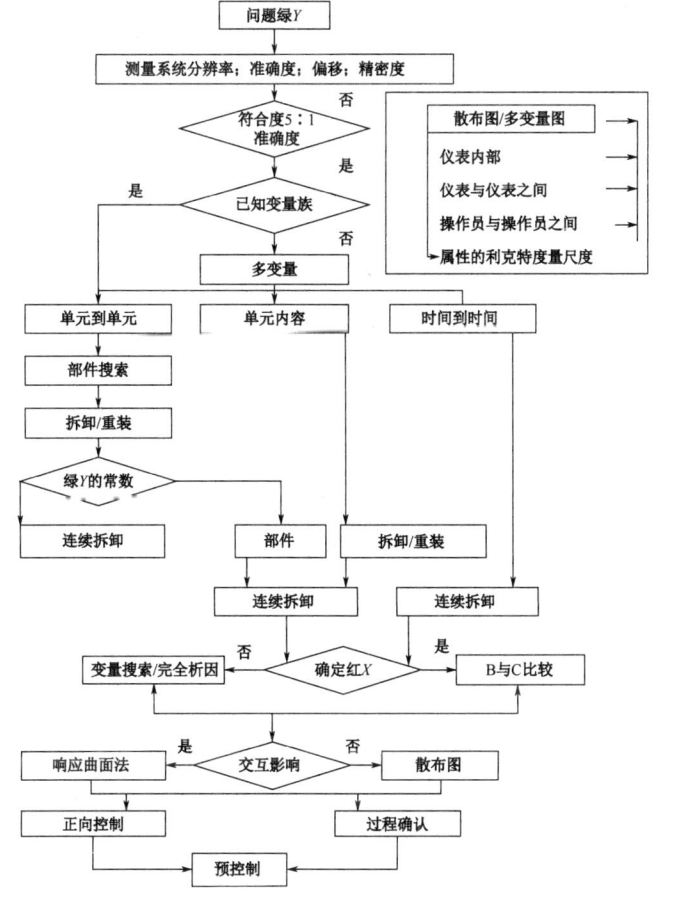

图 5-7　搜索红 X：解决问题的路径框图

多变量图、集中图、部件搜索、成对比较和产品过程搜索 5 种工具，构成搜索红 X 的线索生成工具。

多变量图是将变量分成位置（也称部件内）变量、周期（部件对部件）变量及暂时性（时间对时间）变量。根据上述变量分类，画出族谱图，确定重要变量的族系。若红 X 处于部件内族系，则建立集中图，以确定绿 Y 的重要方位或部件。若红 X 处于部件对部件族系，则利用部件搜索技术"与部件对话"，部件搜索技术主要用于装配操作。若不符合部件搜索的先决条件——部件不能拆卸/重组装，则需要用"与部件对话"的"成对比较"。不管是部件搜索还是成对比较，均要求绿 Y（输出或性能）必须可测量，测量仪器的精度至少为技术规格要求公差或产品误差分布的 5 倍。

上述搜索过程完成以后，大量变量减少到 1~20 个。变量减少有着重要的意义。假设开始时的工序能力 C_p 为 1，若在解决问题的过程中减少 75%，则 C_p 可以达到 4，这是相当于达到世界级标准 6σ 的 2 倍；若变量减少 95%，则 C_p 可达到 20，这是相当于达到世界级标准 6σ 的 10 倍。而在用 DOE 找到待定的绿 Y 和红 X、粉红 X、浅粉红 X 的解决办法以后，变量可以减少 75%~95%。搜索过程完成以后，变量搜索和全析因法将被用于识别红 X。散布图和响应曲面两种试验优化工具将用来确定变量的交互影响。随后，试验设计转向统计过程控制。

统计工程法（谢宁 DOE）使用的都是相对简单的技术，易于操作人员理解和掌握。限于篇幅，本书不展开详细讨论。需详细了解有关内容，可参阅相关著作。

5.3 质量规划的体系组成

5.3.1 行业质量规划体系

随着中国经济的不断发展和进步，各个行业的技术水平都在不断地发展，其所对应的行业质量标准也在不断地提高，并日趋复杂。因此，为了明确中长期质量发展的总体目标，进一步动员全社会重视质量，增强质量意识，加强质量工作，提升质量水平，建设质量强国，构建全面、客观、参考性强的行业质量规划体系具有重要的意义。具体来说，行业质量主要包括工业产品质量、工程质量及服务质量等内容，这里主要介绍工业产品行业质量规划体系。

目前，工业产品质量发展面临着一系列严峻挑战。走出一条经济增长速度和结构质量效益相互统一、协调发展的新型工业化道路，是我国工业经济发展面临的重大命题。解决这一难题的关键在于质量。因此，对工业产品质量发展进行统筹规划，切实加强行业指导，才能着力提高工业产品质量，努力保障消费安全，全力推进工业产品质量建设。总的来说，工业产品行业质量规划体系主要包括基本原则、具体目标、具体任务及保障措施。

1. 规划的基本原则

（1）坚持积极治标与稳健治本相结合

围绕我国工业经济发展急需，找准加快产品质量发展的切入点，加强技术改造、标准贯彻与产业政策引导，促进我国工业产品的质量水平在短期内有一个明显提升。同时，着眼工业经济长远发展，围绕结构调整与转型升级，加快技术进步与管理创新，构建质量工作长效机制，解决制约工业产品质量发展的结构性矛盾和深层次问题，推动我国工业产品质量水平实现跨越发展。

（2）坚持落实企业主体责任与加强政府监管相结合

加强法治建设、政策引导和宣传教育，促进企业发挥质量主体作用，切实履行质量发展与质量保证责任。同时，加强政府监管，综合运用各种手段，坚决打击假冒伪劣、质量欺诈、不实宣传、虚假声明等质量违法、违规行为，有效维护社会经济秩序。

（3）坚持扶持先进与限制落后相结合

建立工业产品质量发展激励机制，通过典型示范与政策扶持引导和带动全行业，特别是新兴产业与中小企业产品质量发展。同时，加快落后产能的淘汰与升级，营造供需基本平衡且竞争适度的市场环境，重建市场对产品质量的良性选择机制，推动企业走质量效益型发展道路。

（4）坚持立足国情与接轨国际相结合

把握我国经济社会发展现阶段的实际需要，立足工业产品质量发展的现实条件，按照"有所为、有所不为"的原则，突出抓好主导产业、新兴产业与消费热点等领域的品种开发、质量提升与品牌建设工作。同时，跟踪全球市场动态，接轨国际先进标准，满足不断升级的国际消费需求，以质量拓市场、谋发展。

2. 规划的具体目标

规划的具体目标主要包括工业产品质量的总体水平发展的总目标和重点行业规划目标等内容。

（1）总目标

① 传统产业的产品质量、档次结构更趋合理，附加值和质量水平明显提高。依法淘汰质量、安全、卫生、环保与能耗不达标的产品。规模以上企业采用国际标准和国外先进标准组织生产的产品产值比重为90%以上。高端高档工业产品和关键核心零部件自给能力明显增强。

② 战略性新兴产业的产品国内保障程度进一步提高，产品质量全面达到或接近国际先

进水平，产品检测能力基本满足产业发展需要。

③ 国家新型工业化产业示范基地的质量管理体系覆盖率达100%，质量损失率比全国平均水平低50%，主导产业中产品质量达到国际先进水平的产品产值比重达50%。

④ 关系群众生命、财产安全的工业产品全面达到国家法律法规和强制性标准的要求。产品品种更加丰富，售后服务更有保障，促进国内消费需求增长。

⑤ 自主品牌的质量信誉与品牌形象明显改善，国际竞争力显著增强。主要行业内的自主品牌的国内市场占有率达85%，出口产品产值比重达30%。培育形成一批国际知名品牌。

（2）重点行业规划目标

① 原材料工业。主要产品的质量水平全面达到国家、行业标准要求，重点产品的质量水平与国际接轨。特殊、关键与高端产品的质量水平与技术性能明显改善，国内配套满足率进一步提高，基本满足下游产业与重大科技工程发展需要。化工、建材产品的安全性、环保性大幅提升。

② 装备工业。主要产品的质量与可靠性达到发达国家同类产品21世纪初的平均水平，售后服务质量与国际接轨。重要基础件、关键零部件、发动机和数控机床等重点产品的可靠性与使用寿命在现有基础上提升50%。主要通用装备和大型成套装备的整机可靠性大幅提升，农机、汽车、船舶和民用飞机的产品质量达到或接近国际同类产品水平，航天、发电和轨道交通的尖端产品质量达到或保持世界领先水平。高端关键基础零部件的国内配套满足率和高端基础制造装备的国内保障程度明显提高，高技术关键装备的产品质量实现大幅跃升。

③ 消费品工业。主要产品的质量、安全、卫生、环保与能耗指标全面达到国家、行业标准要求。新兴消费品与重点耐用消费品的质量、技术、标准与国际水平接轨，耐用消费品的售后服务质量显著改善。高端高档纺织和服装的产品质量达到国际先进水平。家电出口中，自主品牌产品的产值达到30%。食品、药品企业的质量管理更加规范，产品质量水平明显提升。

④ 电子信息工业。主要产品可靠性、安全性、电磁兼容性及技术性能、环保与能耗指标全面达到国家、行业标准要求。通用元器件、集成电路和软件等基础产品的质量水平进一步提升，基本满足下游及关联产业发展需要。重点消费电子产品的使用性能、可靠性与保障性达到国际同类产品水平。重大应用软件的可靠性、安全性、兼容性和维护性水平显著提高，大规模、超大规模集成电路的质量与可靠性取得明显突破。

3. 规划的具体任务

重点是提出针对发展目标的几个方面的实施任务，具体包括以下几点。

（1）改善产品质量发展环境

① 健全质量发展政策与规章制度。

② 推动工业标准贯彻实施。

③ 严格行业准入与市场退出管理。

④ 促进地方主管部门履行质量管理职责。

（2）加快工业产品质量提升

① 依靠技术进步带动品种开发与质量提升。

② 深入推进质量示范工程。

③ 开展共性技术质量问题攻关。

④ 促进工业产品质量达标。

⑤ 推进品牌培育与发展。

⑥ 扶持中小企业质量发展。

（3）加强质量诚信体系建设

① 建立质量信誉社会评价机制。

② 发挥社会性组织的自律作用。

③ 营造质量诚信的文化氛围。

（4）强化企业质量主体责任

① 规范企业自我声明行为。

② 引导企业加强质量管理。

③ 加强质量工程师和专业技能人员培养与使用。

④ 强化管理体系标准贯彻实施。

⑤ 推广应用先进的质量管理方法。

（5）提高质量公共管理水平

① 推进公共服务能力建设。

② 建立质量监测预警平台。

③ 支持质量管理公共政策与法规研究。

④ 组织开展质量管理国际交流。

4. 规划实施的保障措施

① 设立工业产品质量提升专项。

② 推动工业产品质量促进立法。

③ 加强质量基础教育与人才培养。

④ 综合运用现有支持政策。

⑤ 建立质量发展合力推进机制。

5.3.2 区域质量规划体系

传统的质量概念主要针对具体的产品或企业，与此同时，一个区域或地区，不论其大小，都有其对应的区域质量水平。区域质量是指一个区域在质量方面所表现出来的整体特征，是由区域内所有产品的产品特性、所有企业对质量保障的流程能力和所有社会效果的集合所共同表现出来的区域特性，它是以区域的形式表达的整体质量。随着时间的推移，这种区域整体质量水平会呈现出规律性的变动，其变动趋势就是区域质量形势。区域整体质量水平与区域经济发展水平密切相关。

所谓区域质量规划体系，主要就是通过建立量化的区域质量指标体系、预测区域质量形势及确定区域质量测评方案等步骤，科学地对一个区域质量发展水平进行合理规划。作为经济发展与决策所需的重要工具集，区域质量规划体系的具体内容如下。

1. 建立量化的区域质量指标体系

量化的区域质量指标体系是指反映区域质量变动轨迹和发展态势的综合指标体系。因此量化的区域质量指标体系的建立就要遵循一定的原则，既要能够起到宏观指导作用，又要能够方便计算，还要能够反映区域的质量变化。

2. 预测区域质量形势

区域质量形势预测是区域战略规划的重要过程。因为区域质量形势预测具有战略性和决策导向性，所以需要获取区域核心资源属性、区域卓越绩效属性、产品固有特性属性、质量技术监督属性、社会效果构成属性、社会效果反馈属性等属性集合，这样才能起到导向未来的作用。区域质量形势预测一方面将各类区域资源纳入决策体系，另一方面对来自不同方面的评价和意见进行归纳补充，从而形成具有宏观意义的战略导向。

区域质量形势预测的研究随科技、经济和社会发展而不断丰富与多样化。研究的主要内容是分析区域质量变动的形势、了解区域质量的未来趋势、提前了解可能产生的质量状态，主要包括以下几个方面。

（1）状态预测

区域质量形势预测的内容之一是预知区域质量形势的下一状态，这就是状态预测。主要是依据区域现有整体状态预测下一时期的整体状态，其研究目的是预测当前区域质量整体现状，把握未来区域质量的变动趋势，明确急需解决的重大质量问题。

（2）属性预测

属性预测是区域质量形势预测工作的重点，区域质量的变动往往是由某一属性的变动引起的，因此通过集成各方面质量技术监督及市场信息，掌握区域质量属性的现状，准确把握区域质量特定属性发展趋势，可以及时发现和整治那些处于萌芽状态的质量隐患和重大质量事件。

（3）确定区域质量测评方案

评价的基本依据是区域质量属性的变化。其目的是对之前所预测的区域质量形势进行有效的评估，从而保证规划的科学性和合理性。实施评价的基本步骤如下。

① 确定被评价的区域，包括区域内被评价对象、所属属性及抽样方案。

② 确定评价组织，主要是对所属属性的数据源的确定，要说明哪些属性来源于什么组织，如质监局的质量抽查报告等。

③ 属性表量化，按照属性表中的属性进行评分和统计。

④ 计算区域质量水平，对区域内的样本对象分别计算 3 个要素的指数值，然后根据指数值确定样本对象的区域质量水平。

⑤ 区域质量形势统计，对所有对象的区域质量水平的集中趋势、离散特性进行统计。

⑥ 评价区域质量形势，用区域质量形势评价指标表对本区域或多区域进行对比分析。

总之，利用上述过程实施区域质量规划，能够实时动态评价当前区域的质量水平，并预测区域质量形势，实现区域宏观质量管理。

参考文献

[1] 张鸿余. 浅议质量规划的制订[J]. 航空标准化与质量，1988 (1):25-27.

[2] 刘淑珍. 提高设计质量的新方法正交表与三次设计方法[J]. 江南半导体通讯，1991 (3):47-53.

[3] 张颖丽. 正交设计法在企业管理中的应用[J]. 工业技术经济，1993(6):58-60.

[4] 曾劲松，薛丽敏. 系统的稳健性设计——三次设计法[J]. 现代电子工程，1993(2):18-26.

[5] 方永祥. 关于宏观质量发展规划工作初探[J]. 管理科学，1994(4):25-26.

[6] 盛永莉. 正交试验设计及其应用[J]. 济南大学学报（社会科学版），1997 (3):69-73.

[7] 冯世平，林永智. 编制企业质量规划之管见[J]. 化工质量，2002(2)18-20.

[8] 谢敏. 面向质量的工艺设计系统的研究与开发[D]. 北京：北京航空航天大学，2002.

[9] 侯智，张根保，丁志华，等. 基于 QFD、TRIZ 和三次设计的集成化设计方法研究[J]. 组合机床与自动化加工技术，2003(2):30-31.

[10] 魏进春. 质量发展规划的探讨[J]. 电子质量，2010(9):51-53.

[11] 严格, 贺杰, 李俊民. 质量发展规划的制定与实施探讨[J]. 企业技术开发（下半月），2014(13):49-50.

[12] 约翰·弗里德曼, 陈芳. 琐事千千的邻里生活：中国城市生活质量规划[J]. 国际城市规划, 2013, 28(1):1-6.

[13] 刘晓冰, 杨静萍, 马跃. 基于质量功能展开的特钢产品多工艺方案增量设计方法[J]. 计算机集成制造系统, 2009, 15(1):28-36;52.

[14] 郭亮. 浅谈城市规划质量评价中的三点问题[J]. 国际城市规划, 2009, 24(6):40-45.

[15] 周思杭. 产品装配质量设计、预测与控制理论、方法及其应用[D]. 杭州：浙江大学, 2013.

[16] 刘曙, 徐晓飞, 王忠杰. 面向顾客满意度的软件外包服务质量设计方法[J]. 计算机集成制造系统, 2012, 18(4):881-887.

[17] 马彤兵, 杨岚. 基于质量设计的QFD与DOE集成模式研究[J]. 组合机床与自动化加工技术, 2008(10):110-112.

[18] 李靖, 同淑荣, 马春晖. 支持面向质量设计的制造信息结构模型[J]. 制造业自动化, 2011, 33(3):13-15.

[19] 倪亚平. 质量设计思想及实现[C]//《冶金自动化》杂志社. 冶金企业自动化、信息化与创新——全国冶金自动化信息网建网30周年论文集. 宝山钢铁股份有限公司不锈钢分公司制造管理部, 2007:3.

[20] 黄庚保. 区域质量形势评价及预测技术研究[D]. 重庆：重庆大学, 2009.

[21] 王晨铖, 郑立伟. 2011年行业质量竞争力指数研究[J]. 航空标准化与质量, 2013(3):15-16;33.

第 6 章

质量评价与质量预警

6.1 质量评价概述

6.1.1 质量评价的概念

质量评价是指对产品质量监督管理工作成效的评定或评估。

质量评价视评价的对象不同可分为多种类型，既有反映一个地区的产品质量总体水平的质量评价，也有反映某一具体产品的质量评价，也有分特定区域、分企业类型的质量评价。

质量评价是质量监督管理过程中的结束阶段，也是质量监督管埋相对封闭的最终环节。质量评价有助于发现产品存在的质量问题和缺陷风险。

质量监督管理工作需要评价。不借助评价，质量监督管理的效果就难以得到有效体现。质量评价的核心是建立一套比较简单易行的质量指标评价体系。

要明确质量评价的标准，没有质量评价标准的评价是盲目评价。因此，要制定出符合本地实际的产品质量监督管理实施目标来作为质量评价的标准，并定期利用质量评价指标体系对质量目标的实施情况进行评价。

6.1.2 质量评价的作用

质量评价的作用可以概括为导向、诊断、反馈和激励作用等。

1. 导向作用

产品质量活动是一种有目的、有计划提高产品质量的活动，而质量评价是以分析产品质量并判断其走势为目标的活动。通过评价可以引导质量监督管理工作朝着既定的目标前进，从而实现提高产品质量的目标。

2. 诊断作用

产品质量活动是一个连续性的活动，通过对质量工作及产品质量状况进行评价分析，可以诊断出产品质量的上升或下降态势，可以肯定质量监督管理工作的成绩，找到工作中存在的不足，提出解决问题的措施，为下一步提高产品质量、开展质量诊断提供依据。

3. 反馈作用

质量评价的过程也就是信息反馈的过程。信息反馈就是利用控制系统把信息输送进去，又把其作用返送回来，并对信息的再输送产生影响，校正计划和措施，起到控制的作用，以实现预期的目标。通过质量评价，可以有计划地搜集和分析质量信息，对监督管理方法进行相应调整，使质量监督管理活动更完善。

4. 激励作用

通过质量评价可以衡量产品质量水平的高低，区分优劣，实现鼓励先进，鞭策后进，从而调动各方面的积极性，推动质量监督管理工作质效不断提高。如果质量管理水平高、产品质量符合要求的企业得不到表彰，质量管理水平低、产品质量不稳定的企业得不到应有的处罚，那么必然会促使企业忽视产品质量，片面追求经济利益，用质劣价低的原材料生产不合格产品的现象就会越演越烈，导致企业间存在不公平竞争，引起经济秩序混乱。

6.1.3 质量评价的种类

1. 按评价基准是否固定划分

按评价基准是否固定划分，质量评价可以分为绝对评价和相对评价。

① 绝对评价是指不需要选定比较对象的评价。如每年计算得出的产品质量指数或合格率。它是一个绝对值，一般用于描述某一特定质量指标的大小。

② 相对评价又称参照评价，是以某一特定的基准作为比较对象所进行的评价。一般在实际应用中对地区间产品质量水平进行评价时，衡量的基准是地区间的平均产品质量水平，各地的产品质量水平通常与这个基准进行比较，来评价本地区产品质量水平是高于地区间平均水平还是低于地区间平均水平。

2. 按评价方法划分

按评价方法划分，质量评价可以分为定量评价和定性评价。

① 定量评价是指对评价对象从数量方面进行的评价。在产品质量评价工作中，很多情

况需要用数量来衡量产品质量水平的变化，如国家监督抽查合格率本年度比上年度上升或下降多少个百分点等。定量评价的好处是可以实现时间或地域性产品状况的对比。

② 定性评价是指对评价对象从性质方面进行的评价。很多情况下，产品质量的变化只能预测走势而无法准确预测到变化的大小，这时就只能采取定性的评价方法。

3. 按时间划分

按时间划分，质量评价可以分为本期评价和累计评价。

① 产品质量的监督检查一般是确定监督周期，如国家监督抽查一般每个季度安排一次。对特定时期的产品质量评价称为本期评价，如2020年一季度开展的监督抽查，可以认定为1期，计算本期的产品质量合格率。

② 累计评价是指评价的时间是若干个本期的累计。例如，2019年一季度、2019年二季度、2019年三季度、2019年四季度分别为1期、2期、3期、4期，而工作中需要计算2019年4个季度（全年）的产品质量合格率，则这种评价方法就称为累计评价。

4. 按统计的范围划分

按统计的范围划分，质量评价可以分为总体评价和局部评价。

总体和局部是相对的，是根据评价的对象与特点而确定的。若把省作为评价对象，则省是总体，而省下辖的市就是局部；若评价全国的产品质量状况，则各省就是局部。

6.1.4 质量评价的原则

1. 科学性与可行性相统一的原则

质量评价的主要作用是检验质量工作的效果。因此，为准确体现评价的目标，就需要科学选择评价用的质量指标，采用科学的评价方法来开展。目前，用于质量评价的方法有很多，但限于数据采集的局限性，有些准确度较高的评价方法其数据的采集难度较大，而如果不能采集到科学、准确的数据，也就无法发挥评价方法的作用。因此，在选择质量评价指标时，要做到科学性与可行性相统一，在确保科学性的前提下，确保评价方法简单易行。

2. 定量评价与定性评价相结合的原则

质量评价与质量分析一样，在某些情况下是可以通过质量指标的变化来进行定量评价的，但有时又很难进行定量评价，只能估计出产品质量的上升和下降情况。要充分发挥质量评价的效果，就必须在产品质量评价工作中采取定量评价与定性评价相结合的办法。

3. 全面评价与重点评价相结合的原则

一般开展质量评价的对象都是确定的地区或行业的产品质量水平变化情况。地区或行业产品质量水平的变化受多种因素的影响，其中个别因素的影响是非常大的，因此在对地区或行业产品质量状况进行评价时，不仅要对产品质量发展趋势和现象进行评价，还要对影响质量变化的主要局部问题进行重点分析，确保质量评价发挥出应有的作用，此时将全面评价与重点评价相结合也是至关重要的。

4. 质量评价与经济评价相联系的原则

企业的经济效益与企业所面临的经营环境有直接的关系，经济形势好，企业就能稳定发展，经济效益就好，相对而言对产品质量的把关和控制就会严格，产品质量也就相对稳定。而经济形势出现问题，势必会影响企业的发展，甚至会压缩企业的生存空间，当企业经营不善的时候，也就无法顾及产品质量。质量的变化与经济发展的关系是非常密切的，因此进行质量评价时不能片面地强调质量，而要将产品质量走势与经济发展走势联系在一起进行综合分析，这样才能透过现象看本质。

5. 横向比较与纵向比较相结合的原则

对一个地区的产品质量变化而言，其走势是一个纵向排列的时间序列，但是在分析评价质量走势的同时，还要对地区内各区域的产品质量进行横向分析和比较，找出影响地区产品质量水平提高的区域或产品，以便实施有效的质量整治。为此，质量评价工作必须将横向比较与纵向比较相结合。

6.2 质量影响因素分析

6.2.1 质量分析概述

1. 质量分析的含义

质量分析就是对所掌握的产品质量信息数据进行分类、汇总和加工，并运用科学的方法对特定产品质量的形成、发展变化和走势进行的有目的性的说明和描述。

从质量分析的定义中不难看出，要开展质量分析，首先需要根据预先设定的工作目标对所掌握的产品质量信息数据进行整理、汇总和统计，根据统计结果来预测产品质量的走势，并对各种可能对产品质量产生影响的因素进行预测分析。因此，预测与分析是密不可分的，质量分析既要对以前的质量状况进行统计分析，了解其变化发展的情况，还要根据所掌握的质量情况来预测质量的未来发展趋势和情况。质量分析包含质量预测的内容。质量分析为进一步开展质量评价提供了依据。

2. 开展质量分析的意义

（1）有利于为产业结构调整和宏观经济决策提供依据

产品质量与企业经济效益成正比的关系。产品质量好，意味着产品质量损失较小，经济效益较高。产品质量监督管理是维护经济社会秩序，实现市场公平竞争的重要手段。在市场经济条件下，要使资源优化配置，防止市场失灵，政府的必要干预是必不可少的。特别是产业结构调整、政府宏观经济决策都需要用产品质量情况综合分析与评价报告作为参考依据。因此，开展及时、准确的质量分析有利于为产业结构调整和宏观经济决策提供依据。

（2）有利于提高质量监管工作的有效性

为加强对产品质量的监督管理，各级产品质量监督管理部门每年都会对产品实施监督检查，以切实发挥监督检查的作用，强化对监督检查结果的分析。只有做好质量分析，及早发现影响产品质量的外部因素，并及时采取相应措施处置，才能使质量监督有的放矢，才能有效提高质量监督工作的科学性、针对性和有效性。

（3）有利于企业加强产品质量管理

质量是企业的生命。产品质量直接影响企业的经济效益。因此，企业要强化质量管理、减少质量损失，就必须加强对产品质量的工艺把关，严格开展产品质量出厂检验工作。同时，企业要通过产品质量分析弄清楚哪些因素对产品质量有较大影响，以采取相应措施消除或减轻影响产品质量的不良因素。因此，开展质量分析有利于企业加强产品质量管理。

3. 质量分析的种类

质量分析可以根据用途、对象和特点分为多种类型。

（1）根据质量分析的用途分类

根据质量分析的用途分类，可以分为单一产品质量分析和区域产品质量综合分析。

① 单一产品质量分析，主要是对单一产品或产业的质量分析。因为监督检查主要针对的是具体产品，所以对单一产品的质量分析称为产品质量微观分析。

② 区域产品质量综合分析是经济学对区域的界定，主要是从经济特征、经济规律和经济发展的要求来定义的。美国一位著名的区域经济学家认为，"区域是基于描述、分析、管理、计划和制定政策等目的而作为一个应用系统整体加以考虑的一片地区"。这里涉及的"区域"主要指行政区域，但也包括区域特色经济。

在一个特定的区域范围内，存在各种产品的生产企业。可以说，区域产品是多种产品的集合，区域产品质量的分析属于综合性的分析范畴，因此区域产品质量综合分析也称为产品质量宏观分析。

（2）根据质量分析的对象分类

根据质量分析的对象分类，可以分为外界因素影响分析、企业内部影响因素分析和产品质量检验项目分析。

① 外界因素影响是指实质企业生产以外的因素。产品质量非常容易受到外界环境条件的影响，对这些外界影响因素的分析称为外界因素影响分析。常见的外界影响因素有：产品市场竞争能力，生产所用的基础原材料如石油、煤炭的价格变化情况，宏观调控政策，气候环境条件变化，税收政策变化等。

② 企业内部影响因素是指企业内部产生的影响产品质量的因素。对这些企业内部影响因素的分析称为企业内部影响因素分析。常见的企业内部影响因素有：产品质量出厂检验把关能力、生产流程工艺质量控制、原材料进厂质量检验验收、生产设备的完好性、生产人员的必备技术能力、计量测量检验设备是否正常使用等。

③ 对特定产品来说，其质量由若干个技术指标构成。这些技术指标从监督的角度来讲就是产品标准中规定的检验项目。因此，技术性能指标分析也就是围绕检验项目是否满足标准要求所进行的质量分析。

（3）根据质量分析的特点分类

根据质量分析的特点分类，可以分为纵向时间比较分析、横向区域间产品质量比较分析。

① 纵向时间比较分析是指对特定的分析对象，依据其时间序列衡量其质量水平升降情况的分析，如对特定区域近5年内产品质量水平变化情况的分析等。纵向时间比较分析的特点就是相对于基期来讲，分析的重点是产品质量水平的升降，重在体现质量水平的相对变化情况。

② 相对于纵向时间比较分析，横向区域间产品质量比较分析是指在特定的时间点内，对特定产品或产业质量水平进行地区间比较分析。例如，对于一个省下辖的市而言，都有食品生产企业，进行横向区域间产品质量比较分析就是要弄清楚，某一个市的食品质量水平比其他市或相对于全省平均水平是高是低。横向区域间产品质量比较分析的特点是体现不同区域的特定产品质量的比较，重在相对量的变化。

6.2.2 企业内部环境影响因素分析

企业内部环境影响因素是指企业内部产生的影响产品质量的因素。对这些企业内部环境影响因素的分析称为企业内部环境影响因素分析。

企业内部环境影响因素分析可以根据分析对象的不同，分为针对检查企业总体的综合分析和针对具体特定企业的具体分析。

① 针对检查企业总体的综合分析重点是充分考虑各企业分析的情况，对各企业内部影响的情况按照企业规模和类型进行统计分析，侧重于总体水平的提高。

② 针对具体特定企业的具体分析重点是原材料进厂质量验收把关的管理；各生产关键点的质量控制方法和措施是否科学、可靠；生产设备与质量检测设备的准确性和精度是否符合要求；生产环境是否满足规定要求；人员上岗培训与技能要求；产品出厂检验质量把关能力等。

因为不同企业的内部环境影响因素基本一致，所以我们只针对企业内部常见的影响因素进行分析。

常见的企业内部环境影响因素有质量管理体系、原材料质量、生产工序质量控制、产品质量检验把关能力、计量与检验设备的完好性等。

1. 质量管理体系影响分析

体系（系统）可以说无所不在，大到宇宙、太阳系、社会，小到企业、产品和过程，都可视为一个体系。人们总是通过体系认识自然、了解社会；企业管理者总是通过体系管理组织，通过体系来提高管理效率和总体业绩。

（1）质量管理体系的作用

制定质量管理体系的目的是帮助企业提高顾客满意度。企业依存于顾客，顾客要求企业提供的产品能满足他们的需求和期望，这种需求和期望体现在产品技术标准或技术规范中。最后决定产品是否可以接受的是顾客，即顾客有最终决定权。

由于顾客的需求和期望是不断变化的，这就驱使企业持续改进其产品和过程，体现了顾客是企业持续改进的推动力之一。

质量管理体系要求企业分析顾客要求，规定为达到顾客要求所必需的过程，并使这些过程处于连续受控状态，以便开发出顾客可以接受的产品。质量管理体系还能为企业持续改进其整体业绩提供一个框架，使持续改进在体系内正常进行，以提高顾客和其他相关方的满意度。质量管理体系还能提供内、外部质量保证，向企业（内部）和顾客及其他相关方（外部）提供信任，使他们相信企业有能力提供持续满足要求的产品。

（2）质量管理体系的总要求

企业质量管理体系应满足的要求主要有形成文件、加以实施、加以保持、持续改进其有效性。

为了实现质量管理体系的上述要求，企业应采用过程方法，识别质量管理体系所需过程及其在企业中的应用，确定这些过程的顺序和相互作用，确保过程的有效策划、运行和控制，以实现对这些过程策划的结果和过程的持续改进。

质量管理体系所需过程包括管理活动、资源提供、产品实现及与测量有关的过程。

根据质量管理体系的总要求，质量管理体系应形成文件，形成的文件应该满足标准对文件的要求。

质量管理体系文件包括以下两大类。

① 企业所需要的，包括为确保过程有效策划、运行和控制所需的文件；为实现过程及其产品满足要求提供证据所需的记录；与产品有关的外来文件，包括法律法规及标准。

② 标准所需要的，包括形成文件的质量方针和质量目标；质量手册；标准要求对6项活动，即文件控制、记录控制、内部审核、不合格品控制、纠正措施和预防措施，形成有文件的程序；标准要求对21项活动要保持记录。

对质量管理体系所有文件，包括企业自己要求的和标准要求的，企业都应予以控制，确保使用的文件现行有效，确保记录在规定的保存期限内可追溯。文件的数量、类型、格式、形式及详细程序因企业和产品而异。

（3）质量管理体系对产品质量的影响

产品实现的过程是产品质量形成的过程。企业应对产品实现所需的过程进行策划，以确保过程按策划的要求得到运行和控制，达成策划的结果。产品实现所需的过程包括与顾客有关的过程、设计和开发过程、采购过程、生产和服务提供过程及监视和测量装置的控制过程。

① 与顾客有关的过程。企业应确定与产品有关的要求，包括顾客规定的和没有规定的，并在向顾客做出提供产品的承诺之前评审所确定的与产品有关的要求，确保企业有能力满足这些要求。企业在确定和评审与产品有关的要求的过程中，应保持与顾客的有效沟通。

② 设计和开发过程。标准对设计和开发的要求不仅针对产品，过程的设计和开发也可以应用标准。企业应对产品设计和开发的过程进行策划，确定设计和开发的输入、输出，并依据设计和开发所策划的安排对设计和开发的结果进行评审、验证和确认。对设计和开发的更改应进行识别和控制。

③ 采购过程。企业应对采购过程进行控制，包括对采购品的控制和对提供采购品的供方的控制，采购品包括硬件、软件和服务等。控制的类型和程度取决于采购品对随后的产品实现和最终产品的影响，目的是要确保采购的产品符合规定的采购要求。

④ 生产和服务提供过程。生产和服务提供应在受控条件下进行。当生产和服务提供过程的输出不能由后续的监视或测量加以验证时，标准要求对这样的过程实施确认，以证实这些过程实现策划结果的能力。标准还对产品实现过程中所涉及的标识和可追溯性、顾客财产、产品防护等方面提出了要求。

⑤ 监视和测量装置的控制过程。企业应建立监视和测量装置的控制过程，确定需实施的监视和测量所需的装置，确保监视和测量活动可行、结果有效，目的是为产品符合确定的要求提供证据。企业对所需的监视和测量、分析和改进过程进行策划，并依据策划的安

排加以实施。

监视和测量。监视和测量的对象包括体系、过程和产品。企业应将顾客满意作为对质量管理体系业绩的一种测量。内部审核是为了确定质量管理体系的符合性和有效性，也可作为对体系的一种监视和测量。过程的监视和测量应证实过程实现策划结果的能力。产品的监视和测量针对产品的特性，依据接收准则验证产品要求已得到满足。

分析和改进。企业应对不合格品进行控制，防止不合格品的非预期使用和交付；针对不合格品的产生原因和潜在原因，采取纠正措施和预防措施，防止不合格品的再次发生；确定、收集和分析包括来自监视和测量的结果及其他有关来源的数据，以证实质量管理体系的适宜性和有效性，并评价在何处可以持续改进其有效性。标准要求企业利用各种手段，采取各种措施，包括质量方针和目标、审核结果、数据分析、纠正和预防措施及管理评审等，促进质量管理体系有效性的不断提高。换句话说，没有一个正常运行的质量管理体系就无法确保产品的质量。

2. 原材料质量影响分析

这里所讲的原材料是指产品生产过程中需要外购的原材料、零部件、金属与非金属材料等。产品质量与生产所使用的原材料质量密切相关。因此，作为企业（需方）来讲，要确保原材料的质量符合产品设计的要求。

原材料进厂质量验收包括材质、品种、规格的确认和原材料质量检验。

材质、品种、规格的确认主要是对购进的原材料按照产品技术设计指标要求进行对照，看其材质、品种和规格是否符合要求。

一般来讲，一个企业中，产品生产所用原材料由产品研发部门提出要求，由供应部门负责采购，由质量部门负责质量验收。因为涉及企业内部的三个部门，所以若原材料质量出现问题，则需由一个部门进行最终的质量认定，即企业质量管理部门对原材料质量有最终的质量否决权。对原材料的符合性确认应有书面的确认记录。

原材料质量检验就是需方对供方提供的原材料按照规定的原材料要求进行检验。一般企业会采用以下2种方式对原材料质量进行检验：① 有需方要求供方自行送往指定的可以对外出具公正数据的检验机构进行检验，这时只要检验报告符合验收要求即可，考虑到检验材料与同一批材料之间可能存在差异性，需方还需要根据自身的检验能力有针对性地抽查部分重要项目，以判断原材料是否符合要求；② 由需方自行检验。

从检验方式看，企业自行检验比较可靠，但需要企业自备必要的检验设备，且需要一定的检验周期，检验成本较高。一般企业都是自备部分检验设备对重点项目进行质量把关。

原材料的质量直接影响产品的质量。例如，部分食品生产中需要用到添加剂，而添加剂又分为食用添加剂与工业用添加剂两种，食用添加剂价格要比工业用添加剂贵很多，且添加剂仅靠目测是分辨不出来的，只能依靠检验才能判定。

因此，对于生产企业来讲，要确保产品质量，就必须对原材料进厂实施严格的质量把关，建立完善的质量验收制度；还要建立合格的供方目录，对外采购的对象应从合格的供方目录所指定的单位中选择。

3. 生产工序质量控制影响分析

产品生产过程是产品质量的保证和实现过程，对这一过程的质量进行控制具有重要意义。从质量控制的角度看，即使采购到高质量的原材料，但若生产过程出现问题也势必会影响产品质量。

工序是产品整个生产过程的各个生产点，由点串成线。工序质量控制运用科学的管理手段对生产过程进行质量控制，以确保产品质量。

工序质量控制的方法多种多样，针对不同的产品，选择的控制方法也不同。因此，企业要根据所产生的产品特点、生产工艺和设备情况，选定适合本企业的工序质量控制方法。

一般来说，对工序质量的控制，就是要对生产所涉及的生产工人、所用设备、生产材料、工艺方法、生产环境等要素进行控制。要确保生产工序质量符合规定的要求，就需要认真分析生产人员、生产设备、生产材料、生产工艺方法、生产环境等要素可能会对产品质量产生的影响。

（1）生产工人对产品质量的影响

生产工人的数量应与生产任务量相配套。就特定生产而言，一个人能够胜任的工作量是有限的，当任务量超过了生产工人的工作限量，要么完不成生产任务，要么产品质量出现不稳定的情况。从质量管理的角度来看，若工人的数量不能满足生产需要则势必会导致生产工人超负荷工作，使工人容易疲劳，造成加工或装配的产品质量不符合要求。

生产工人应经过技术培训后才能上岗操作。就产品生产而言，不同的加工工序具有不同的加工技巧，只有生产工人熟悉产品的生产特点，掌握这些工序的加工技巧，才能生产出合格的产品。要做到这一点就需要对生产工人实施上岗技术培训。实践证明，如果新工人未经培训就上岗操作或对加工工艺不熟悉，那么其所产生的产品合格率就不会很高。

（2）生产设备对产品质量的影响

生产设备是否符合产品生产的要求对产品质量的影响是非常大的。要确保其完好率就要定期对其进行维护，定期检查其加工精度是否出现异常。越是自动化程度较高的加工设备，其出现问题所造成的产品不合格的问题也就越严重。例如，标准件生产中，一般都是自动化生产居多，标准件的螺纹是自动车床一次加工完成的，当自动车床加工精度出现问题时，就会直接影响一批产品的质量。

（3）生产材料对产品质量的影响

这里所讲的生产材料是指生产加工产品时所用到的材料。产品生产是经过多道加工工序后完成的。前道工序的产品就是后道工序的生产材料。在实际生产时，各工序工人既要按照要求加工产品，又要对所用到的生产材料进行质量检查，发现存在质量问题就要想办法解决，这样才能确保产品质量保持稳定，避免质量损失。

（4）生产工艺方法对产品质量的影响

生产工艺方法是指为满足批量生产要求而制定的产品加工步骤和规范。

对于正常生产而言，生产图纸或工艺方法不可缺少。只要按照规定的工艺生产，一般产品质量是有保障的；若不按照规定的工艺生产，则产品很难满足技术要求。

对于具有一定规模的、正规的企业在组织生产时，一般由技术人员先编制生产图纸或加工工艺方法；对于一些个体作坊式企业，就有可能缺少规范生产所需的工艺方法，这些企业依据经验或依照样品进行加工的产品，其质量很难得到保障。

（5）生产环境对产品质量的影响

就不同的产品生产过程而言，对生产环境是有要求的，如有温度、湿度、振动和卫生的规定等。不同的产品对生产环境的要求也不同，当生产环境无法达到标准要求时，就势必会给产品质量带来影响。要确保产品质量就必须保证生产环境符合产品生产规定的要求。

4. 产品质量检验把关能力影响分析

产品质量检验是确保产品质量的重要措施，也是衡量企业产品质量管理成效的评价依据，因此具备相应的产品质量检验把关能力是控制产品质量的重要手段。

对于企业来说，可以根据用途的不同将产品质量检验把关能力分为进货检验、过程检验和出厂检验3个环节。

（1）进货检验

进货检验针对外购原材料的，为了获得质量合格的外购原材料，保证生产过程顺利进行和生产出质量合格的产品，对采购回来的产品必须进行检验，经检验合格后办理入库手续，然后再领用。这样做不仅能获得质量合格的外购产品，还能明确质量责任。

如果购进的原材料是按照国家标准或行业标准生产的，而且质量合格并能满足企业生产的要求，那么采购时在合同中写清楚这些标准号及年号即可，不用另提出质量要求，入厂检验时按合同执行即可；若对原材料的质量有特殊要求，而现行产品标准达不到企业生产规定的要求时，那么签订合同时应加签一个技术协议，将质量要求指标、质量检验方式方法、判定准则写进协议，入厂检验时按协议实施。

正式投入批量生产后，对交货批应按照规定程序进行检验，检验的方式方法及有关事项应在合同中做出详细规定，按合同执行。

（2）过程检验

过程检验是按生产过程划分的检验方式，因为产品不同，其生产过程也不同，检验的内容和检验的方法也不同，所以不能一概而论。按照《质量管理体系　要求》（GB/T 19001—2016）的规定，过程检验应从产品设计和开发就开始介入。

设计和开发把关，就是对规定产品质量的验收准则进行研究，做好检验准备工作。设计和开发验证，就是对使用的新材料的质量进行检验，出具检验报告。设计和开发确认，就是对新研制的产品进行鉴定、定型。新产品试制，就是对首次投产的零件、组件和装配件进行检验。新产品正式生产，就是零件质量检验、组件装配质量检验和成品检验。过程检验的作用主要有以下几点。

① 把好生产过程产品的质量关。按质量计划对在制品的质量进行检验，对符合质量要求的按照程序往下流转，对不符合质量要求的进行隔离，防止造成更大的损失。

② 有利于实现过程控制，使生产有序进行。

③ 有利于质量改进。在检验中发现质量问题，便于及时向有关部门报告，针对问题分析原因，采取措施，防止质量问题再次发生。

（3）出厂检验

总装为成品后，即可对产品进行出厂检验，因为它是对成品质量的检验，所以又称为成品检验。

出厂检验的前提条件是，所规定的进货检验、过程检验项目均完成并合格后，才能进行出厂检验，经过检验质量合格后颁发合格证准许出厂。

由于产品多种多样，且各种产品的质量特征不同，因此检验的内容和检验的方法也不同。然而，有一点是共同的，就是必须对出厂产品所规定的各项质量特征都进行检验，各项质量特征均合格的，产品质量才算合格。

出厂检验是企业产品质量信息的主要来源，检验人员应将发现的质量缺陷记录下来，定期进行质量分析。

5. 计量与检验设备的完好性影响分析

计量器具是用于测量加工尺寸或参数的设备。当计量器具失准时，势必会影响生产设备或加工的准确度。按照质量保证的要求，为确保计量器具的准确性和可靠性，需要对计量器具进行定期校准和检定。

除此之外，还要对检验设备进行定期维护和自校，检验设备作为评价产品是否符合质量标准要求的试验设备，一旦失准，就会给产品质量检验把关带来不良影响，这主要体现在把不合格的产品误判为合格，或把合格的产品误判为不合格，给企业造成经济损失。

因此，企业应建立计量与检验设备完好性检查制度，定期对设备进行检查，确保计量与检验设备的完好性。

6.2.3 企业外部环境影响因素分析

企业是从事产品生产和经营活动的自负盈亏的组织。企业的生产经营活动不是孤立进行的，而是与外界环境发生着各种各样的复杂联系，并受外部环境制约的。

这里所指的企业外部环境影响因素是指企业生产以外的各种影响因素的总和。企业外部环境有时也称为企业经营环境。产品质量非常容易受到企业外部环境条件的影响，对这些外部环境影响因素的分析称为企业外部环境影响因素分析。

1. 企业外部环境影响的分类

（1）按照外部环境影响的属性划分

按照外部环境影响的属性划分，可以分为自然环境影响和社会环境影响。自然环境影响是指由于自然因素所产生的环境影响。自然环境因素包括地震、降雨、大风、闪电、温度与湿度变化等。自然环境影响是很难通过人为手段消除的。社会环境影响是指除自然环境外的人为因素所产生的环境影响。社会环境所包含的范畴很大，可以细分为经济技术环境、政策法律环境、市场竞争环境等多种类型。

（2）按照影响因素对企业的影响关系划分

按照影响因素对企业的影响关系划分，可以分为直接环境影响和间接环境影响。直接环境影响是指直接影响产品质量的环境影响因素，如产品加工工艺不符合要求，直接影响产品质量；食品添加剂添加过量，造成产品质量不合格等。间接环境影响是指外界影响通过一种载体间接影响产品质量的环境影响因素，如装配工人在高温条件下作业时容易疲劳，造成所装配的产品质量不合格率上升；质量检验设备失准，会使产品质量检验出现误判，有可能导致不合格的产品被误判为合格品等。

（3）按照外部环境影响的性质划分

按照外部环境影响的性质划分，可以分为市场环境影响、政府宏观调控影响、生产资料价格变动影响和技术进步影响。市场环境影响是指市场诸多因素对产品质量的影响，市场环境影响因素包括产品的市场占有状况、竞争对手产品情况、产品的价格状况、产品技术性能与质量状况和产品售后服务情况等。政府宏观调控影响是指政府通过经济手段、法律手段和行政手段等宏观调控的手段管理和干预经济，导致企业经济利益格局发生变化，最终对产品质量产生影响。政府宏观调控影响具体可以细分为产业政策影响、金融政策影响、税收政策影响等。生产资料价格变动影响是指用于生产产品所需的原材料价格发生变化时，可能会对产品质量产生的影响。这种影响主要体现在生产资料价格上涨，会降低企业利润，提高生产成本，个别企业为获得必要的利润可能会产生"偷工减料"的行为，最终影响产品质量。技术进步影响是指随着科学技术的进步，产品生产的工艺和所用材料会发生变化并最终影响产品质量。

2. 企业外部环境影响因素分析的特点

企业外部环境影响因素的复杂性决定了企业外部环境影响因素分析具有以下3个特点。

（1）外部环境影响因素分析应与企业内部质量管理影响分析相结合

产品质量虽与企业内部质量控制管理直接相关，但更容易受到企业外部环境的影响。企业内部质量控制与管理水平及企业外部环境是相互联系的，企业外部环境比较规范，有利于企业的生产发展并能促进企业内部质量控制管理水平的提高，企业内部质量管理水平的高低又决定了企业对外部环境变化的应变能力的强弱。将外部环境影响因素分析与企业内部质量控制管理影响分析结合起来，有利于发现外部环境中存在的机遇与问题，找出机遇与问题可能给产品质量管理工作带来新的变化，发挥优势，解决问题，提高企业产品质量管理水平，提高企业对企业外部环境影响变化的适应能力。

（2）单项指标分析与综合分析相结合

企业外部环境影响是多种因素的有机组合，每一种因素单独地对企业质量管理工作产生影响，各种因素又相互联系，相互约束着企业的质量管理行为。所以企业外部环境影响分析不仅要对单项指标进行分析，还要对多种指标进行综合分析，研究各因素之间的相互影响，要做到单项指标分析与综合分析相结合。

（3）定性分析与定量分析相结合

企业生产经营中所面临的环境十分复杂。每一种企业外部环境影响因素的变化都会对企业生产经营产生影响，进而波及产品质量控制。在大多数情况下，这种影响是很难用数字统计出来的，只能进行定性分析；有时这种影响也是可以量化的，并可以计算出与产品质量变化的关系。所以，在企业外部环境影响因素分析中需要做到定性分析与定量分析相结合。

3. 产品市场竞争的影响

（1）企业产品市场占有状况分析

企业产品的市场占有状况是企业产品竞争能力的综合体现。一个企业的产品在市场上畅销，市场占有份额大，说明产品深受消费者喜爱，产品竞争力较强。能反映产品市场占有状况的指标主要是产品市场占有率和产品市场覆盖率等。

企业产品市场占有率是指在一定时期、一定市场范围内，企业某种产品的销售量占市场上同种商品销售额的比重。影响市场占有率的因素很多，但它主要受市场需求、竞争对手的实力和本企业产品的竞争能力等因素的影响。在分析时，因为研究目的的不同，所以使用的市场占有率指标也不同。

企业产品市场占有率是指企业在一定市场范围内的占有程度，表明市场占有的深度，它只能表明企业市场占有状况的一个方面。全面说明市场占有状况除了要反映占有深度，还要反映占有广度，还要计算企业产品市场覆盖率。市场覆盖率是企业产品投放地区占应销售地区的百分比。

（2）竞争对手分析

企业产品的市场占有状况，一方面取决于企业自身的状况，另一方面取决于市场竞争的激烈程度和竞争对手的状况。因此，研究企业的市场占有状况，还必须对竞争对手进行深入分析。一般来说，企业的竞争者有 5 种：现有竞争者、潜在竞争者、替代产品竞争者、购买者竞争和供应者竞争者。从市场占有状况的角度看，主要是前 3 类竞争者。现实分析应特别注重对现有竞争者进行分析。对现有竞争对手的分析，一般从以下 5 个方面进行：谁是竞争对手？他们的策略如何？他们的目标如何？他们的优势和弱势是什么？他们的反应情况如何？

（3）产品质量竞争力分析

产品质量竞争力是一个由多种因素决定的综合概念。一般来说，企业产品竞争能力的强弱主要表现在产品的技术指标与性能是否满足消费者的需求、产品质量是否稳定、服务质量是否到位、产品的价格是否有竞争力等方面，它集中表现为市场份额的大小。因此，产品质量竞争力是指产品在性能、质量、价格和服务等方面满足市场需求的程度。

产品质量竞争力的强弱是一个外延不分明的概念。对其可采取模糊综合评价方法进行评估。下面介绍一种用客观指标评估产品质量竞争能力的计算方法——隶属函数法。

设 x 为反映产品竞争能力的某项指标的实际值，$u(x)$ 为评估产品质量竞争能力的隶属函数，a 为同行业该指标的最低水平，b 为平均水平，c 为最高水平。则

正指标的隶属函数为：$u(x) = \begin{cases} 0 & x \leqslant a \\ \dfrac{(x-a)}{2(b-a)} & a < x \leqslant b \\ \dfrac{1}{2}\left(\dfrac{x-b}{c-b}+1\right) & b < x \leqslant c \\ 1 & x > c \end{cases}$

逆指标的隶属函数为：$u(x) = \begin{cases} 0 & x < c \\ \dfrac{(x-c)}{2(b-c)} & c \leqslant x < b \\ \dfrac{1}{2}\left(\dfrac{x-b}{a-b}+1\right) & b \leqslant x < a \\ 1 & x \geqslant a \end{cases}$

设 k_i 为某产品竞争能力的第 i 项指标的隶属度,即 $k_i = u(x_i)$,W_i 为第 i 项指标的权数,则称产品竞争能力综合评估结果为

$$\bar{K} = \sum k_i W_i \quad (i = 1, 2, \cdots, n) \tag{6-1}$$

4. 宏观经济管理政策的影响

(1) 宏观经济管理的内涵与手段

宏观经济管理是政府对市场经济的运行过程实施的调节和干预。政府实施宏观经济管理的过程,可以看成是政府、市场、企业三者构成市场经济基本要素的互动过程,其实质是政府通过各种经济、行政和法律手段影响市场的过程。宏观经济管理所要实现的目标包括经济的持续健康发展、物价的稳定、劳动者的充分就业、国际收支平衡。

宏观经济调控管理的手段主要有 3 种,即经济手段、法律手段和行政手段。经济手段的具体形式是各种宏观经济政策,包括产业管理政策、金融管理政策、财政政策、投资管理政策等,宏观经济政策属于价值化、数量化政策,所发挥的作用具有间接性。法律手段是国家通过立法和司法调节经济活动的强制性措施,法律手段是一个包括各种法规在内的完整体系,它能直接或间接地对经济运行过程产生影响。行政手段是国家经济管理机关凭借政权的力量,通过制定和下达指示、命令、规定等,直接干预经济生活的种种措施。

(2) 产业管理政策的影响

从一定意义上来说,整个国民经济是由不同的产业部门构成的,因而产业管理是宏观经济管理的一个重要方面。国家通过制定和实施产业政策,引导产业结构合理调整,实现产业部门空间分布与地域组合的协调优化,进而促进国家经济的持续、健康发展。

产业政策体现国家的干预和引导,因此其对企业的影响非常大。首先体现在产业结构调整上,如果企业生产的产品属于国家鼓励发展的产业或产品,那么企业将获得更好的发展空间,企业的经济效益也将稳定提升,进而促进企业积极研发新产品,确保产品质量稳定提高。如果当企业生产的产品被确定为不鼓励发展的产业或被淘汰的产品时,那么企业必将逐步放弃对这些产品的生产,因此这些产品的质量将会出现较大的波动,很可能从质量稳定转变为质量不稳定。其次体现在扶持措施上,如国家过去为鼓励外资到国内投资,对外资企业征收的所得税明显低于国资企业的所得税,最终的结果就是外资企业得到迅速发展,国资企业的效益明显受到影响。最终企业的效益下滑会直接影响产品质量的稳定提高。

(3) 金融政策的影响

金融政策通过调节货币供给和需求作用于经济发展,又通过积累资金、融通资金和投资来促进经济发展。因此,作为经济实体的企业就会直接受到金融政策的影响。金融政策所包含的内容很多,从质量分析的角度来谈金融政策对产品质量的影响,我们主要是研究

信贷、税收和投资政策的影响。

① 信贷政策影响。信贷政策是指中央银行为实现其货币政策目标在宏观上所采取的控制信用规模、调节信用结构等控制与调节的政策和措施。信贷政策运用的基本原则是"扶优限劣"。"扶优"是根据国家产业政策，对有市场、效益好的产品和守信用企业，在信贷资金上给予优先支持；"限劣"是指对违反国家法律法规，不符合国家产业政策要求，产品无市场的企业和产品，严格限制贷款或禁止发放贷款。

② 税收政策影响。宏观意义上的税收政策是指政府为实现一定的宏观经济目标而确定的税收工作的指导方针及相应的税收措施。其政策实施过程是由政策决策主体、政策目标、政策手段、目标与手段之间的内在联系、政策效果评价和信息反馈等内容组成的一个完整的调控系统。因此，税收政策不仅是指导税收工作的行动准则，更重要的，它还是政府为实现一定的经济目标而使税收能动地作用于经济的积极过程。如果是国家鼓励发展的产品，那么国家会出台相应的优惠税收政策，当企业生产此类产品时就会比生产其他产品获得更多的优惠，企业的留存利润增加，意味着企业可以投入更多的资金用于改进工艺、生产设备，进而促进和确保产品质量的提升。

③ 投资政策影响。投资是影响经济运行的重要因素。投资在经济运行中呈现双重性：短期内表现为需求，长期内则表现为供给。投资不仅是推动经济增长和发展的重要因素，而且是影响经济波动的重要原因。从企业角度分析，企业对生产设备实施技术改造投资在一段时间内增加了企业的负担，但一旦投资取得效益，如企业扩大了生产规模、提高了生产设备的技术性能，反过来会促进企业经济效益的提高，提升企业质量竞争力。在投资过程中，因为企业将管理重心转移到技术改造项目，所以容易忽视对产品质量的控制，造成产品质量的下降。另外，新的生产设备投入使用，使用者与设备还有一个适应过程，这一阶段生产的产品质量也会不稳定。

5. 原材料价格的影响

原材料价格上涨对产品质量的影响是间接的。实践证明，企业作为以盈利为目的的组织，其目标是利润最大化。当原材料价格上涨时，为不失去市场，通常采用的方法是内部消化原材料价格上涨因素，而这种内部消化涨价因素的方法势必会给产品质量带来一些影响。例如，近几年，金属材料价格上升幅度较大，一些电器用的触头按规定应用银材料，不少企业为降低成本就用铜材料来代替；电线按规定应用铜材料作为导线的生产材料，而企业为了降低成本就用铜合金来替代铜材料，直接造成电线的电阻率上升。只要原材料价格出现较大涨幅，而产品价格变化不大时，产品的质量就会出现不稳定或下滑的趋势，产生这种现象的主要原因是原材料价格上涨导致企业利润下降，为保生产不亏损，企业只能通过降低生产成本的方式来应对，而用价格低的材料代替价格高的材料是众多企业经常使用的"法宝"。

6. 技术进步的影响

技术是用来生产商品和劳务的手段和方法的总和。技术进步一般是泛指技术的各个构成因素及其结合方法的变化，这种变化能够导致生产能力的提高。技术进步包括技术进化和技术改革。技术进化是指对原有技术和技术体系的渐进性的改革创新。当技术进化和科学研究的成果累积到了一定程度，就会导致劳动工具和设备体系发生巨大改变，技术体系的这种质的飞跃性变革就是技术革命。

产品的生产过程就是把各种生产要素组合在一起而获得产出的过程。技术实际上就是生产要素的组合方式。采用不同的技术，可以由不同的要素投入得到相同的产出。企业实施技术进步的过程就是一个提高生产利润的过程，可以通过变更材料、使用效率更高的生产设备来实现。在这个过程中，随着生产方法、生产工艺和生产材料的变化，产品的性能也会出现相应变化。一般来讲，技术进步能促进产品质量的提高，但是技术进步也会对人员、生产规模、资本运作等提出更高的要求，如果其中有一项出现问题，那么势必会造成产品质量降低。

6.3 质量评价报告的编制

6.3.1 产品质量分析报告的编制

产品质量分析报告是指运用监督抽查手段对特定产品质量状况进行分析和评价，并以书面的形式写出的关于产品质量分析的报告。依据《中华人民共和国产品质量法》，各级质量技术监督部门每年都要定期或非定期地组织对产品质量的监督检查，通过监督抽查获得有关产品质量的相关信息和数据。要使这些花费大量人力、物力、财力获得的产品质量监督抽查信息数据能得到充分利用，就必须根据需求编制产品质量分析报告，为政府部门掌握地区产品质量信息、开展经济宏观调控提供参考依据。

实施和强化产品质量分析工作是提高质量监督工作有效性的重要举措，也是质量工作为经济发展服务的具体体现。产品质量分析报告直接影响监督抽查的效果，要写好产品质量分析报告，就需要从事质量分析报告撰写的人员能够在掌握必要的监督检查数据分析与评价技术的基础上，了解政府的需求，从政府、社会和企业关注的层面，将产品质量形势和存在的质量问题表述清楚，并提出切实可行的行政管理措施和建议。

根据产品质量分析的特点和要求，单一产品的质量分析报告一般应包括以下6个部分的内容。

① 产品生产与市场供需基本情况。

② 产品质量监督检查结果。

③ 产品质量分析情况。

④ 需向社会公布的质量稳定和质量较差的产品及企业名单。

⑤ 质量改进措施与建议。

⑥ 质量咨询服务。

产品质量分析报告根据服务对象的不同所包含的内容也有所不同，但总体上可以对上述6个部分进行科学剪裁，最后形成符合服务对象需求的产品质量分析报告。

1. 产品生产与市场供需基本情况

本部分主要是介绍产品生产总量与市场需求的基本情况。产品生产与市场供需基本情况具体应包括以下几点。

（1）产品所在产业总体情况

简述产品的国内外生产与市场情况，分析地区在国（省）内是否属于重点生产区域，若该种产品属于地方特色产品，则应详细说明其在国（省）内的经济总量比例；概括介绍分析地区中该产品技术、质量水平、价格和加工工艺现状，与国内同类产品相比有何特长和不足等。

（2）企业分布情况

企业在分析地区下一层面区域的分布情况（如分析地区系省级，则下一层面区域就是地级市）简述；产业发展或产品产量在国（省、市）内同类中所占的比重；检查区域内企业数量，检查企业占全部企业的比例，是否具有代表性，大型企业和名优企业数量等。

（3）产品生产情况

简述产品的生产和销售情况，本地产品销售收入（产值）占国（省、市）内同类产品的比重；产品的用途和特点，产品技术水平是否具有先进性；企业是否具备必要的产品出厂检验手段；企业产品标准制定得是否合理等。

2. 产品质量监督检查结果

本部分主要对产品质量监督检查结果进行分类统计，应包括以下内容。

① 检查企业数，检查总批数、产品总批数所代表的销售收入，合格品批次、合格品批数所代表的销售收入，批次合格率和产品质量指数（综合合格率）等。

② 分地区（市或县）分别统计的检查企业数，检查总批数、产品总批数所代表的销售收入，合格品批数、合格品批数所代表的销售收入，批次合格率和产品质量指数等。

③ 分国有、集体（股份合作）、股份、私营、三资（外资）5种经济类型分别统计检

查企业数、检查总批数、批次合格率和产品质量指数。

④ 分大型、中型、小型 3 种企业规模分别统计的检查企业数、检查总批数、批次合格率和产品质量指数。

为表达清楚，可用柱状图或饼图等图表方式来形象地表示各种分类质量情况，用趋势线表示总的质量水平变化情况。

3. 产品质量分析情况

本部分主要对产品质量监督检查结果进行技术分析，应包括以下内容。

（1）总体分析

利用时间序列来纵向分析近 3~5 年的产品质量水平升降情况，分地区（市或县）横向分析产品质量水平升降情况。

（2）微观分析

对不合格项目进行分析，如果不合格项目较多，则应详细分析其原因。涉及企业及其产品应当点名批评的应点名批评并说明原因。

（3）管理情况分析

指出企业质量管理、质量出厂检验和质量意识等工作中存在的问题。涉及企业及其产品问题比较突出的应当点名批评，并说明问题产生的原因。

4. 需向社会公布的质量稳定和质量较差的产品及企业名单

本部分主要是向社会公布监督检查中质量稳定的产品和质量严重不符合标准要求的产品，以起到扶优限劣的作用。向社会公布质量稳定产品和质量较差产品及企业名单中应包括以下内容。

① 连续 2 次（含以上）监督检查合格产品或质量稳定企业名单。

② 连续 2 次（含以上）监督检查不合格产品或检查中发现的质量较差企业名单。

③ 其他需要表扬或批评（向社会公布）的企业及其产品，如国家名牌产品、免检产品等。

④ 产品及企业名单公布表见表 6-1，产品及企业名单的公布格式通常参考此表。

表 6-1 产品及企业名单公布表

序号	企业代码	检查时间	监督检查性质	企业名称	检查产品名称	型号规格	生产日期与批号	不合格项目	备注

为检索保存方便，公布的产品及企业名单应用 Excel 软件编排，文件名称应用"检查年度、季度+检验机构代号+产品名称"来命名。

5. 质量改进措施与建议

检查的目的在于发现问题，并采取切实可行的方法解决问题。这里要针对检查中发现的问题，结合实际，提出改进产品质量的措施与建议，具体应包括以下内容。

① 针对企业产品存在的具体技术问题提出技术改进措施。

② 对质量监督管理部门在下一步质量工作中应采取的质量整改措施提出建议。

③ 结合产业发展形势，对加强企业质量管理和新产品开发、工艺改进工作提出意见和建议。

④ 对存在区域性产品质量问题苗头的地区，要从质量技术改进角度提出质量改进的具体建议。

6. 质量咨询服务

主要针对消费热点产品的特点，从指导用户使用的角度介绍产品的主要技术性能和特点，具体应包括以下内容。

① 介绍产品特点、性能和工艺、技术水平等情况。

② 从技术角度对产品选购提出注意事项和建议。

③ 介绍产品正确使用、维护和保养的知识。

6.3.2 地区性产品质量形势评价报告的编制

地区性产品质量形势评价是指对一个特定地区的产品质量的综合分析与评价。这体现出其评价与单一的产品质量分析具有不同的特点。对于一个地区来讲，其辖区内的企业生产的不同类型的产品，其产品质量也高低不一，为此，需要采用科学的评价方法对地区产品质量水平及其重点影响质量水平的因素进行分析评价，这就是地区性产品质量形势评价报告应实现的目标。

根据要求地区性产品质量形势评价报告的内容，一般包括产品质量形势分析、今后产品质量走势预测、存在的问题、完善质量监管工作的建议。下面就围绕这4个方面的内容进行介绍。

1. 产品质量形势分析

产品质量形势分析主要是介绍特定地区及其下辖区域的产品质量总体情况，对产品质量水平的变化情况及重点产业或产品质量的变动特点进行分析，具体需要评价的内容如下。

（1）地区产品质量总体形势概述

主要介绍现在的总体质量状况及相对往年的变化情况；与有关地区产品质量现状的差异；利用时间序列来纵向分析近3～5年产品质量水平的变化情况。

(2) 地区所有重点行业质量情况评价

主要是对地区所有重点行业的质量水平的变化情况进行评价分析，找出其与地区总体质量水平的关系。

(3) 分区域质量情况评价

主要是对分析地区所辖的基础区域（市、县、乡镇）的质量状况进行评价分析。分区域（市或县）横向比较分析产品质量水平升降情况，找出那些区域产品质量水平变动对地区产品质量总体水平的影响。

(4) 对企业分类型进行评价

要根据政府的需求对企业分类型进行质量水平评价。例如，可以按企业规模分类评价，也可以按企业经济类型进行分类评价。

(5) 重点产业或产品质量情况评价

要对本地区出现产品质量水平下滑的重点产业或产品进行概述性分析，对质量出现下滑的产品进行原因分析。

2. 今后产品质量走势预测

今后产品质量走势预测主要是对地区产品质量总体水平今后的走势进行预测，具体需要描述的内容有：对未来影响产品质量走势的各种经济、管理因素进行分析；选择科学可行的质量预测方法对产品质量走势进行分析预测，并给出预测结果。

3. 存在的问题

存在的问题是指影响地区产品质量总体水平的各种不良环境和条件。本部分的内容主要是结合当前地区产品质量现状，对各种影响质量的宏观环境因素、企业内部质量管理因素等进行详细分析和评价。因为影响产品质量的因素有很多，对于不同的产品，影响的程度和效果也不同，所以只能对重点产品的共性问题进行分析评价。

4. 完善质量监管工作的建议

本部分的内容主要是结合当前地区产品质量现状和未来质量走势的预测情况，针对当前存在的影响产品质量水平的问题，对下一步如何完善质量监管工作提出具体的、可操作性强的措施和建议。产品质量受企业内部质量管理、政府经济结构调整和市场因素等多种情况的影响，因此所提出的措施和建议要有不同的针对性，对政府经济结构调整政策和企业内部质量管理措施的建议应分段描述，要简明扼要，便于有关部门和单位参考。

6.3.3 企业产品质量指数分析评价报告的编制

企业产品质量指数是指企业对所生产的产品出厂检验合格率的价格加权，也就是企业内部不同产品经过生产成本加权后的能反映企业总体产品质量水平的综合质量合格率。企业产品质量指数可以根据统计分类要求分成 3 类,即单一规格型号产品质量指数、同系列产品质量指数和企业产品质量指数。

① 单一规格型号产品质量指数就是对生产线上特定时间生产的规格相同、型号相同的产品统计得到的产品质量指数。因为各产品的生产成本相同,所以对于单一规格型号产品质量指数来说,产品合格率就等于产品质量指数。其计算公式如下:

$$单一规格型号产品质量指数 = \frac{检验产品合格数}{检验的所有产品数} \times 100 \qquad (6-2)$$

② 同系列产品质量指数就是对生产线上生产的不同规格或不同型号的产品统计得到的产品质量指数。由于各产品的规格或型号不同,其生产成本也不同,但因为其性能基本接近属于同系列产品,所以同系列产品质量指数也可以看成为几种单一规格产品集合的产品质量指数,它的特点是生产工艺基本接近或使用的原材料也基本相同。其计算公式如下:

$$同系列产品质量指数 = \frac{\sum(单一规格型号合格产品 \times 同规格型号产品生产成本)}{\sum(单一规格型号全部产品 \times 同规格型号产品生产成本)} \times 100 \qquad (6-3)$$

③ 企业产品质量指数就是对企业所有生产线上生产的不同产品统计得到的产品质量指数。因为各产品特性不同,生产产品所用的工艺和原材料也不同,所以企业产品质量指数也可以看成多种产品集合的产品质量指数。其计算公式如下:

$$企业产品质量指数 = \frac{\sum(单一产品合格件数 \times 该单一产品生产成本)}{\sum(单一产品检验件数 \times 该单一产品生产成本)} \times 100 \qquad (6-4)$$

企业产品质量指数分析评价报告的内容一般包括 4 个部分:① 企业产品质量形势分析;② 产品质量走势预测;③ 企业质量管理的特点;④ 下一步改进企业质量管理工作的建议。下面就围绕这 4 个方面的内容进行介绍。

1. 企业产品质量形势分析

本部分主要分析介绍企业产品质量总体情况,具体需要分析的内容如下。

(1) 企业产品质量总体形势概述

主要介绍当前企业生产产品的总体质量状况及相对往年的变化情况;与其他企业或有关产业产品质量现状的差异;利用时间序列来纵向分析近期企业产品质量水平的变化情况。

(2) 企业各种产品质量情况评价

主要对企业所生产的各种产品质量情况进行比较分析,重点分析各产品生产中遇到的技术问题及对质量的影响情况。

(3) 企业各生产车间或生产线质量情况评价

主要对企业下属的各车间或生产线之间的产品质量情况进行比较分析,对各车间或生产线的质量管理现状进行评价分析。

（4）重点检验项目合格情况分析评价

主要对各产品出厂需要检验的项目根据合格程度的高低进行技术评价，找出其存在的不合格原因并进行综合分析。

2. 产品质量走势预测

本部分主要对企业产品质量今后的走势进行预测。产品质量指数具有统计指数的特点，因此可以用其对企业未来的产品质量走势进行预测分析。在这里需要描述的内容有：对未来影响产品质量走势的各种外界与企业内部经济、管理环境的因素进行分析；根据产品质量走势的特点，选择合适的产品质量预测方法对企业产品质量走势进行预测，并给出预测结果。

3. 企业质量管理的特点

本部分主要介绍企业质量管理的特点。针对当前企业产品质量管理现状，对各种影响企业产品质量的宏观环境因素、企业内部质量管理因素等变化可能对产品质量造成的影响进行详细分析和评价。要通过分析找出企业质量管理工作存在的不足。

影响产品质量的因素有很多，对于不同的产品，影响的程度和效果也不同，因此只能选择重点产品质量影响因素，选择重点共性问题进行分析评价，在进行定性评价的同时，应结合产品质量指数的特点定量评价企业质量管理的效果，特别是改进或出台质量管理方法与措施等。

4. 下一步改进企业质量管理工作的建议

本部分主要是结合当前企业产品质量管理存在的不足和未来质量走势的预测情况，对下一步如何做好企业质量管理工作并向企业领导层提出具体的、可操作强的质量改进措施和建议。因为产品质量涉及面比较广，所以质量管理部门所提出的措施和建议要有针对性，强调可操作性。

6.4 质量预警

6.4.1 质量预警技术概述

1. 预警理论的研究与发展情况

"预警"一词源于军事领域。它是指通过侦察或相关手段提前发现、分析和判断敌人的进攻信号,并把这种进攻信号的威胁程度报告给指挥部,以提前采取应对措施。

我国的预警理论研究从经济循环波动问题入手,始于20世纪80年代中期,其发展过程基本上可以划分为2个阶段。

1988年及以前为第一阶段,这一阶段以引入西方的经济发展理论和经济波动的周期理论为主,并对我国的经济波动及其动因进行了分析。

1988年以后为第二阶段,这一阶段的主要工作是寻找我国经济波动的先行指标,一个重要变化是从研究经济形态的长期波动转向研究经济形态的短期变化。1989年,中国经济体制改革研究所宏观经济监测与分析研究组在35个月度经济指标中,选出了13个先行指标、13个同步指标、9个滞后指标,并对这3组指标的运行轨迹进行测算,寻找出了3组指标各自的基准循环日期。同年,国家统计局统计科研所宏观经济监测课题组设计了6组综合监测预警指数,并把指标的运行区间划分为5个灯区,显示经济循环波动过程中的冷热状态。1990年国家统计局开展了"经济监测与预警系统"的课题研究,并且完成了综合性的软件系统开发,应用于经济发展趋势推断和实施预警预报。1992年底,部分学者开始对粮食生产预警系统进行研究,并对预警理论进行了新的探索和发展,在宏观经济领域和微观经济领域得到了广泛应用。产品质量风险预警研究是预警方法在经济领域应用的新发展。

2. 产品质量预警的内涵

(1) 产品质量预警的定义

产品质量预警就是提前报警,预先报告产品质量形势发展中可能出现的警情。警是指产品质量出现大幅度下降;警情是质量形势发展中的一种不正常状态。质量预警属于预测范围,但不是一般的质量形势预测,而是特殊情况下对质量形势的预测。质量预警的内容就是通过对预警指标的变化情况进行分析,预测得出产品质量水平的变化情况。

(2) 产品质量预警的目标

通过实施产品质量预警,能及早发现苗头性、倾向性产品质量问题,有效预防和遏制重点产品和区域性、行业性产品质量问题的发生。通过建立完善的产品质量长效动态监管体系,及时对发现的质量预警产品实施质量整治与提升工程,确保经济健康发展。

(3) 开展产品质量预警的作用

从产品质量预警的定义来看,预警的目的是提前发现可能存在的产品质量问题,为及时开展有针对性的质量整治工作打好基础,将产品质量问题消灭在萌芽状态。

2003年,中国共产党第十六届中央委员会第三次全体会议通过的《中共中央关于完善社会主义市场经济体制若干问题的决定》中明确提出,建立健全各种预警和应急机制,提高政府应对突发事件和风险的能力。结合质量工作实际,建立产品质量预警系统的作用可以归纳为以下几个方面。

① 可以正确评价当前质量形势运行趋势，客观地反映质量形势，并对质量走势进行分析。

② 能描述质量运行的轨迹，在质量形势发生下滑时，能及时发出预警信号，以便及时采取措施，阻止产品质量出现下滑趋势。

③ 能反映质量工作的效果，判断质量管理措施是否运用得当。

④ 有利于质量监督管理部门进行正确的质量决策。

3. 产品质量预警的分类与指标的选择

（1）产品质量预警的分类

产品质量预警可以根据预警的对象分为以下几类。

① 按特定产品实施产品质量预警。

② 按特定区域（专业生产区域）开展产品质量预警。

③ 按特定行业（产业）开展产品质量预警。

④ 按地区（国家、省）质量水平开展质量预警。

（2）产品质量预警指标的选择原则

① 质量重要性。选用的质量指标应尽量涵盖现有监督检查数据，能客观体现和反映产品质量形势的走势。

② 统计充分性。要充分发挥现有质量、企业经济数据的作用，必须建立企业电子档案，只有获得完整的企业质量监督和经济数据才能开展产品质量预警工作。

③ 简单实用性。产品质量预警指标的数据获取要方便，计算方法应简单实用、易于推广与使用。

④ 逐步提高性。产品质量预警研究是一个新课题，目前人们对它的认识还不够全面，要使指标发挥作用需要在实践中不断总结、完善和提高。

4. 产品质量预警的实施步骤

产品质量预警在逻辑上应由明确警义、寻找警源、分析警兆和预报警度几个部分构成。明确警义是前提，是预警研究的基础；寻找警源、分析警兆属于对警情的成因、造成产品质量下滑的影响因素进行分析；预报警度则是预警目标所在。

（1）明确警义

警义指警的含义。警义可以从两个方面考察，一是警素，二是警度。警素是构成警情的统计指标，警度是指警情的程度。

（2）寻找警源

警源是警情产生的根源，是火种。质量警源就是产生质量变动的根源。只有确定了影响质量变化的根源，才能对质量变动情况进行分析和预报。

(3) 分析警兆

分析警兆是预警过程中的关键环节。警兆也称先导指标，不同的分析警素对应不同的警兆。当警素发生异常变化时，总会有先兆，它与警源既有直接联系，也有间接联系。警兆可以分为2类，一类是景气警兆，另一类是动向警兆。

(4) 预报警度

根据预测分析的结果得出相应的质量警报等级（警度）。

6.4.2 质量预警方法

实施质量预警的目的是及时发现产品存在的质量问题，以便及时采取质量整治措施，防止发生重大产品质量事故和区域性、行业性产品质量问题，促进经济持续健康地发展。

产品质量预警方法随着预警对象的不同而有所不同。下面以地区性产品质量为预测对象，对地区性产品质量预警方法进行探讨。

1. 产品质量预警方法的设计原则

(1) 简单易行原则

预警方法的选择直接关系到预警工作的质量。预警方法复杂，则所需要的预警指标或质量数据就相应变多，预警的工作量和难度就变大。预警用的质量经济指标越多，则预警前期的资料准备工作就越繁重。简单易行原则就是要求预警方法尽可能简单，所用到的质量经济指标只要满足要求即可，不宜求多、求全。

(2) 定量与定性相结合原则

定量预警虽然从理论上讲能提高预警精度，正确分析出质量趋势的数量变化，但是对使用的预警方法和需要的质量环境影响因素数据的要求也相应较高。定性预警则相对比较简单，但是只能预测出变化的方向，无法正确分析出警情的数量变化情况。对于质量预警工作要求来说，既要简单又要准确，因此必须坚持定量与定性相结合原则，在确保能正确评估出产品质量变化方向的同时，也能初步预测出质量警情在数量上的变化。

(3) 充分利用监督检查信息原则

产品质量数据信息的来源主要有3种，一是通过企业自行统计后上报；二是政府部门组织的对产品质量的质量调查；三是质量技术监督部门每年组织的企业产品质量监督检查。从目前的情况来看，部分经济指标数据可以从统计部门每月的定期调查数据中获取，但质量指标数据只能通过质量技术监督部门自行安排的调查和检查中获得。特别是国家、省质量技术监督系统每年都要花费大量的人力、物力和财力对产品质量进行监督抽查，其获得的产品质量信息相对企业调查而言，准确性高、实时性强，是开展质量分析预警的最佳信息，应充分加以应用。

（4）科学准备原则

质量预警作为一种预测方法，要想实现预期目标首先就要进行科学设计，要有一定的准确性，否则预警就毫无意义。科学准确就是强调理论联系实际，一切从实际出发，不能片面强调技术方法，要善于总结，准确把握产品质量走势。

2. 产品质量预警方法

质量系统指标处理方法主要有 3 类：第一类是完成指标的筛选和分类，如时差分析、主成分分析法、判别分析；第二类是确定多指标综合方法和指标权重，如常规多指标综合方法、AHP（Analytic Hierarchy Process，层次分析法）；第三类是完成指标的自学习和预测功能，如模式识别、自回归滑动平均模型、灰色预测和其他的统计学预测方法等。

不同的指标处理方法适用于不同的预警对象和目标。质量走势与经济发展走势密切相关，因此质量预警与经济预警在预警指标和预警模式上都比较接近。下面介绍几种常见的经济预警方法，这些方法也同样适用于质量预警。

（1）AHP

AHP 是一种定性与定量相结合的决策分析方法。用这种方法解决问题的思维方式是：把复杂的问题分解成多个组成要素，把这些要素按支配关系分组形成有序的递阶层次结构，通过两两比较的方式确定层次中诸因素相对重要性总顺序。AHP 可以把定性问题定量化处理，常用来处理多目标决策问题。在预警系统中可以用来对警兆指标进行排序、筛选及权重分配。AHP 作为决策工具，近年来得到了广泛的应用，并在很多方面得到了改进。

（2）ARCH 模型和 ARMA 模型

ARCH（Autoregressive Conditional Heteroskedasticity，自回归条件异方差）模型由美国加州大学恩格尔（Engle）教授于 1982 年首次提出。此后在计算经济领域得到迅速发展。利用 ARCH 模型，可以刻画出时间序列随时间变异的条件方差（条件异方差）。这样 ARCH 模型从统计上提供了用过去误差解释未来预测误差的一种方法。ARCH 预警方法实际上是经济计量模型预警方法，即应用 ARCH 建立预测模型，根据 ARCH 模型条件异方差的特性，确定具有 ARCH 特征的警限，从而使预警的结果比较真实地反映实际经济运行情况。

ARMA（Autoregressive Moving Average，自回归移动平均）模型是由美国统计学家博克斯（Box）和英国统计学家詹金斯（Jenkins）于 1968 年提出的时序分析模型，用此模型所做的时间序列预测方法也称博克斯-詹金斯（B-J）方法。B-J 方法是一种精确度比较高的短期预测方法。它适用于各种类型的时间序列，但由于它的研究对象是平稳随机时间序列，在使用时需要对非平稳序列做差分或预处理。另外，用 B2J 方法做模型识别时往往需要 50 个以上按月或按年的时间序列历史资料，这对企业的历史资料管理水平有较高的要求。ARMA 模型的适用范围比较广泛。因为它考虑到了干扰因素的影响，以及能够利用历史资料进行假设检验，所以比一般的回归分析具有明显的优势，在预警中有很好的应用前景。

（3）判别分析模型

判别分析是对研究对象所属类别进行判别的一种多元统计分析方法。进行判别分析必须已知观测对象的分类和若干表明观测对象特征的变量值。判别分析就是从中筛选出能够提供较多信息的变量并建立判别函数，使推导出来的判别函数在观测样本分类时的错判率最小。判别函数的一般形式是

$$Z = a_1x_1 + a_2x_2 + a_3x_3 + \cdots + a_nx_n \tag{6-5}$$

其中，Z 为判别值；$x_1, x_2, x_3, \cdots, x_n$ 是反映研究对象的特征变量；$a_1, a_2, a_3, \cdots, a_n$ 为各变量的判别系数。

判别分析模型应用于预警系统的一般思路是：首先从历史数据中筛选原始样本，并进行（0，1）分类；然后选择较多的预警指标进行判别分析，最终的判别函数可能只包含这些指标中的一部分，因此可以认为判别分析过程就是筛选指标并确定指标与评价目标之间关系的过程；在对判别函数进行 F 检验通过后，就可以计算 Z 值并找出临界值进行预测、预警。

有学者应用判别分析模型对企业的财务危机预警做了研究，结果表明该模型对原始样本进行准确分类、确定临界值和超前预测的准确性方面都有很大的优势。判别分析模型整个计算过程可以借助 SPSS 统计软件中判别分析工具来完成。

（4）基于概率的模式识别模型

模式识别是 20 世纪 60 年代迅速发展起来的一门学科，并在很多学科和技术领域得到了广泛的应用。模式是一些供模仿用的标本，是可供鉴别的、规范化的形式。所谓模式识别泛指一类用于对所研究的对象，根据其共同特征或属性，分辨其所属模式类别的识别和分类方法。实际上，经济预警和企业预警都是一个模式识别的过程。在经济预警系统中，所有具有相同警度的预警样本组成一个预警模式集，不同警度的预警模式集代表了不同的预警模式类别，一个预警样本一般只属于某一类预警模式，因此我们可以把一个预警样本称作一个预警模式。预警指标选择子系统相当于模式识别系统中的模式特征选择和维数压缩过程；预警方法子系统相当于模式识别系统中的模式分类（也称为分类器）过程；报警子系统相当于模式识别系统中的识别错误检查过程。因此，从模式识别的角度来看，预警就是把未知警度的新预警样本与已知警度的预警标准样本进行比较、判别，从而确定新预警样本所归属的预警模式类别。其中已知警度的预警标准样本可通过判别分析模型来确定。

3. 区域性产品质量预警方法

（1）预警范围与预警对象的确定

要正确实施质量预警，就必须确定需要预警的情况。结合产品质量的实际，设定质量

预警产品的范围主要是在县级区域内，以便及时发现区域性产品质量问题的苗头。

在特定的区域内，各种企业生产的产品种类众多。要实施质量预警，就需要对质量预警对象产品实施定期性的监督抽查，为确保有限的监督经费能取得较好的效果，就需要对众多产品进行科学选择。为此，确定的预警产品对象是生产、加工领域可能危及人体健康和生命财产安全的产品及关系国计民生的重点产品。

（2）预警指标的选择

根据质量监督工作的现状，以及在质量工作中可能获得的质量管理与相关信息，可以选择 7 个预警指标，其中选择 2 个用于定量分析用的质量指标：监督检查合格率、产品质量指数；选择 5 个定性分析用的指标：产品不合格情况的性质、产品质量问题对经济社会的影响情况、产品质量发展趋势变动情况、专家预测结果、企业管理与外界环境变化因素。

（3）本着简单易行的原则

可以选择 2 个预警级别，即根据产品质量问题的严重程度分为黄色警示和红色警告 2 个质量预警等级。黄色警示预警条件表示对某一区域某种产品质量问题出现较为严重问题、产品质量指数在 70 以下，并且产品批次不合格率在 40%以上；或者虽然产品质量指数在 70 以上，但产品批次不合格率在 60%以上，予以黄色警示。红色警告预警条件表示对某一区域内某种产品质量出现严重问题、产品质量指数在 60 以下，并且产品批次不合格率在 50%以上；或者虽然产品质量指数在 60 以上，但产品批次不合格率在 70%以上，予以红色警告。

（4）各质量预警等级的定性预警条件

可以选择 5 个定性分析用的指标：产品不合格情况的性质、产品质量问题对经济社会的影响情况、产品质量发展趋势变动情况、专家预测结果、企业管理与外界环境变化因素。定性质量指标不像定量指标那样可以用数值表示，且各指标间也相互影响，因此需要通过专家综合分析形成最终的意见。

定性质量预警条件中应评价的内容如下。

① 产品不合格的性质，是否属于严重不合格。
② 预警产品近年来质量指数与批次合格率走势情况。
③ 抽查的产品质量能否代表该区域、该类产品质量的实际水平。
④ 预警区域产品质量发展趋势。
⑤ 出现产品质量问题被新闻媒体曝光造成经济和社会较大影响的情况。
⑥ 企业质量管理控制情况分析。
⑦ 生产所需原材料价格变动与企业效益情况。
⑧ 宏观调控政策变化情况等。

（5）产品质量预警的认定和发布

经综合分析，对需要实施黄色警示和红色警告的，由省质量技术监督局认定，向有关县（市、区）质量技术监督局发出通报，并抄送省有关部门及有关市、县（市、区）政府。其中，对需要实施红色警告的，省质量技术监督局应事先报省政府备案。

6.4.3 质量预警级别分类

1. 预警等级的划分

预警等级的划分与选取的预警指标数量和指标的数据变化情况有关。等级划分多，则需要较多的预警指标进行区分；如预警指标偏少，又具有较丰富的专家评估经验，则可以选取较少的等级。

开展质量预警的主要出发点是将可能出现的质量下滑情况及时反映出来，在质量形势较好的情况下，质量预警则不发挥作用。为确保预警发挥成效，就必须科学地确定预警等级。

2. 预警等级与定位

一般来说，质量预警可以确定为 3 个等级，即无警、轻警、重警。无警，说明质量形势处于正常水平，表示质量形势稳定，无问题倾向。轻警，说明质量形势已呈现不正常的苗头，即总体质量形势尚可，但已出现一些产品质量下滑的倾向，个别产品质量可能已经出现严重下滑。重警，说明质量形势明显或出现严重的下降趋势，总体产品质量水平已经开始明显下滑，产品普遍出现质量问题。

从各预警等级的定位可知，预警等级越多，则各等级间的差异就越不明显，需要对各分析指标的数值进行科学界定。预警属于预测，存在诸多的不确定因素，同时也存在一定的风险，等级越多，预测的误差就相对越大，因此在实际应用中预警等级一般不会超过 3 个。

6.4.4 质量预警机制

建立风险预警机制是现代企业管理范畴的一项重要内容。企业风险预警机制的类别，既有投资、营销方面的预警指标体系，又有质量管理、科技创新等方面的预警系统及防范对策。通过充分发挥专业条线及项目化预警机制的作用，可提高企业整体的预警机能和预警质量，从而把风险降至最低。其中，建立企业质量预警机制，对于优化生产工艺、减少产品批量缺陷、加快质量改进速度、降低企业运营风险具有重要的现实意义。就质量安全而言，建立质量预警机制一般应考虑以下几点。

① 设立风险分析预警部门，制定预警情报统计报告制度。建立完善的情报信息网络，

拓宽情报来源,并对搜集的情报进行统一的管理和分析,将分析的结果定期上报,找出其中的问题因素,形成一个覆盖全国的情报系统。

② 建立分析预警联动机制。首先,在各行政管理部门上下级之间,努力建立各级权责明晰、重心明确的上下联动质量监管机制。从企业市场准入、商标的注册和使用、广告宣传、市场规范化建设和示范店评选、消费者投诉处理等方面入手,建立科学有效的内部横向联动的质量监管机制。其次,卫生、工商、质监、食品药品监督等部门之间做好衔接,不留空当和死角,建立科学有效的外部横向联动的质量监管机制。最后,在各级行政管理部门与企业和消费者之间形成联动机制,鼓励消费者和企业的参与。

③ 建立完善的质量监测指标体系,形成质量安全问题评价体系。其中,监测指标体系包括国内同类产品质量、行业产品质量动态、销售量、销售额、利润率、库存及市场价格等。专家对质量安全的评价主要是对有疑问的风险信息的筛分和判断,并根据专家论证确定观察对象各指标的权重,计算出观察对象危险程度的综合指数,以确定危险等级和标记。

参考文献

[1] 张巧玲. 建设工程质量评价体系与机制研究[D]. 北京:清华大学,2004

[2] 刘长玉,于涛. 企业产品质量影响因素及评价体系研究[J]. 标准科学,2012(11):57-61.

[3] 周莉,叶如意,咸奎桐,等. 产品质量诚信体系建设的理论与实践[M]. 北京:中国质检出版社,2012.

[4] 王修鹏,刘英,魏国红. 联盟标准在区域产品质量安全中的作用[J]. 中国质量技术监督,2010(12):58-59.

[5] 李晓轩. 基于质量管理体系的 JT 公司的质量改进研究[D]. 长春:吉林大学,2013.

[6] 汪晓辉. 食品质量安全的标准规制与产品责任制[D]. 杭州:浙江大学,2015.

[7] 施颖. 产品质量安全风险监管运行机制研究[D]. 北京:中国矿业大学,2013.

[8] 姚韬. 企业绿色质量管理体系的构建与评价研究[D]. 北京:北京科技大学,2016.

[9] 王晓川. 企业质量管理防错体系研究[D] 北京:中国矿业大学,2013.

[10] 汪立欢. 产业安全评价预警系统研究——基于主成分分析和 BP 神经网络方法[D]. 北京:北京交通大学,2011.

[11] 郭飞. 产品质量信用体系建设中的政府角色研究——以浙江省为例[D]. 上海:复旦大学,2015.

[12] 郑言. 我国天然气安全评价与预警系统研究[D]. 北京:中国地质大学,2013.

[13] 王真. B2C 电子商务快递物流服务质量评价体系构建研究[D]. 成都：成都理工大学，2013.

[14] 单玉芳. 模糊综合评价在水环境质量评价中的应用研究[D]. 南京：河海大学，2006.

[15] 王明明，赵国伟. B2C 移动电子商务服务质量评价体系研究[J]. 科技管理研究，2015，35(3):142-145.

[16] 商娟叶. 基于 AHP 的模糊综合教学质量评价方法的系统设计及实现[D]. 成都：电子科技大学，2012

第 7 章

质量信息管理系统

7.1 质量信息管理系统的产生背景

7.1.1 质量信息

质量信息是指在质量体系运行过程中产生的各种与质量相关的数据、图表、情报、报告、文档等。在企业的生产经营活动和产品生命周期过程中,每时每刻都在产生着大量的质量信息,如质量检验信息、产品标识信息、不合格处理信息、质量评价信息、用户反馈信息、计量器具使用与流转信息、质量成本信息等。这些质量信息以各种形态广泛存在于质量体系之中,如资料、文档、图表、数据、报告、指令、计划和情报等,反映了企业质量活动的方方面面。

质量信息具有信息的一般特性:可识别性、可传递性、可处理性、可复制性、适时性、价值性等。同时,关于质量这一特殊主体的信息,质量信息又有其特殊性:分布性、离散性、随机性、实时性、相关性、敏感性、安全性、积累性和长期性等。

7.1.2 质量管理与信息技术

20 世纪 50 年代以来,以计算机为代表的信息技术使现代制造业产生了革命性的变革。继计算机辅助设计(Computer Aided Design,CAD)、计算机辅助制造(Computer Aided Manufacturing,CAM)、物料需求计划(Material Requirement Planning,MRP)等信息技术的成功应用，将以计算机为代表的信息技术引入质量控制与管理中，具有十分重要的意义。

与 CAD、CAM、MRP 等相比，信息技术在质量管理中的应用相对较晚。20 世纪 80 年代以来，以计算机技术的应用为基础，先进制造技术、信息技术与现代质量管理技术紧密结合形成的计算机辅助质量信息处理技术彻底改写了质量数据依靠人工方式和纸质介质进行管理的历史。

信息技术进入企业质量管理后，在一段时间内仅限于单项检测数据的采集和局部现场控制，直到 20 世纪 80 年代，计算机辅助质量管理（Computer Aided Quality，CAQ）概念和技术的出现推动了信息技术在企业质量管理中的应用。20 世纪 80 年代以后，计算机质量信息管理系统的开发实现了质量数据采集、分析、处理、传递的自动化，并推动了质量控制与质量管理过程的自动化、集成化、综合化。

近年来，随着人工智能在质量管理过程中的应用，质量管理的效率也在不断地提升。工业革命的发生持续变革着质量管理的方法，从以产品为基础的质量检查方法，到以质量规划和防错为重点的过程管理模式，再到如今以数据为支撑的预测性管理，质量管理方法的演变如图 7-1 所示。

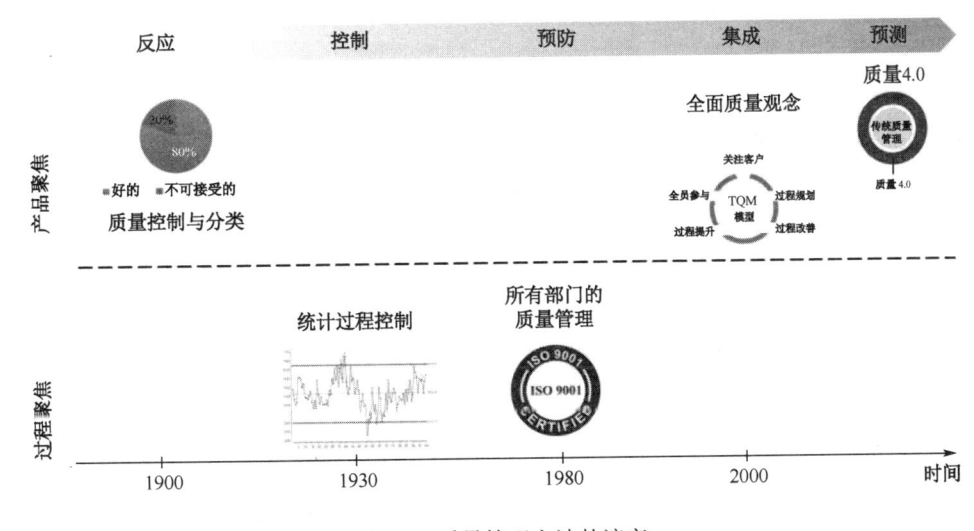

图 7-1 质量管理方法的演变

工业 4.0 时代，"质量"的概念已经远远超出产品本身所涵盖的预期功能，它更代表着一种理念、一套方法和实践体系，以及对企业卓越的持续承诺，还涉及顾客对其价值和利益的感知。这些看似主观的信息是否能够形成特定的数据分析模式，使过程、产品更智能，应是质量管理考虑的问题。那在这个过程中质量人将扮演怎样的角色，人工智能又将如何渗入质量管理中呢？

质量人不得不转换角色，他们不仅需要对传统质量体系和产品质量进行维护，还需要变身为"IT"人——充分挖掘数据的价值，将其转化为信息和知识，进而将其演化为模型来指导行动。

如图 7-2 所示为用户在社交媒体上产生的数据，它们是非结构性的，却是用户价值体系数据的来源。未来的质量"IT"人就需要了解他们正在积累的非结构化数据的类型，以及处理和存储这些数据的最佳方法，以获得数据驱动生产的可能。质量"IT"人处理数据、构建模型将涉及大量深度学习、人工智能、云计算等新技术的辅助，一系列的新技术将被应用于未来的质量管理中。

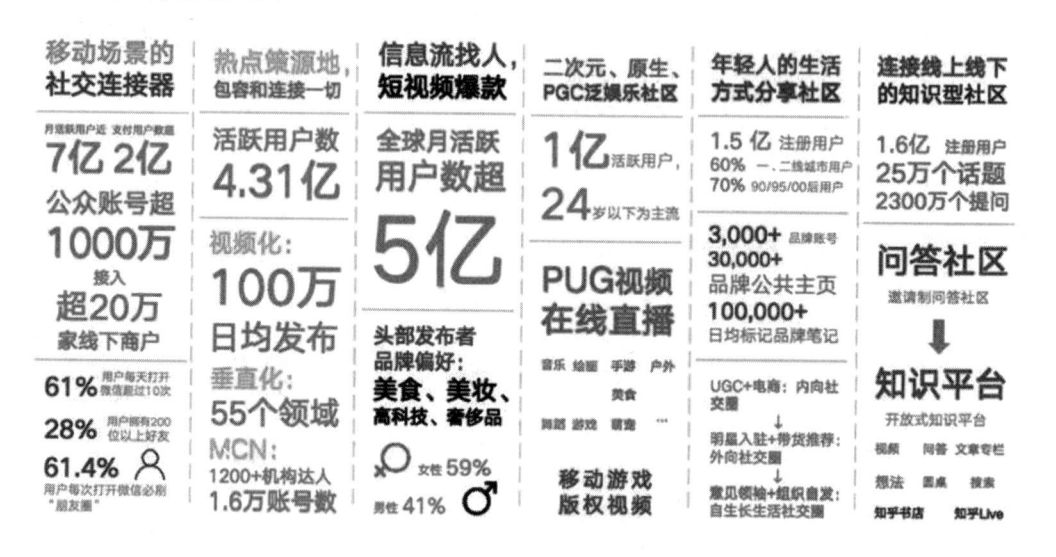

图 7-2　用户在社交媒体上产生的数据

7.1.3　人工智能改变质量系统的典型用例

根据世界知名的质量工程、可靠性工程、精益六西格玛专家，美国韦恩州立大学终身教授杨凯的总结，未来的产品开发制造将形成一个全面连通的生态圈，其中人员、产品、机器、相关系统实现信息无障碍流通。物联网器、芯片等将植入硬件产品，云计算、深度学习、人工智能、VR（虚拟现实）、AR（增强现实）等高技术进入质量管理使用，在风险与机遇并存中不断推进质量管理的深度和广度。当下，制造业也正在开发各种具有前瞻性、启发性的用例，变革质量系统的运作方式，满足不断变化的用户与市场需求。

1. 基于机器学习的模式识别

从大批量生产以来，人们就不断探讨大数据的管理和应用方式。真正的革命不是关于数据，而是关于统计及利用数据获得洞察方法所产生的价值。利用数据获得洞察方法如图 7-3 所示。

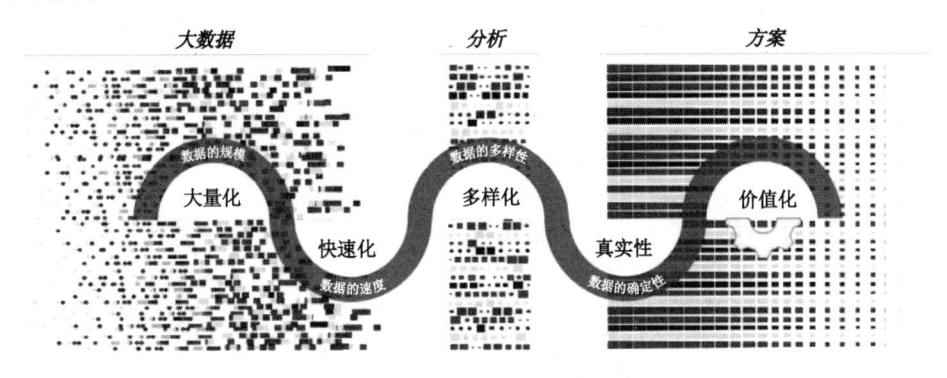

图 7-3 利用数据获得洞察方法

（资料来源：Demchenko Y,2013）

现在，业界开始通过数据标注建立用于模式识别的人工神经网络训练和自学习，实现基于机器学习的模式识别。如图 7-4 所示为模式识别在焊接点检测领域的成功示例，人们在焊接点检测领域取得了 99% 的成功率。

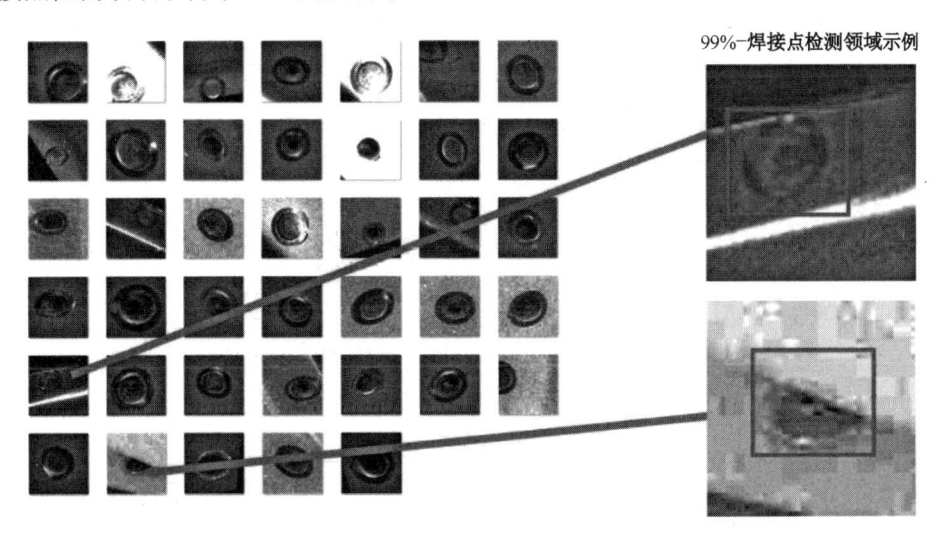

图 7-4 模式识别在焊接点检测领域的成功示例

2. 人工智能推动的自动特征检测

如图 7-5 所示的自优化触觉试验台借助视觉感知、认知、接触感知等流程，基于相机的控制特征识别和分类、知识管理系统的设计，完成实证分析与验证，为自动化系统增加人工智能。

质量战略与规划

图 7-5 自优化触觉试验台

（资料来源：Barbara Gorner,WZL|亚琛工业大学）

3. 数据分析预测性质量研究

德国亚琛工业大学 WZL（生产制造技术实验室）研究所正在进行的预测性质量研究，对待结构性数据关注过程或批次，对待非结构性数据关注对象或实体，直接或间接地完成对质量的描述，为实现结构化数据和非结构化数据的融合提供了新的方法，如图 7-6 所示。

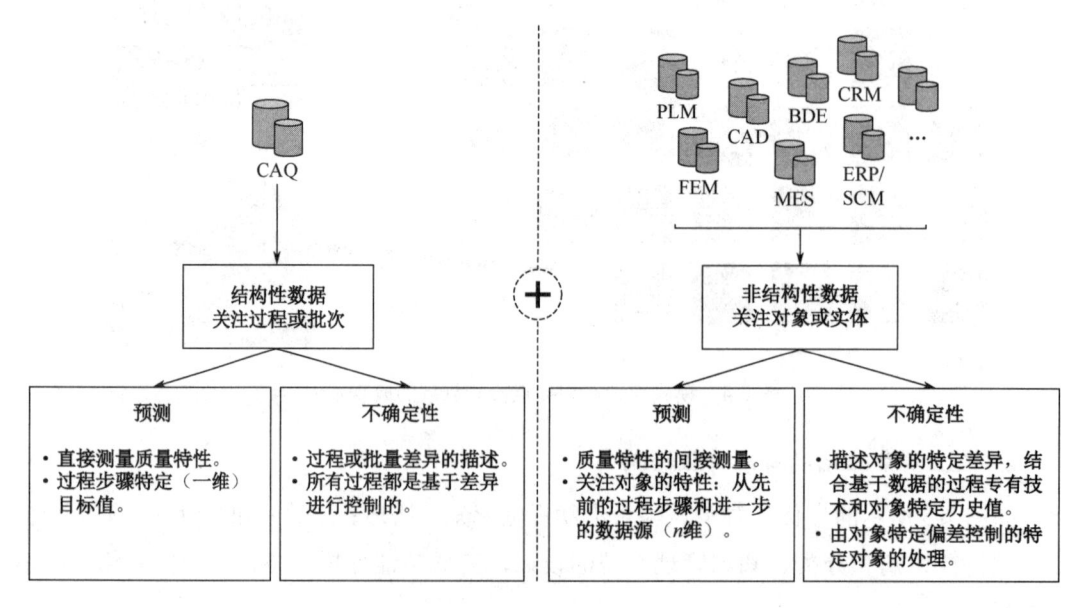

图 7-6 德国亚琛工业大学 WZL 研究所正在进行的预测性质量研究

7.1.4 质量信息管理系统

广义而言，质量信息管理系统泛指对质量体系中的质量信息进行管理的业务系统，其适用范围可以涵盖工业、教育、医疗、政府机关及商业服务等多个领域，其形态上也可以不拘一格，既包括以计算机为平台的管理系统，又包括基于人工和纸质介质方式的管理系统；既可以是面向个人或部门环境的中小型系统，又可以是覆盖企业完整质量体系的企业级系统，乃至面向多级、多成员企业群体的广域分布系统。

本章讨论的质量信息管理系统范围限定在制造业领域，并将其定义为：基于现代质量管理理念，依托企业完整的质量体系，运用计算机、网络、数据库等信息技术手段对质量信息进行采集、分析、传递、处理、存储和综合利用，借助于对质量信息的高效管理实现企业全面质量管理（全企业、全产品、全生命期、全员）过程的监控、改进与优化的质量管理业务系统。这一定义旨在强调：质量信息管理系统并非一种单纯的信息系统，而是以信息技术为手段的质量管理业务支撑系统。需要说明的是，关于质量信息管理系统，不同的学术组织或学者依据其所处的领域及观点给出了不同的定义。例如，美国质量学会的定义：质量信息管理系统是一套由数据、规则和设备组成的，用来以系统的方式生成有关质量的信息系统。质量信息管理系统将用来采集、存储、分析和管理来自用户、供方及内部过程的关于质量的信息。质量信息管理系统可以生成打印的质量报告、屏幕显示的展示数据，或向机器设备发送的信号。根据自动化程度的不同，质量信息管理系统可能能够回答人提出的问题，或可能拥有自身的行为规则。总之，设计良好的质量信息管理系统将有助于提升利润与生产率。质量信息管理系统是指为了达到规定的质量目的，由一定的人员、组织、设备和软件组成，按照规定的程序和要求进行质量信息的收集、加工处理、存储、反馈与交换，以支持和控制质量工程活动有效进行的有机整体。

随着 20 世纪 80 年代以来以计算机集成制造系统（Computer Integrated Manufacturing System，CIMS）为代表的先进制造技术及制造业信息化的实践，计算机辅助质量信息管理系统被视为 CIMS 的一个分系统，与其他计算机辅助应用系统共同构成集成化的企业应用系统。

7.1.5 质量信息管理系统发展

1. 培育与发展期

信息技术在质量管理领域的早期应用仅限于单项检测技术和现场质量控制技术，质量信息管理系统多是以单机版的工具软件及与数控设备集成的一些简单的统计过程控制（Statistical Process Control，SPC）的形式存在，尚未形成系统、完整的技术体系和应用系统。这一阶段延续到 20 世纪 80 年代，直至 CAQ 概念的出现才宣告结束。

1985 年，博尔德（Bold）等人首先在《计算机集成制造技术和系统》一书中提出了质量控制的系统观和计算机支持的质量控制系统的递阶结构和功能。1987 年，塔特尔（Tuttle）在总结以往研究成果的基础上，提出了被人们广泛接受的计算机辅助质量系统的概念，即计算机辅助质量系统运用计算机实现质量数据采集、分析、处理、传递的自动化，实现质量控制、质量保证、质量管理的自动化。与此同时，1987 年，德苏基（Dessouky）和卡普尔（Kapoor）等人首次提出了集成质量系统（Integrated Quality System，IQS）的概念，即通过计算机网络技术把质量系统内部相互关联的单元技术、人员和过程有机地集成在一起，以支持质量体系的各种活动协调进行，使质量管理融入并适应集成化制造系统环境。这一概念后来得到迅速发展。时至今日，集成质量系统已成为质量管理技术研究和应用的重要方向。

在 20 世纪 80 年代后期到 90 年代初期，国内一些高校和研究机构率先开展了计算机辅助检测规划（Computer Aided Inspection Planning，CAIP）、质量功能配置（Quality Function Deployment，QFD）等单项技术的研究与软件开发，形成了一些初步的研究成果。当时的研究还主要停留在跟踪国际先进技术和实验性探索阶段，尚未形成应用系统。

20 世纪 90 年代中后期以来，在国家各类研究计划的支持和推动下，北京航空航天大学、西安交通大学等一批高等院校和研究机构开始对计算机辅助质量信息管理技术开展系统、广泛、深入的研究，取得了有价值的研究与开发成果，初步形成了我国计算机辅助质量信息管理技术的理论、模型与方法体系。与此同时，一批具有较强实力和典型行业特点的企业开始尝试建立计算机辅助质量信息管理系统，并收到了初步成效。

2. 系统化与集成化期

在制造系统的单元技术向着集成化方向发展的同时，计算机辅助质量信息管理技术也开始由单纯的采集与控制向着体系化、综合化、集成化的方向发展，集成质量信息管理系统日益成为计算机辅助质量信息管理技术领域研究开发与工业应用的热点。

集成质量信息管理系统是以产品对象为核心，面向产品全生命周期，在企业质量保证体系的指导下，将产品质量形成过程中的相关信息、活动和实现集成，其发展主要体现以下几个方面的特点与趋势。

① 集成水平的提高：计算机辅助质量系统旨在实现质量信息处理的自动化，而集成质量信息管理系统则强调在信息集成的基础上进一步实现功能集成与过程集成。

② 过程的延伸：计算机辅助质量系统主要涉及产品制造的质量活动和过程，集成质量信息管理系统则强调在涉及产品制造过程的同时，向前延伸至市场和用户需求、产品开发与设计，向后延伸至产品的售后服务和使用，直至产品的报废，即实现覆盖产品全生命周期和全过程的质量控制、质量管理和质量保证。

③ 范围的扩展：计算机辅助质量系统以企业内局域网为支持，实现企业内部质量信息的集成；集成质量信息管理系统可以在互联网（或外联网）的支持下实现企业内、企业与市场、企业间质量信息与质量活动的集成。

④ 智能处理水平的提高：人工智能技术在集成质量信息管理系统中得到更广泛的应用，包括质量问题分析、质量诊断、质量计划、过程监控等，有效地支持了质量决策活动。

3. 成熟与应用期

20 世纪 90 年代以来，计算机辅助质量信息管理技术的研究进一步深入，软件系统的开发活跃，为应用提供了较为成熟的产品，同时被企业界认同，得以广泛应用，在企业质量管理中的作用日益显现。在此阶段，研究、开发与应用呈现出以下特点。

（1）计算机辅助质量信息管理技术研究活跃

有关计算机辅助质量信息管理系统方面的研究受到学术界的广泛关注，大量的研究与应用开始出现。例如，1987 年，在以计算机集成制造（Computer Integrated Manufacturing，CIM）为主题的 AUTOFACT'87 年会中设立了 CIM 质量技术专题；到了 1991 年的 AUTOFACT'91 年会上设有 3 个与产品质量、质量技术、质量系统有关的专题，关于质量信息管理系统的建模、体系结构、与 CAD／CAM 集成、生产检测的柔性自动化、质量管理系统中的知识工程与专家系统等问题的学术论文日渐增多。目前，在很多先进制造技术及质量管理技术领域的相关学术期刊与会议上，均出现了大量的质量信息处理技术和集成质量管理系统方面的论文。

（2）计算机辅助质量信息管理系统开发与服务的专业化

20 世纪 80 年代初，市场上开始出现计算机辅助质量信息管理系统开发和服务的专业化公司，如美国的 IQS 公司、德国的 IBS AG 公司等，我国的一些研究机构、大学研究课题组和专业化公司也加入系统产品开发和服务的市场。计算机辅助质量信息管理技术与产品日益丰富，市场上出现了大量的商品化的软件工具与系统。1996 年，美国质量协会（American Society for Quality，ASQ）在其刊物 *Quality Progress* 上所发布的"质量管理和质量控制软件目录"中已包含 261 家软件供应商，所包含的质量管理软件工具覆盖了统计方法、统计过程控制、工艺能力分析、测量、可靠性、外购件质量保证、质量成本分析、质量体系审核、计量器具管理、员工培训、质量评审等各个方面。

（3）计算机辅助质量信息管理技术与系统广泛应用

随着计算机辅助质量信息管理技术的日渐成熟，企业开始表现出对相关应用的极大热情。20 世纪 80 年代以来，工业发达国家的很多制造企业，无论是飞机和汽车制造等大型企业还是小型的加工企业，都在质量管理中不同程度地引入了信息技术。在实施计算机辅助质量系统中不乏成功的应用范例，如美国的麦道飞机公司、福特汽车公司、DEC 公司及德国的弗里德利希哈芬等公司均通过实施、运行计算机辅助质量信息管理系统取得了显著效益。

时至今日,计算机辅助质量信息管理系统已经成为现代制造系统的一个重要组成部分,在保证产品质量、赢得市场竞争、提高经营管理水平等方面正发挥着越来越重要的作用。人们普遍认为,在现代制造系统中,以先进的信息技术和质量管理理论为支持的计算机辅助质量信息管理系统可以突破传统的质量管理在空间、时间和信息处理能力等方面的限制,对产品生命周期的全过程进行集成和全面的质量管理,除了具有直接实施监测和控制的功能外,还能对产品从市场调研、设计开发、原材料供应、制造装配、产品销售及售后服务等各个阶段的质量数据进行采集、处理和存储,并以此为基础进行质量分析、评价、控制、规划和决策,从而大大提高企业质量管理工作的效率和水平。

7.2 质量信息管理系统战略规划

7.2.1 信息系统战略与企业战略的关系

2002年12月,乔治·贝克豪斯(George Bakehouse)和凯文·道尔(Kevin Doyle)提出5个阶段的信息系统战略开发总框架,即总结历史背景和经验教训、分析相关现状、确定目标、制订计划、回顾总结,并对每个步骤进行全面细致的分析,对企业信息系统战略的制定和实施具有实践指导意义。美中不足的是该框架研究了基于时间维的信息系统战略制定及其实施本身,而没有把信息系统战略实施对内外部环境及企业新决策的宏观影响纳入考虑范围。

无独有偶,这种对信息系统项目动态特点的忽视也曾经困扰IT投资回报评估领域。其中一个典型例子是传统净现值法,杰瑞·弗拉托(Jerry Flatto)指出该方法忽略了投资项目创造的增强性影响和机遇以及管理层未来决策改变的灵活性,提出以未来选择权反映企业动态地利用信息技术投资带来意料之外机会的能力。尽管受限于企业会计谨慎性原则和维护股东利益的需要,未来选择权的观点在实际操作中尚未得到广泛应用,但我们认为该观点是解决信息系统战略动态问题的一种可行工具。企业面临的竞争环境是企业生存发展的最大变量,企业基于其使命和竞争优势制定的竞争战略需要信息系统的支持,而信息系统项目投资回报是从技术转化为资产,到资产被合理利用以至改变企业内部和外部环境的一个过程,决策者基于这种变化重新评估竞争环境和竞争优势,制定相应竞争战略并对IT战略进行调整或重新定位。由此可见,企业竞争战略体现了决策者在信息系统战略实施引起的变化中灵活适应竞争环境的实际选择权。同时,作为持续经营整体,企业在其历史成败的基础上为实现企业长远的目标而在现今的竞争环境中努力生存和发展。从这个角度看,信息系统战略的制定和成长是平面上与企业竞争环境和竞争战略相牵引，以时间维度为纵轴的螺旋上升模型。企业竞争环境、竞争战略与 IT 战略相互关系的螺旋上升模型如图 7-7 所示。

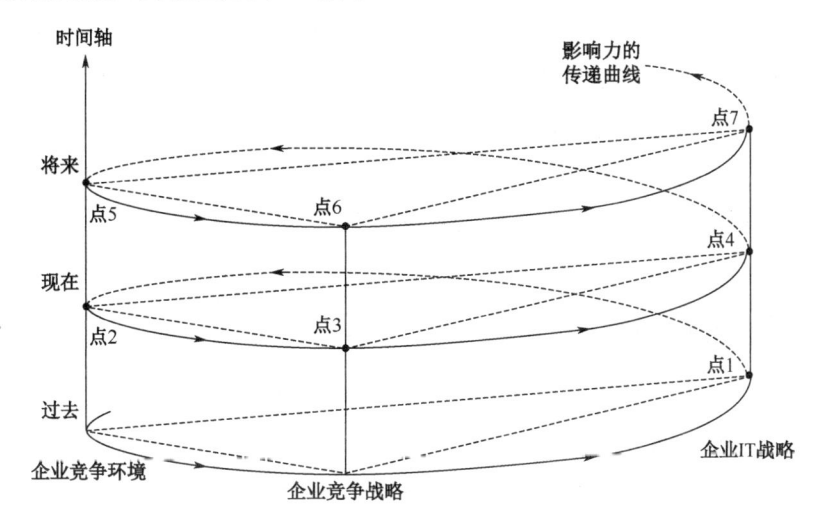

图 7-7　企业竞争环境、竞争战略与 IT 战略相互关系的螺旋上升模型

7.2.2　企业竞争战略

企业竞争战略定义了企业的商业活动范围和长远目标及其运作，尤其是其产品和服务如何与竞争对手产生差异，以及如何进行资源分配，以在具有吸引力的产业中保持侃价力量并减少威胁，或改变相对不吸引产业中的力量均衡，从而为公司赢得超常的投资收益。其实现需要信息技术的支持，从而促使管理者为信息技术的应用制订一系列项目组成的计划，这就是信息系统战略。

7.2.3　信息系统战略

信息系统项目具有投资成本高、耗时长、影响企业各层面及是竞争优势的一个来源等特点，影响其实施成败的关键因素是信息系统战略，它包括了企业未来信息技术应用的范围、系统能力和信息技术管理等方面。其制定需要高层管理者的参与和支持，有效地管理、协调和分配资源，描绘出各子系统互补和协调的宏观蓝图，通过企业分析从概念层面建立企业模型，通过逻辑系统设计从逻辑层面进行沟通、应用、技术和数据构建，通过实施在物理层面上改变网络、应用系统和数据库，把信息技术内嵌到产品或服务中以提高其质量，并增加学习使用和适应的成本以提高顾客对产品或服务的忠诚度以及增加新进入者进入产业的障碍，将战略与顾客需求协调起来以获得竞争优势。

7.2.4 质量信息管理系统战略规划的内容和步骤

质量信息管理系统战略规划是指对组织管理使用计算机信息技术进行长远计划。规划期限一般为 3~5 年或更长时间，质量信息管理系统规划为将来的成功提供了一个总体构架，能够促进质量信息管理系统的成功开发。一方面，质量信息管理系统规划应在系统如何随时间发展方面提供指导；另一方面，质量信息管理系统规划能保证信息系统资源得到更好运用，以及具体项目的时间安排。

1. 质量信息管理系统的战略规划内容

质量信息管理系统的战略规划内容包括以下几个方面。

（1）确定质量信息管理系统的总目标

质量信息管理系统战略规划是企业战略规划的一个重要部分，因此质量信息管理系统的总目标必须服从于企业的总目标。根据企业的战略目标及内外约束条件，既能够确定质量信息管理系统的总目标，也能确定质量信息管理系统应实现的功能。

（2）确定质量信息管理系统的总体结构

质量信息管理系统的总体结构提供质量信息管理系统开发的总体框架。从系统的观点出发，确定质量信息管理系统的各组成部分（子系统），各个部分之间的关系及系统类型等。

（3）对现行信息系统状况的了解

现行质量信息管理系统的状况主要包括硬件、软件、人员、费用、开发项目的进展及应用系统的状况、存在的问题与不足、企业业务流程现状与企业业务流程再造（重组）。

（4）对相关信息技术的预测

现代信息技术发展迅速，而信息技术决定质量信息管理系统性能的优劣。因此，必须对与质量信息管理系统有关的信息技术的发展进行预测，以便在规划时尽可能吸取最新技术，保证质量信息管理系统的先进性。这里涉及的信息技术包括计算机软件技术、计算机硬件技术、网络技术及数据处理技术等。

（5）质量信息管理系统的近期计划

质量信息管理系统战略规划涉及时间跨度较长，只能是粗略的。但必须对近期的发展做具体安排，制订人力、物力、财力的需求计划，具体项目开发计划和进度等。

2. 质量信息管理系统的战略规划步骤

质量信息管理系统的战略规划一般包括以下步骤，如图 7-8 所示。

```
规划基本问题的确定
      ↓
    收集相关信息
      ↓
   现存状态的评价分析
      ↓
    定义约束条件
      ↓
明确质量信息管理系统战略目标
      ↓
明确质量信息管理系统总体方案
      ↓
   提出系统开发方案
      ↓
   制订项目实施计划
      ↓
形成质量信息管理系统战略规划
```

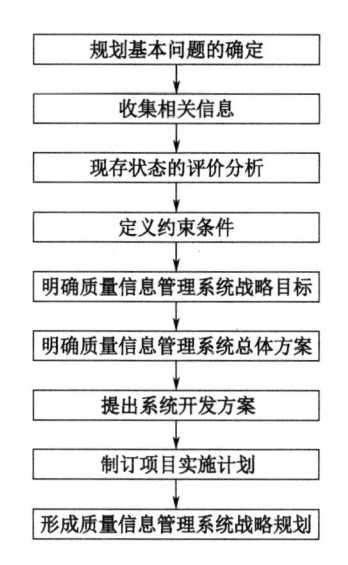

图 7-8　质量信息管理系统的战略规划步骤

（1）规划基本问题的确定

明确规划的年限、规划的方法和规划的方式等。

（2）收集相关信息

旨在从总体上了解企业的外部环境、概况、目标和发展战略、信息需求，现行信息系统状况、存在的问题和薄弱环节，国内外计算机应用的发展情况和水平等。

（3）现存状态的评价分析

包括目标、系统开发方法、设备和软件的质量、信息部门情况、安全措施等。

（4）定义约束条件

通过对企业的人员、硬件、软件、资金等资源情况的调查和分析，定义质量信息管理系统的资源约束条件。

（5）明确质量信息管理系统战略目标

根据相关信息的分析和企业资源限制，从企业战略目标出发，确定质量信息管理系统的战略目标。明确质量信息管理系统应具备的功能、服务范围和质量等。

（6）明确质量信息管理系统总体方案

在质量信息管理系统战略目标的基础上，给出质量信息管理系统的总体框架，包括子系统的划分等。

（7）提出系统开发方案

确定系统开发方法和开发策略，设定项目开发优先级等。

（8）制订项目实施计划

主要包括设定项目的时间进度、费用预算及完成期限等。

(9）形成质量信息管理系统战略规划

把长期战略规划书写成文，并经批准后生效。

7.3 质量信息管理系统功能及价值

7.3.1 质量信息管理系统组织结构

现代企业质量信息管理系统一般采用的是集中、分层、分部相结合的管理方式，与之相适应的组织结构形式是集中领导下的分层管理。集中领导下的分层管理组织结构如图 7-9 所示。

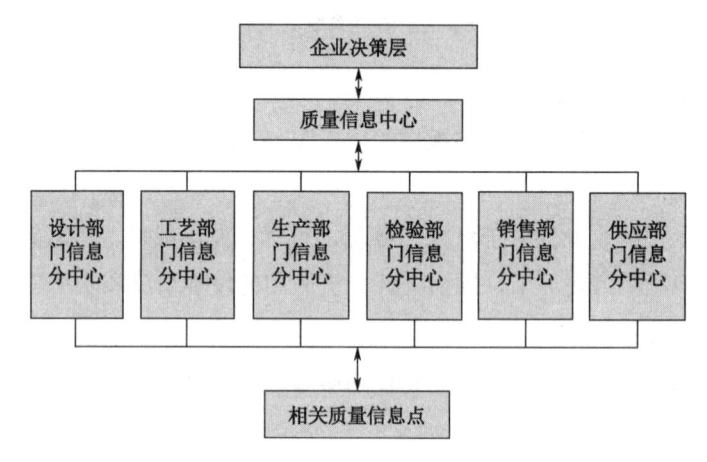

图 7-9 集中领导下的分层管理组织结构

在该系统中，一般是企业的质量主管部门设立质量信息中心，统一负责整个企业的质量信息管理工作。按照信息类型在有关职能部门分别建立若干质量信息分中心，由各分中心与有关科室、车间的信息点建立联系，收集信息。

这种质量信息管理系统的运行模式为：各信息点向信息分中心提供各种原始质量信息，信息分中心对数据进行分类整理后，将数据分成两类：一类是子系统内部使用的局部质量信息；另一类是其他子系统使用的全局质量信息。对于局部质量信息，由本信息分中心保管、处理和应用；对于全局质量信息，则上报企业的质量信息中心。信息中心对来自各方面的信息综合汇总、加工处理后，为企业领导提供反映整个企业质量状况的综合信息，并向各职能部门提供所需信息。信息中心要建立全企业质量信息综合数据库，以供保存数据和查询之用。另外，信息中心还要负责交换企业外部的质量信息的工作。

7.3.2 质量信息管理系统功能模块

根据质量信息管理的需要,质量信息管理系统一般应具有质量计划、质量数据采集与管理、质量评价与控制、质量信息综合管理和系统总控制五大功能模块。下面对这五大功能模块进行简单介绍。

1. 质量计划模块

该模块包括产品质量计划、质量检测计划和质量管理计划等子功能模块。其中,产品质量计划模块包括设计质量计划、采购质量计划、重点工序质量保证计划、零部件质量计划、营销质量计划、回收处理质量计划等;质量检测计划模块包括原材料检验计划、配套检验计划、重点工序检测计划、零部件质量检测计划、装配过程质量检测计划、成品检验计划、库存检验计划、计量器具校验计划、计量器具需求计划、检测规程生成计划、检测程序生成计划等;质量管理计划模块包括质量目标管理计划、质量体系审核计划和质量成本计划等。

2. 质量数据采集与管理模块

该模块包括过程质量检验员管理、营销质量管理、外协配套件及外协配套商质量管理,质量成本数据采集等子功能模块。

3. 质量评价与控制模块

该模块包括过程质量分析与控制、外协质量评价与控制、营销质量评价与控制、工作质量评价与控制等子功能模块。

4. 质量信息综合管理模块

该模块包括质量体系管理、质量分析工具管理、市场及技术信息管理、计量器具及人员管理和设备质量管理等子功能模块。

5. 系统总控制模块

该模块一般包括用户帮助、数据备份与恢复、用户权限管理、用户口令更改控制、接口及基础信息管理等子功能模块。

7.3.3 质量信息管理系统实施价值

在企业信息化工程中,"系统实施"通常是指企业应用软件系统在应用环境进行安装、调试,使其与企业应用环境紧密结合并投入有效运行的过程。作为一类典型的企业信息化应用系统,"系统实施"过程对于质量信息管理系统的成功应用具有重要的意义和价值。

1. 实现质量信息管理系统与企业质量管理体系融合的必由之路

不同于"即买即用"的工具类软件系统，质量信息管理系统作为面向企业质量管理体系及全生命周期质量管理过程的复杂信息系统，与企业的管理流程、业务流程密切相关。只有真正融入企业环境与质量管理体系，与质量管理体系、业务流程协调一致才能充分发挥其管理优势，达到理想的应用效果。而实施过程则是实现质量信息管理系统与企业质量管理体系有机融合的必由之路。

在实施过程中，企业方、软件系统提供方和实施服务提供方密切配合，通过系统化开展需求分析、质量管理体系优化、软件系统的用户开发、适应性运行、人员培训等在内的一系列工作，有效促进质量信息管理系统与企业质量管理体系、企业环境之间的融合。

2. 优化企业现行质量管理体系良好契机

信息技术虽有助于提升质量管理工作的效率，却无法直接解决质量管理体系和质量管理模式上的固有问题。同时，传统的质量管理体系和质量管理模式中还会存在一些不适合信息化技术应用的环节。因而，质量信息管理系统的成功除了取决于技术因素，还取决于项目建设过程中对质量管理体系和质量管理模式的优化，可以说，质量信息管理系统的建设工程的成功取决于"30%的技术+70%的管理"。实施过程是优化企业质量管理体系的良好时机。在实施过程中，借助于质量信息管理系统建设这条主线与契机，动员各方力量，可以对企业质量管理体系和业务流程进行系统的分析与梳理，发现、识别其中的不合理之处，剖析其原因，寻求改进的方案并加以实施，从而提升质量管理体系的运行效能与管理水平，清除阻碍质量信息管理系统运行的障碍，为质量信息管理系统营造一个良好的应用环境。

3. 实现质量信息管理系统与相关应用系统集成的重要阶段

质量信息管理系统是企业整体信息化系统的一个组成部分，需要融入企业信息化整体之中并实现与其他相关系统 [如 PDM（产品数据管理）、ERP（企业资源计划）等] 之间的集成化运行能力。因为企业整体信息化系统的结构模式与系统构成千变万化，很难实现通用的集成方案，所以只有借助于实施过程，根据企业信息化建设实际情况和具体环境，与相关应用系统的开发方密切配合，才能有针对地完成集成方案的开发与实施。

4. 为企业培养质量信息管理系统应用骨干力量的良好课堂

质量信息管理系统的成功应用离不开一支既熟悉本企业质量管理业务，又掌握质量信息管理系统应用技能的高素质人才队伍，而这支人才队伍单纯依靠"招聘""引进"是无法得到的，系统实施过程则是培养、锻炼和造就这支复合型人才队伍的良好课堂。企业可以通过选派优秀的骨干力量参与项目实施过程，与开发方和实施服务方密切配合，协同工作，并在实施工作过程中实践和学习，深入理解、掌握质量信息管理系统的实施和应用，成为企业中应用、推进质量信息管理系统的骨干力量，为确保质量信息管理系统能够"建得起，推得开，用得好"提供有效的人才保障。

5. 提升企业对质量管理信息化工作认知水平的有利时机

企业各级领导和员工对于质量信息管理系统的特点、定位和功能是否有完整、正确的理解，各相关部门对于基于质量信息管理系统开展工作的方式是否习惯和认同，企业上下能否形成支持质量管理信息化工作的文化氛围，这些因素将在很大程度上影响质量信息管理系统的实施进程与应用效果。经验表明，实施过程中的一系列活动，诸如可行性分析、需求分析、方案设计、质量体系改造、试用、培训等，可以潜移默化地提升企业对于质量管理信息化工作的整体认知水平，帮助企业各部门更好地理解质量信息管理系统的特点、应用要求与运行机制。在目前企业信息化意识普遍不高的情况下，这一过程显得尤为必要。

7.4 质量信息管理系统设计

信息作为企业的一种重要资源，是搞好经营工作的关键之一。质量信息的管理包括信息的获取、整理、传递、汇总、统计、分析、反馈、利用等诸多环节。它是产品在设计、制造、检验、销售、使用过程中产品质量和工作质量的反映，是改善产品性能、满足用户适用性需求和改进产品质量的重要依据，也是增强企业管理素质和竞争能力的重要途径。企业需在质量形成的全过程中及时且有效地掌握各种质量信息并对它进行管理。因此，企业建立健全完整的质量信息管理系统，卓有成效地运用质量信息管理系统，对企业制定质量方针和质量目标，改善企业管理、组织质量管理活动和提高产品质量具有重要的意义。目前质量信息数据种类多、数量大，管理难度高，处理复杂烦琐。现阶段大量的质量信息管理软件仍存在许多不足。

① 通用性差，行业针对性弱。不能完全涵盖企业特有的管理活动，应用范围受到限制，无法满足动态质量数据的随时更新，难以达到企业的特定要求。

② 信息的处理、分析功能不够，数据的分析归类及知识的挖掘不方便，浪费了数据资源。

③ 输入、输出格式单一，功能不全面，可操作性较差，难以满足企业质量信息管理的灵活变动。

④ 系统各应用模块之间的数据无法共享，难以实现综合的质量信息管理。

⑤ 数据准确性、完整性、可靠性差。

因此，改变传统的特定式质量信息管理模式，设计开发符合企业管理实情的通用质量信息管理系统,这是现代化质量信息管理的必然趋势。

7.4.1 质量信息管理系统设计特点分析

对通用质量信息管理系统总的要求是系统化、网络化及实行动态设计和动态管理。系统设计应和系统应用融为一体,根据用户需求修改信息表、增加新的管理内容、设计专业的报表及分析图形等,构成企业特定的质量信息管理系统。针对企业自身的质量信息进行全过程的处理,保证系统运行的有效性。基于这些要求,在进行质量信息管理系统设计时,应突出以下特点。

1. 多用户安全管理、开发与应用界面分离

系统内含用户表和权限表,可以限制不同用户的系统功能和对数据的访问权限。用户表中的用户口令字段采用信息加密技术。通过完善的用户权限安全管理功能可以同时设置多个用户界面。同时,根据权限设置的不同,可将开发界面与应用界面分离,大大提高了系统的安全性能。

2. 面向信息管理全过程、支持全方位自定义设计

对于任意信息表,系统均提供质量信息的获取(录入或从外部获取信息)、存储、维护、处理、输出和分析等全方位管理功能,为用户提供一个完整的信息管理空间。

① 通用录入面板。在数据表初始化界面上,用户可进行自我设计,使录入面板具有用户自己的特色。

② 定制报表。通用报表适用于复杂数据分析和动态格式变化,支持所见即所得的报表制作方式,可以方便、自由地定义各种报表式样、指定数据来源。此外,通用报表还提供了多个"向导",引导用户制作特色报表。

③ 模块化定制。在保证符合行业规范和标准的基础上,系统提供了基本的质量管理模块,在各模块之间互设程序接口。考虑到企业的个性特点,可对不同企事业单位的个性化管理进行模块化定制。用户可以根据自己的需要来取舍、编辑或者重新定义功能模块,系统自动生成信息菜单,动态设置菜单功能。这种开放性的可重构思想确保了系统的高度灵活性和开放性,能适应企业质量管理的异动。

3. 动态信息管理与控制

企业随时产生的动态数据和静态数据可通过通用的查询、统计、图表分析功能有机地结合起来,及时准确地进行综合处理,使得企业的质量信息得以较大限度使用,实现信息对决策的支持作用。

4. 支持字段间运算、字段查找

"字段计算与验证"可进行字段间的运算，令计算字段自动求值，真正实现了"所输即所得"。而"字段查找"，可获取其他数据集中的数据，大大简化了数据的录入过程，又保证了数据的完整性。

5. 网络化

系统设计了与行内业务及管理信息进行数据交换的接口，借助企业内部网（intranet），对各级部门的管理信息进行远程数据交换或访问，进行计算机网络化管理，最大限度地实现了资源和信息共享。

7.4.2 质量信息管理系统信息流程分析

质量信息管理主要是实现产品各阶段的质量信息的采集、存储、传递查询报表生成等基本功能，以及质量信息的分类汇总、统计分析、诊断评价、改进方案等处理功能。它通过对企业的外部信息、资源信息、物流信息、设计工艺质量信息、各种标准质量文档的采集与处理，根据质量信息是否满足要求分别进行汇总和统计，同时对不符合要求的质量信息进行分析诊断和处理，并将诊断评价结果和改进方案存储到数据库标准表中，并且能够在数据库管理系统实现各模块之间的数据共享。质量信息管理系统的信息流程模型如图 7-10 所示。

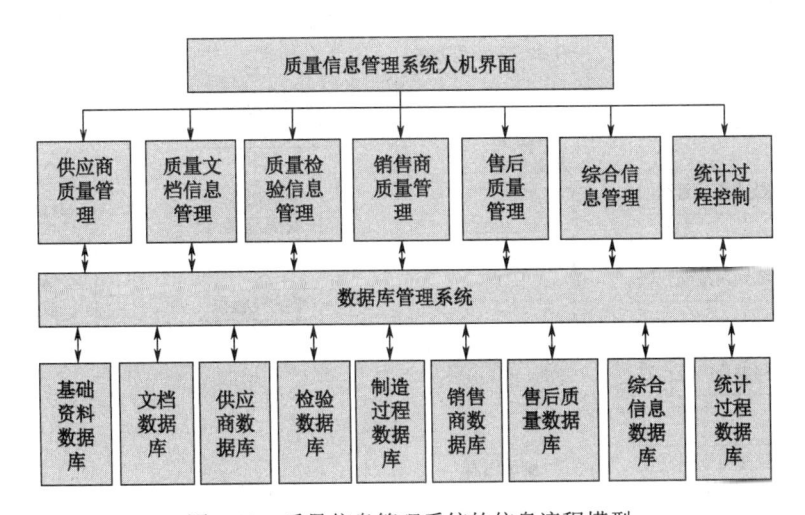

图 7-10 质量信息管理系统的信息流程模型

7.4.3 质量信息管理系统功能模块设计

系统功能模块设计通用质量信息管理系统的设计目标是：以计算机和网络为主要手段

的多层次、功能齐全、智能型的质量信息管理和决策支持系统，对系统进行功能模块化设计，使系统设计和系统应用融为一体，以企业需求为中心，根据用户需求修改信息表、增加新的管理内容、设计专业的报表及分析图形等，构成针对企业特点的质量信息管理系统。该系统以质量信息数据为核心进行设计，采用库得克公司开发的 QIS2000 软件平台为前台开发工具，具有广泛的适用性和灵活性，使企业能够以较短的实施周期和接近零的风险开发出可靠、实用、高效、先进、功能强大的生产与质量管理信息系统平台。后台数据库采用企业版的 SQL Server 2000，它具有易于使用、可充分利用 Windows 2000 服务器的安全机制和网络功能、兼容性好等优点，网络结构选用 C/S 和 B/S 模式相结合的体系结构。质量信息管理系统的功能模块如图 7-11 所示。

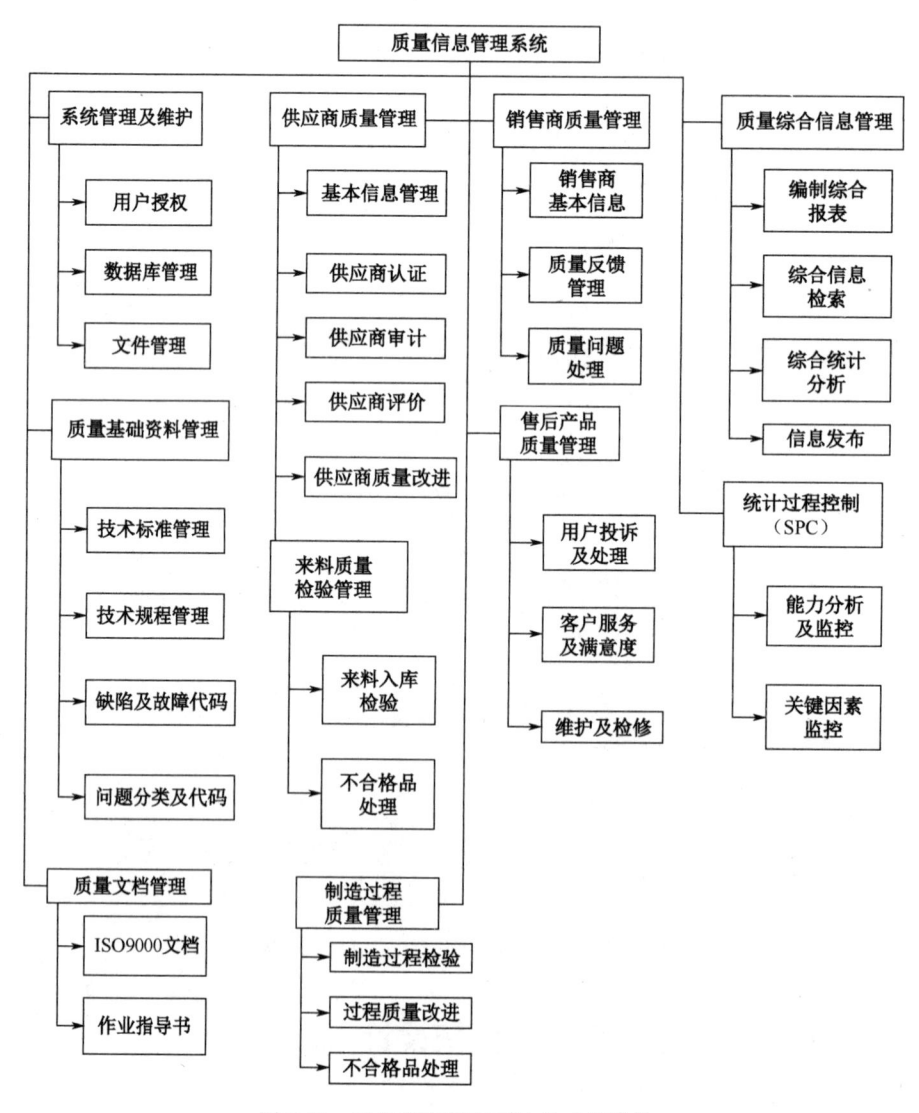

图 7-11 质量信息管理系统的功能模块

图 7-11 中的各个功能模块的性能介绍如下。

① 系统管理及维护模块。它负责对整个质量信息管理系统进行管理。其中,"用户授权"是系统管理员按照部门和职能为数据信息的使用者设置口令来限定其使用权限。"数据库管理"具有与数据库软件相同的功能,可以创建新数据库,也可以对旧的数据库进行修改。"文件管理"是对系统主文件进行管理,主文件包括所有输入输出模板、查询报表模板、系统分析控制模板,帮助用户及时完成对重要数据的修改、删除等。

② 质量基础资料管理模块。它是质量信息管理系统的数据分析的基础。通过此模块实现对基础资料的管理,使质量管理的基础性知识得到及时更新与保存。在"技术标准管理"中,质量信息管理系统可以自动定义一个技术标准数据表,用于保存数据库中的各种因素(数据项)的技术标准;"技术规程管理"是在质量信息管理系统的每个数据库中,系统将自动定义一个保存各种检验操作技术规范的数据表,用于保存数据库中的各种因素(数据项或输入表)的操作规范。"缺陷及故障代码"和"问题分类及代码"可以通过人工维护,以便在产品生产过程中对缺陷等问题进行记录和管理。

③ 质量文档管理模块。通过建立 ISO9000 和作业指导书等质量文档,实现质量文档的编辑、存储、修改、查询、维护及文件执行中的信息反馈记录等文档信息的管理。

④ 供应商质量管理模块。它主要记录存储供应商台账、供货种类及审核评价和改进情况的信息,并可以根据供货产品等条件查询供应商明细记录,或者根据给定的供应商输出该供应商每次的审核情况信息等。

⑤ 来料质量检验管理模块。实现对原辅物料、包装物料的进厂检验及处理过程的管理,通过对进料的质量信息进行记录和存储,为以后的产品制造过程及成品出货质量问题提供追溯信息。

⑥ 制造过程质量管理模块。产品制造过程质量是产品在整个生命周期中产品质量的重要表现,在此模块中可以建立从产品样品制作、试产、批量生产到出货等的质量管理、控制体系,对各生产工序进行质量检验,从而提高制造过程的质量管理水平。

⑦ 销售商质量管理模块。它包括销售商基本信息、质量反馈管理和质量问题处理,销售商可以随时对用户的质量反馈和问题处理进行记录,以供管理层查询、分析,提出相应对策。

⑧ 售后产品质量管理模块。提供用户投诉及处理,客户服务,产品维修信息的收集、提交、检索及统计分析等功能,可进行相关查询、进度跟踪及统计质量投诉处理过程的相关记录和资料,使客户投诉信息自动、及时提交给责任部门,对质量信息进行追溯,并将追溯信息反馈给相关责任人,对符合索赔和追溯的投诉,分别进入相关的索赔和追溯程序。

⑨ 质量综合信息管理模块。企业根据各管理层及使用者的信息需求,编制综合性的质量报表,对质量信息进行统计、分析,为每一个使用者提供合适的信息。可以同时利用任

意数据源（库）中的数据记录产生综合性的统计信息，并可以对各项统计分析结果进行关联追溯（横向追溯）和明细追溯（纵向追溯）。

⑩ 统计过程控制（SPC）模块。它利用现代统计过程控制分析技术，对供应商的能力指标、生产过程关键质量特性及售后的质量问题进行统计分析和监控，保证过程的稳定性。在工序"能力分析及监控"子模块中，分析结果利用直方图、合格率分布图及统计分析表显示；"关键因素监控"是具有多重功能的信息项目集成工具。该功能模块具有广泛的用途，其主屏幕是一个可以绘制流程图或放置说明生产流程图片的窗口，在流程图和图片中，可以插入挂接分析项目、统计分析和监控分析等信息项目。

7.5 质量信息管理系统开发

7.5.1 质量信息管理系统开发方法

作为信息管理系统的一种，质量信息管理系统的开发方法也有很多种，如生命周期开发方法、模型驱动的开发、快速原型开发方法、商业软件包法等，下面对这几种方法做简单介绍。

① 生命周期开发方法也称结构化系统开发方法，是目前国内外比较流行的一种质量信息管理系统开发方法，在系统开发中得到了广泛的应用和推广，尤其是在开发复杂的大系统时，其显示出了无比的优越性。它也是迄今为止的所有开发方法中应用最普遍且最成熟的一种。其基本思想是将软件工程学和系统工程的理论和方法引入计算机系统的研制开发中，按照"用户至上"的原则，采用结构化、模块化自上而下地对系统进行分析和设计。具体来说，它将整个质量信息管理系统的开发过程划分为独立的 6 个阶段，包括系统分析、程序设计、系统测试、运行、维护及系统评估。这 6 个阶段构成质量信息管理系统的生命周期。

② 模型驱动的开发（Model Driven Development，MDD）：这是一种新型软件设计方法——面向模型的分析设计方法，系统一开始就需要确立实体模型，以及明确它们之间的关系，进而交由程序员分别实现表现层、业务服务层和持久层，通过使用 Jdon Framework 等模型驱动框架，结合特征驱动的开发（Feature Driven Development，FDD）等模型驱动的工程方法，正确无误且快速高质量地完成一个软件开发过程。

③ 快速原型开发方法是近年来提出的一种以计算机为基础的系统开发方法，它首先构造一个功能简单的原型系统，然后通过对原型系统逐步求精，不断扩充完善得到最终的软件系统。原型就是模型，而原型系统就是应用系统的模型。它虽是待构筑的实际系统的缩

小比例模型，但是保留了实际系统的大部分性能。这个模型可在运行中被检查、测试、修改，直到它的性能达到用户需求为止。因而，这个工作模型很快能转换成原样的目标系统。

④ 利用商业软件包法开发系统一般需要经过系统分析、系统设计、系统修正和系统维护运行阶段。其中，系统分析阶段主要完成的任务包括确认用户的需求，提出解决需求的方案，对购买商业软件包和自行开发方案进行比较，评估市场上的商品软件包，选择软件包等。

7.5.2　质量信息管理系统软件开发

开发一个有效的质量信息管理系统的基础是系统规划的概念。在将其应用到质量信息管理系统中时，系统规划意味着对整个公司层面目标的理解和支持，同时要在 3 个层面上发展针对计划、追踪、分析、改进的测量系统。这 3 个层面包括公司层面、关键过程层面和工作单元层面。系统规划包括公司如何分派和整合目标来达到整个公司的目标，以及如何使高层管理人员通过测量系统来追踪工作单元级和过程级的绩效。

开发软件所涉及的技术层面包括对软件要求的定义、软件系统的设计、系统的实现和系统的维护。系统生命周期阶段见表 7-1，表中列出了相关的 8 个步骤和相应的交付使用/活动。

表 7-1　系统生命周期阶段

步骤	交付使用/活动
1. 需求分析	系统要求详述 故障恢复计划 风险评估 资源需求检查 需求分析复验
2. 外部设计	外部设计详述 用户使用指南 维护指南 初步测试计划 外部设计检查 系统要求详述
3. 内部设计	内部设计详述 转化/实现计划 系统测试计划 内部设计检查 系统要求详述

续表

步骤	交付使用/活动
4. 详细开发	编码检查 故障恢复计划 安全风险评估 开发细节检查
5. 系统测试	测试报告 系统测试复验
6. 数据管理	软件开发文档（SDF） 用户使用手册 维护指南
7. 生产/实现	实现计划 维护指南
8. 维护	定期的活动 记录变化的文档 维护手册

7.6 基于区块链的质量信息管理系统

7.6.1 区块链定义和特点

区块链本质上是一个去中心化的数据库，是一连串使用密码学方法产生相关联的数据块，在典型的区块链系统中，数据以区块为单位产生和存储，并按照时间顺序连成链式数据结构，每一个数据块中包含了一段时间内全网交易的信息，用于验证其信息的有效性（防伪）和生成下一个区块。所有节点共同参与区块链系统的数据验证、存储和维护。新区块的创建通常需得到全网多数（数量取决于不同的共识机制）节点的确认，并向各节点广播实现全网同步，之后不能再进行更改或删除。所以说区块链是以去中心化和去信任化的方式，来集体维护一个可靠数据库的技术方案。

通俗地讲，其实区块链可以称为一种全民记账的技术，或者可以理解为一种分布式总账技术，并且提供完善的脚本以支持不同的业务逻辑。

1. 去中心化

去中心化是区块链最基本的特征，意味着区块链不再依赖于中央处理节点而实现了数据的分布式记录、存储和更新。由于使用分布式存储和算力，不存在中心化的硬件或管理机构，全网节点的权利和义务均等，系统中的数据本质是由全网节点共同维护的。每个区块链节点都必须遵循同一规则，而该规则基于密码算法而非信用，同时每次数据更新都需要网络内其他用户的批准,所以不需要一套第三方中介机构或信任机构背书。在传统的中心化网络中,对一个中心节点实行攻击即可破坏整个系统,而在一个去中心化的区块链网络中,攻击单个节点无法控制或破坏整个网络,掌握网内超过51%的节点只是获得控制权的开始而已。

2. 透明性和溯源性

区块链系统的数据记录对全网节点是透明的,数据记录的更新操作对全网节点也是透明的,这是区块链系统值得信任的基础。因为区块链系统使用开源的程序、开放的规则和高参与度,所以区块链数据记录和运行规则可以被全网节点审查、追溯,具有很高的透明度。

3. 开放性

区块链系统是开放的,除数据直接相关各方的私有信息被加密外,区块链的数据对所有人公开(具有特殊权限要求的区块链系统除外)。任何人参与节点都可以通过公开的区块链接口查询数据记录或者开发相关应用,因此整个系统信息高度透明。

4. 自治性

区块链采用基于协商一致的规范和协议,使整个系统中的所有节点能够在去信任的环境自由安全地交换数据、记录数据、更新数据,把对个人或机构的信任改成对体系的信任,任何人为的干预都将不起作用。

5. 不可篡改性

区块链采用密码学哈希算法技术,信息一旦经过验证并添加至区块链后,就会得到永久存储,无法更改(具备特殊更改需求的私有区块链等系统除外)。哈希算法具有输入敏感特性和冲突避免特性,一旦整个区块链某些区块被篡改,都无法得到与篡改前相同的哈希值,除非能够同时控制系统中超过51%的节点,否则单个节点上对数据库的修改是无效的,因此区块链的数据稳定性和可靠性极高。

6. 匿名性

区块链技术解决了节点间信任的问题,因此数据交换甚至交易均可在匿名的情况下进行。因为节点之间的数据交换遵循固定且预知的算法,其数据交互是无须信任的,可以基于地址而非个人身份进行,所以交易双方无须通过公开身份的方式让对方产生信任。

7.6.2 质量信息管理体系的现有问题

众多企业在质量信息管理体系运行过程中常以自我为中心,对客户的关注度与满意度的管理不足;在运行过程中存在的碎片信息较多,没有精准量化的质量信息数据库等问题。同时,质量信息管理体系运行迟缓,管理基础较为薄弱,行政命令代替程序的随意性较强,导致运行有效性与效率并不高；记录乱杂，"孤岛"问题多，追溯难；相关方的参与度及环境因素风险和机遇识别、大数据收集分析不足，认证机构借助于互联网技术开展认证监控，事后监督到提前预警，提供更为便捷、及时、周到的服务不足等。以上现象最终导致质量信息管理体系运行困难，持续改进性较差，有效性又不足。

7.6.3　区块链与质量信息管理体系的契合度

区块链技术在制造业中的应用，对其研发、制造、销售诸环节能实现全记录，能在一定程度上弥补传统业务流程防伪技术的不足，促进服务和资源的共享，平衡参与公司治理的各方权力。

区块链的"不可篡改性""去中心化"特性，从技术上真正实现了对公司组织质量信息管理架构的扁平化改进，实现了敏捷制造、全员共治质量，提升了沟通效率，培育了诚信和正直的文化，降低了质量协调成本，增进了相互信任与协同，促进了质量改进与知识共享。

区块链的透明性、溯源性和开放性，能够让用户与组织之间的关系更加紧密，用户可以主动地参与到组织的研发与生产过程中，在技术上便捷性地实现了用户的信任，因此提高了用户满意度和忠诚度。

区块链的分布式结构能使组织追踪产品的周期性，获取大量真实的实时数据信息，帮助组织从技术上实现将过程及其相互关系作为一个体系进行管理，以高效地实现组织的质量目标，提高组织过程管控的安全性、透明度和工作效率。此外，区块链还能使组织为各方提供更好的沟通机制，相关方（如供方、合作伙伴、用户、投资者、雇员或整个社会）可以更轻松地访问相关材料及产品的状态和所有信息，支持与相关方共同收集和共享信息、专业知识和资源，并存储在区块链中。依靠大数据的收集、存储功能，组织可以获得足够准确、可靠和安全的数据信息，为运行和改进过程并监视、分析和评价整个体系的绩效提供可信、可靠的依据，增强了渐进性和突破性创新能力，提高了对内外部风险和机遇的预测和反应能力。

7.6.4　基于区块链的工程建设质量信息管理及追溯系统

通过区块链技术信息的不可篡改性、透明性及多方访问能力可跟踪工程建设全过程中的信息变化轨迹，极大地提升各环节的效率和准确性，并通过区块链技术对危险因子进行分析、预警、自动执行溯源，预防工程质量问题；其应用能够促使参与主体在工程建设过程中行为规范，对工程质量进行全过程监管。因此，基于区块链技术的工程建设质量信息管理及追溯系统构建的目标是：通过区块链技术的嵌入，实现对工程建设质量信息的全程监管，提高质量信息管理的精细化程度，以提高工程质量；实现质量精确追溯，从而解决质量问题难以找到根源、事后问责不力的情况。以区块链为手段构建的质量信息管理及追溯系统，可将各阶段与多参与主体紧密联系在一起，形成快速反应并相互监管的集成化动态联盟组织，促使建设全过程、全参与主体共同监管工程全范围的质量行为和活动，净化行业质量信息管理环境。

① 以区块链为技术支撑手段，构建质量信息管理及追溯系统，保障工程建设全过程的质量信息管理顺利实施。工程建设全过程质量信息管理涉及多技术、多环节、多主体等，其管理、规划、优化的任务十分艰巨。因此，有效地建设全过程质量信息管理需要更强大的技术工具来提高运作效率。

② 以实现工程建设质量全过程管理为前提，达到质量问题可追溯。基于区块链技术形成环环相扣的全过程质量信息管理，这是工程质量检查或质量问题追溯的前提，可从根本上解决工程质量问题问责难的情况。质量信息管理系统的功能逻辑如图 7-12 所示。

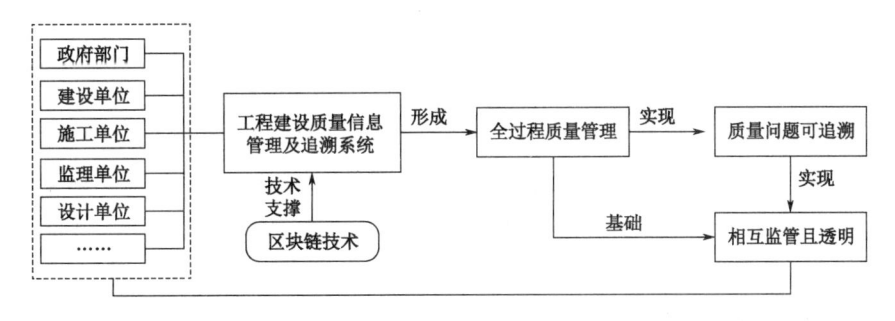

图 7-12　质量信息管理系统的功能逻辑

③ 以实现质量问题追溯为前提，促使形成参与主体相互监管平台。在工程质量全过程管理体系中，参与主体整合技术、资金等资源，高效实行质量追溯，不仅可使建设过程中各部门进行自我监管，还可使外部的协同监管都公开透明。质量信息管理系统的整体平台架构如图 7-13 所示。

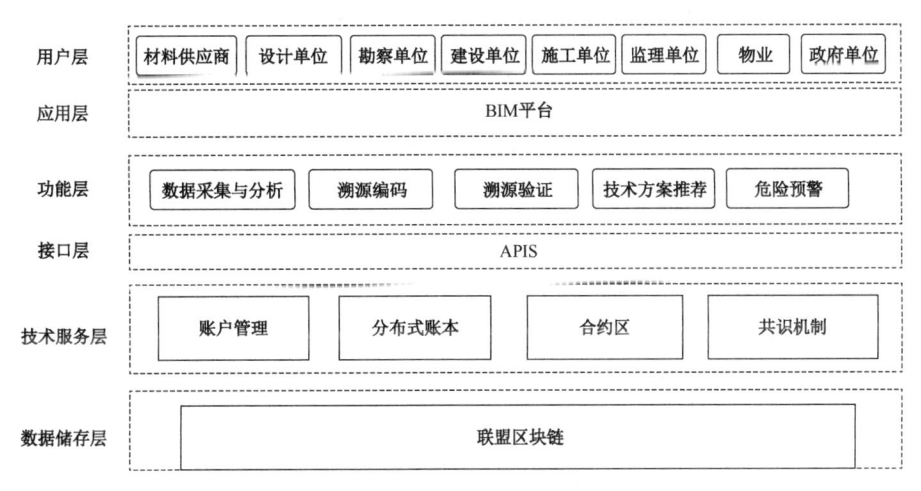

图 7-13　质量信息管理系统的整体平台架构

参考文献

[1] 唐晓青,段桂江,杜福洲.制造企业质量信息管理系统实施技术[M].北京:国防工业出版社,2009

[2] 代红梅.基于ISO9000的通用质量信息管理系统研究与应用[D].重庆:重庆大学,2004.

[3] 刘伟.基于MES的质量信息管理与质量追溯系统研究[D].济南:山东大学,2012.

[4] 崔鹏亮.基于QFD的质量信息管理系统研究[D].南京:南京理工大学,2008.

[5] 申冬梅.协同环境下质量信息管理系统研究[D].长春:吉林大学,2010.

[6] 周春艳.质量检验信息管理系统的设计与实现[D].成都:电子科技大学,2013.

[7] 刘国峰.通用质量信息管理系统的研究[D].沈阳:东北大学,2008.

[8] 徐大敏,赵丽萍,要义勇.基于企业间质量跟踪控制模型的质量信息跟踪研究[J].计算机集成制造系统,2009,15(6):1107-1114.

[9] 孙继文.企业质量信息系统分系统设计与应用研究[D].合肥:合肥工业大学,2005.

[10] 翟婧宇.基于RFID的汽车供应链质量信息追溯研究[D].上海:上海交通大学,2013.

[11] 朱正萱.QFD在质量信息传递中的运用研究[D].南京:南京理工大学,2002.

[12] 段桂江,唐晓青.动态企业环境下的质量信息系统研究[J].计算机集成制造系统-CIMS,1999(3):45-49.

[13] 王灿.基于过程的质量体系信息化管理系统关键技术研究[D].重庆:重庆大学,2002.

[14] 李成.基于智能移动终端的工程质量信息管理系统的开发技术研究[D].长沙:中南大学,2012.

[15] 龚鸣.区块链社会:解码区块链全球应用与投资案例[M].北京:中信出版社.2016.

[16] 长铗,韩锋,等.区块链:从数字货币到信用社会[M].北京:中信出版社,2016.

[17] 李桃,严小丽,吴静.基于区块链技术的工程建设质量管理及追溯系统框架构建[J].建筑经济,2020,41(9):103-108.

[18] 马忠民.基于区块链的质量管理体系设计构想[J].中国标准化,2020(6):149-153.

[19] 敬毅.基于区块链的制造供应链质量管理架构的研究[J].机电工程技术,2019,48(5):165-168.

[20] 曹峰,叶翀.基于区块链建立交互式供应链质量信息平台——产品质量追溯方案探索[J].上海管理科学,2018,40(6):83-87.

下篇

应用案例篇

第 8 章

供应链质量战略管理

8.1 供应链质量战略管理的基本概念

20 世纪 60 年代中后期，尤其是 20 世纪 70 年代，美国企业既面临石油危机、经济膨胀等不确定性，又面临日本和欧洲的挑战，独占市场的情况已不复存在，此时来自军事领域的词汇——"战略"开始被引入管理界。20 世纪 80 年代，大量的生产和配送系统受到了更加严峻的挑战，使得美国企业更加注重战略规划。20 世纪 90 年代，竞争环境更加残酷，企业再造学说盛极一时，许多企业将再造技术作为取得竞争优势的"法宝"，放弃了制订战略计划。加里·哈默尔（Gary Hamel）和普拉哈拉德（C.K.Prahalad）在 1994 年合著的《为未来而竞争》标志着战略计划的复兴。当前竞争的重点已经开始从运作层向战略层转移。

供应链管理战略关注的重点不是企业向用户提供的产品或服务本身给企业增加的竞争优势，而是产品或服务在企业内部和整个供应链中运动的流程所创造的市场价值给企业增加的竞争优势。

事实上，不论公司层次上的产品和服务有多好，组织结构多有效，资源和生产过程多优越，它们都是独自获得竞争能力。20 世纪 90 年代那些抢先占有竞争优势和市场份额不断增长的公司得到了极大的发展，其最主要的原因就是它们实现了供应链战略管理，将关注重点从内向能力转向将自己的能力与供应链成员中的生产资源和创新知识整合起来。

8.2 供应商质量的形成过程和特点

核心企业对供应商的质量管理是一个很复杂的过程，主要包括招标、选择、评估、现场考核、定级、试用、试用评估、正式试用、再评估、定期确认资格等环节。管理的目的在于确保供应商自身的质量管理能力，这就要求供应商要有良好的质量管理能力，而质量管理能力的形成过程：底层是供应商自身所形成的质量管理文化，这种文化是企业质量管理价值观的体现，优秀的质量文化将促使企业采用标准化的质量管理体系，在标准化的质量管理体系的约束和指导下，企业才能实施一系列标准化的质量管理流程和采取标准化的质量控制方法，并进行持续的质量改进，从而生产出质量合格的中间产品与服务。

1. 质量文化

所谓质量文化是指企业在长期的生产经营中所形成的与质量相关的意识形态、价值观念、道德水准、思维方式和行为规范。它既直接表现为产品质量、服务质量、管理和工作质量，又是消费质量、生活质量和环境质量的间接体现。质量文化是企业进行质量管理的基础，没有良好的质量文化氛围，没有良好的质量管理行为规范，没有领导对质量管理的重视及员工对产品质量重要性的认识，这样的企业很难生产出高质量的产品和提供高标准的服务。对供应商质量管理的第一步就是对其质量文化有深刻认识，分析自己的质量文化与供应商的质量文化的异同点，寻找相互间的磨合点，增强彼此间的质量文化交流，使供应链上下游企业的质量文化相互融合。

2. 质量管理标准化体系

ISO 9000 系列标准是一套标准化的质量管理运作体系，它将质量管理和质量保证的概念、原则、方法和程序统一在国际标准的基础之上。自颁布以来，已经被许多国家、地区和企业所采用，形成了"ISO 9000 热潮"。

获得 ISO 9000 系列标准体系认证的供应商企业是对其质量管理能力的肯定，但最关键的是企业要能按照这套标准化的质量管理体系来进行质量监控、质量分析、质量测评和质量改进，而不是只把它作为"花瓶"。因为使用统一的质量术语，建立共享的质量管理文档，采用相同的质量监控方法和标准，所以在统一的标准化质量管理体系下既能提高供应商自身的质量管理水平，又能有效增强核心企业对供应商质量管理的能力。

3. 标准化质量管理及质量持续改进

仅仅拥有好的质量文化和标准化质量管理体系是不够的，必须将它们融入产品的生产和所提供的服务里，持续有效地开展内部质量审核。这样就需要建立相应的质量管理机构、质量标准、质量法规、质量保证体系及质量管理的其他行为规范和规章制度,并将它们应用到企业的质量管理中,推行全面质量管理,通过这些手段来培养全员的质量管理意识,规范生产操作流程,规避质量风险,从源头上确保质量。

随着核心企业对供应商质量的要求越来越严格,供应商应该建立质量监控和信息反馈机制,明确质量管理中存在的问题及捕捉新的质量变化要求,从而不断地对其质量进行持续改进。

4. 合格中间产品与服务

参照《质量管理 组织的质量 实现持续成功指南》(GB/T 19004—2020)中所描述的"质量环"模型,在供应商生产合格中间产品的过程中对质量有影响的主要活动有:营销和市场调查、产品设计和开发、过程策划和开发、采购、生产、产品出厂质量检验;在提供服务的过程中对质量有影响的主要活动有:包装与仓储、销售和运输、技术支持与售后服务、报废产品的回收处理和再利用。这些活动质量的好坏是供应商质量管理水平高低的直接体现,对供应商的质量管理也就是对这些活动进行相应的质量管理,这可以引导供应商向更高的质量管理水准迈进,使其提供核心企业所需要的合格中间产品与服务。

5. 供应链环境下供应商质量管理的特点

供应链环境下供应商质量管理与单个企业内的质量管理有很大的不同,主要表现在以下方面。

对供应商的质量管理应立足于供应链的高度,核心企业应该从整个供应链质量体系的高度来监控和保证供应商的质量,建立基于产品全寿命周期的质量信息管理系统,对不同阶段的产品应制定不同的质量监督和控制策略,确定有效的质量监督点和评审点。

供应商的质量是由供应商自身的中间产品与服务质量决定的,供应商是质量管理的主体,作为核心企业,其对供应商的质量管理重点应该是对产品质量形成的关键过程、关键环节、最终产品的整体质量和所提供的服务质量进行监控,而不是对所有质量形成过程进行监控。

供应商是主权独立的实体,相互间没有行政隶属关系,是一种合同或战略合作关系,相互间通过相应的质量协议与合同来规避质量问题,当出现质量纠纷时,主要通过协商、仲裁或法律手段来解决。

供应商的地理位置可能比较分散,这加大了对供应商质量进行有效监控的难度,彼此间的质量信息沟通主要依赖网络通信技术和质量管理信息系统。同时,也束缚了供应商与核心企业之间展开全面的质量合作,在同等服务质量水平下,增加了供应商的服务成本。

在供应链的动态环境下,随着用户需求、市场环境及核心企业的产品结构和生产经营环境的不断变化,要求供应商必须不断地适应它们所带来的动态性的质量变化,从而建立动态、灵敏的质量管理体系。

8.3 供应链与关系质量

8.3.1 供应链关系质量内涵

供应链合作伙伴关系是指在供应链内部两个或两个以上独立的成员之间形成的一种协调关系，以保证实现某个特定的目标或效益。建立供应链合作伙伴关系的目的在于通过提高信息共享水平，减少整个供应链产品的库存总量、降低成本和提高整个供应链的运作绩效。

随着市场需求不确定性的增强，合作各方要尽可能削弱需求不确定性的影响和风险。供应链合作伙伴关系绝不应仅考虑企业之间的交易价格，还有很多方面值得双方关注。例如，制造商总是期望其供应商完善服务，搞好技术创新，实现产品的优化设计等。

这样的一种战略合作关系形成于集成化供应链管理环境下，形成于供应链中为了特定的目标和利益的企业之间。形成的原因通常是为了降低供应链总成本、降低库存水平、增强信息共享水平、加强相互交流、保持战略伙伴之间操作的一贯性、产生更大的竞争优势，以实现供应链节点企业的财务状况、产品质量和产量、用户满意度及业绩的提高。显然，战略合作关系必然要强调合作和信任。

实施供应链合作伙伴关系就意味着新产品技术的共同开发、数据和信息的交换、市场机会共享和风险共担。在供应链合作伙伴关系环境下，制造商选择供应商不再是只考虑价格，而是更注重选择能在优质服务、技术革新、产品设计等方面进行良好合作的供应商。

供应商为制造商的生产和经营供应各种生产要素（原材料、能源、机器设备、零部件、工具、技术和劳务服务等）。供应商所提供要素的数量的多少、价格的高低直接影响到制造商生产的好坏、成本的高低和产品质量的优劣。因此，制造商与供应商的合作关系应着眼于以下几个方面。

① 让供应商了解制造商的生产程序和生产能力，使供应商能够清楚地知道制造商需要产品或原材料的期限、质量和数量。

② 向供应商提供制造商的经营计划和经营策略，使供应商明确制造商的要求，以使供应商能随时反映制造商要求达到的程度。

③ 制造商与供应商要明确双方的责任，并对对方负责，使双方明确共同的利益所在，并为此而团结一致，以达到双赢的目的。

供应链合作伙伴关系的潜在效益，往往在这种关系建立后 3 年左右甚至更长的时间，才能转化成实际利润或效益。企业只有着眼于提高供应链管理的整体竞争优势和制定长期的市场战略，才能从供应链的合作伙伴关系中获得更大效益。

8.3.2 供应链质量的评价与控制

1. 外购件质检方案的经济性评价

企业对于购进的一批零部件有 3 种方案可供选择：不检验，即免检；全检并退回不合格品；抽样检验。假设某批产品的不合格率为 p，单位产品的检验费用为 I，单位产品价格为 P，批量为 N，试确定最经济质量检验方案。

① 不检验。在这种情况下，企业不支出检验费用，但要承担不合格品损失。计算公式为

$$L_1 = N \times p \times P \tag{8-1}$$

② 全检。此时发生的费用为检验费，由于不合格品可以退回供应商，不存在不合格品损失。计算公式为

$$L_2 = N \times I \tag{8-2}$$

③ 抽检。采用抽样检验时，抽检方案为 (n, c)。这批产品可能批合格被接受，也可能批不合格被拒收，接受概率为 $L(p)$，拒收概率为 $[1-L(p)]$。批合格被接受时，发生的费用为抽检费用与不合格品损失之和。计算公式为

$$S_1 = n \times I + N \times p \times P \tag{8-3}$$

批不合格被拒收时，发生的费用为样本检验费用。计算公式为

$$S_2 = n \times I \tag{8-4}$$

则抽检费用的计算公式为

$$L_3 = L(p) \times S_1 + [1-L(p)] \times S_2 = n \times I + L(p) \times N \times p \times P \tag{8-5}$$

因此，对这 3 个方案的经济性评价可简化为 L_1、L_2、L_3 大小的比较，如图 8-1 所示。

由图 8-1 可以看出，当产品不合格率 $p \leq p_1$ 时，对购进的外购件免检是最经济的；当 $p_1 < p \leq p_2$ 时，采用抽检方案 (n, c) 进行抽检是最经济的；当 $p_2 < p \leq p_3$ 时，全检是最经济的；当 $p \geq p_3$ 时，采用抽检方案 (n, c) 进行抽检是最经济的。值得注意的是，对外购件不进行质量检验，只适合供应商所提供零部件合格率特别高的情况。如果企业与某供应商已有较长时间的合作，而且根据以往的检验数据发现对方的过程不合格率一直控制在一个可以接受的低水平上，那么可以考虑免检，否则，进货免检往往要承担很大的风险。

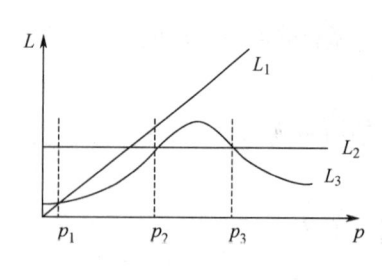

图 8-1 L_1、L_2、L_3 大小的比较

2. 外购件质量的评价分析

当企业严格执行进货检验制度时，会给外购件的供应商造成相应的质量压力。对用户负责的供应商在加强内部质量控制的同时，也会在出厂检验上进行严格把关，剔除不合格品，以保证供货质量满足用户的要求。作为企业，特别是在计划期内连续进货的企业，应充分利用进货检验信息了解同一供应商的供货质量分布的变化状况，掌握供应商的质量控制动态，对同一种零部件的不同供应商的供货质量进行经济分析，如利用直方图了解外购件的质量分布情况。

企业对于外购件的质量检验应保存详细的记录，不应只简单地记录合格品数量和不合格品数量，特别是对于需要连续购进的外购件。因为即使同为合格品，其质量状况还是有差别的，因此应充分利用每批进货的质量检验数据了解整批外购件的质量分布情况，以及不同批外购件之间的质量变化情况。

例如，某厂对外购轴承进行抽检，抽检方案为（125，3），主要质量指标为轴承内径，对合格批接收，对不合格批拒收或退回。在抽检过程中，记录每个轴承的内径值。将此125个数据制成直方图。

质量分布直方图有可能出现以下典型形态，如图8-2所示。

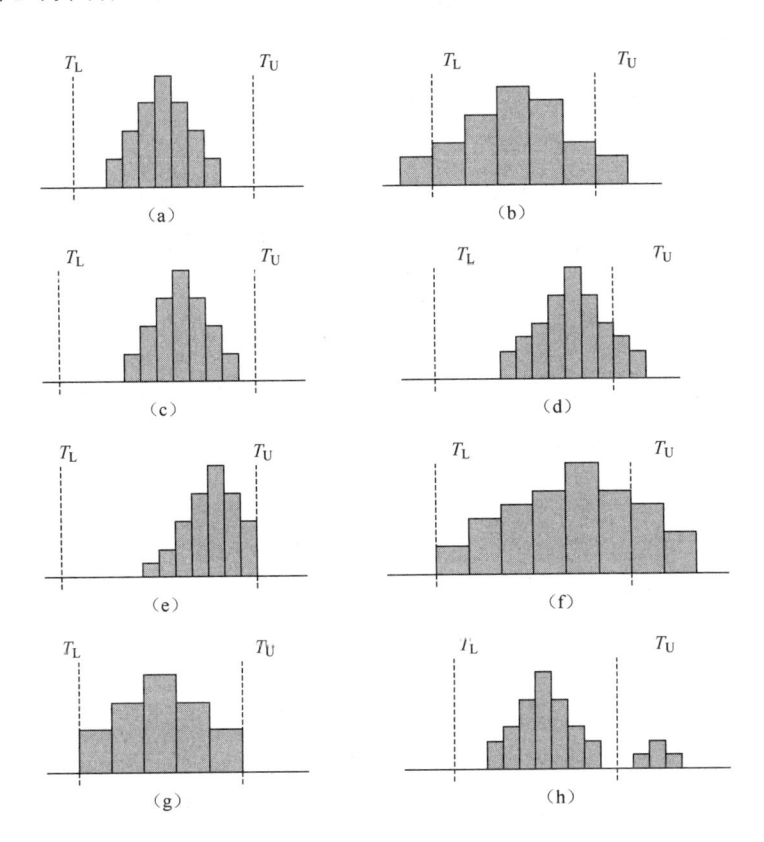

图8-2 质量分布直方图

为表述准确，需明确一个概念：质量供应能力。质量供应能力是指供应商能够提供满足规定质量要求的产品的能力。无论双侧公差还是单侧公差的情况，当外购件的质量分布超出规定的质量要求时，认为供应商的质量供应能力不足；当外购件的质量分布落在质量公差限内，认为供应商的质量供应能力充足。

① 如图8-2（a）所示，供应商有足够的质量供应能力，保证所供产品达到质量要求。

② 如图8-2（b）所示，供应商的质量供应能力不足，产品出厂未进行全检，应暂停从该供应商处进货，观察其改进情况。

③ 如图8-2（c）所示，供应商的质量供应能力充足，但内部工序控制出现异常而未加控制，此时企业应及时与供应商加强联系，提醒其予以纠正，防止供应能力的进一步恶化。

④ 如图8-2（d）所示，供应商暂不具备足够的质量供应能力，出厂未进行全检，企业应向该供应商提出警告并暂停进货，要求其出厂全检并调整生产过程，待其质量改进后恢复进货，并对第一批进货进行全数检验。

⑤ 如图8-2（e）所示，供应商的质量供应能力充足，经过出厂全检剔除了不合格品，但内部质量控制松懈，应及时向供应商反馈质量分布偏移状况，以便供应商调整内部工序，进一步提高质量供应能力。

⑥ 如图8-2（f）所示，供应商的质量供应能力严重不足，产品出厂未进行全检，表明供应商的质量管理难以满足用户的要求，对用户不负责任，应取消合约，停止进货。

⑦ 如图8-2（g）所示，供应商的质量供应能力充足，仅靠出厂全检把关，供应商存在大量的内部质量损失，一旦出厂检验控制不严，其供货中将有大量的不合格品。对此，应密切关注供应商的供应情况。此类供应商提高质量供应能力的潜力不大，因此必要时停止从其进货，另选供应商。

⑧ 如图8-2（h）所示，供应商的质量供应能力不足，供应商内部工序控制不严，没有及时发现内部生产过程中出现的问题，满足于以前的质量表现，没有进行出厂全检，但进货潜力较大。企业应暂停进货，并及时与之联系，反馈质量信息，待其质量供应能力充足后恢复进货。

质量供应能力分析。通过质量分布直方图直接观察质量供应能力，具有简单易行、直观实用的优点，但无法定量反映供应商质量供应能力的大小，为此，需要将质量供应能力和质量要求联系起来，引入质量供应能力指数 C_s。

$$C_s = \frac{|\text{靠近的公差限} - \bar{x}|}{3S} \tag{8-6}$$

根据质量检验记录或质量分布直方图计算样本数据的均值 $\bar{x}$ 和标准差 S，进而计算得到供应商的质量保证能力指数。当供应商依靠全检来剔除不合格品进行出厂的质量保证时，规定 $C_s=1$，无须计算。

计算质量保证能力指数的目的在于对供应商的质量保证能力进行分析,以便在以后的合作中采取相应的控制对策。质量供应能力分析与对策见表 8-1,对于大多数行业来说,可参考表 8-1 的分析与对策。

表 8-1 质量供应能力分析与对策

C_s	分析	对策建议
31.67	质量供应能力绝对充足	免检
133~167	质量供应能力非常充足	适当放宽检验
100~133	质量供应能力充足	维持以往的检查方案,密切注意后续检查批
100	质量供应能力基本充足	加严抽检或全检。若发现质量供应能力有进一步下降的趋势,则暂停进货
0.67~100	质量供应能力不足	暂停进货,待供应商将质量供应能力指数提高至 1.00 以上后恢复进货
<0.67	质量供应能力严重不足	取消合约,另选供应商

外购件质量的经济性分析。根据田口玄一的质量损失理论,即使进货全部合格,但其质量损失仍会有所不同,有时相差很大。质量损失函数为 $L(y)=k(y-m_0)^2$,式中 m_0 为质量目标值,y 为产品的质量特性值,k 为常数。产品的质量特性值偏离目标值越大,质量损失就越大。质量损失示意图如图 8-3 所示。

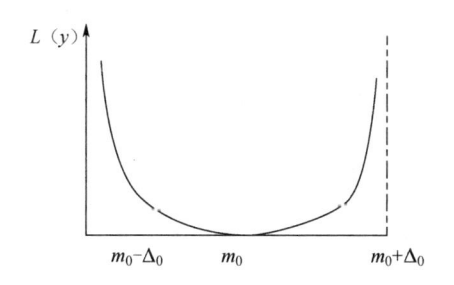

图 8-3 质量损失示意图

假定有 2 批进货,经抽检验证 2 批货物皆合格予以接收,但根据样本质量分布发现,2 批货物的质量均值皆为 m_0,一批外购件质量特性值的方差为:$\sigma_1^2=(2\Delta_0/6)^2$,另一批外购件的质量特性值的方差为:$\sigma_2^2=(2\Delta_0/12^{1/2})^2$,2 批进货的质量分布图如图 8-4 所示。

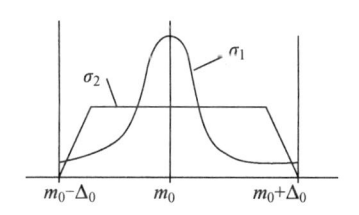

图 8-4 2 批进货的质量分布图

则第 2 批的平均单件质量损失为：$L_2 = k\sigma_2^2 = 3k\sigma_1^2 = 3L_1$，是第 1 批外购件的质量损失的 3 倍。

可见，虽同属合格批，但给企业带来的质量损失却不同，如果进价一样的话，那么质量损失小的产品批应成为优先选择。

3. 供应商选择的经济性评价

一般来说，不同的供应商其供应的零部件质量分布不同，价格也会有所差别。当前，一些机械企业在选择供应商时，采用"比价采购"的原则，以价格选定供应商，忽略了外购件在质量损失上的差别，由此选定的供应商往往不是最佳供应商，因而结合外购件的质量损失和产品价格进行综合平衡，可以得出对企业更为有利的评价结果。

选择供应商的评判依据为

$$\text{Min } C = P + L \tag{8-7}$$

式中，P 为产品单价；L 为产品偏离质量目标值而带来的损失。为使本方法更具操作性，下面分 3 种情况进行分析。

（1）双侧公差的情况

机械产品中，双侧公差的情况较多，有双侧对称公差和双侧不对称公差，在此，将对称公差的情况作为不对称公差的一种特殊形式。某种产品的质量要求为

$$m_{0-\Delta_{01}}^{+\Delta_{02}} \tag{8-8}$$

当 $\Delta_{01} = \Delta_{02}$ 时，为对称公差的情况。设超出标准下限的不合格品损失为 A_{01}，超出标准下限的不合格品损失为 A_{02}，对应标准上下限的比例常数取 k_1、k_2，则损失函数为

$$L(y) = k_1(y - m_0)^2, \quad y \leq m_0 \tag{8-9}$$

$$L(y) = k_2(y - m_0)^2, \quad y > m_0 \tag{8-10}$$

式中，$k_1 = A_{01}/\Delta_{01}^2$，$k_2 = A_{02}/\Delta_{02}^2$。

如某机械厂可以从 A、B、C 3 家供应商购进同一种零件，该零件的质量标准为 $\phi 30 \pm 0.6$。这 3 家供应商除了报价相差较大，其他方面如企业信誉、售后服务等方面无明显差别。3 家供应商的报价分别为：$P_A = 22$ 元/件，$P_B = 25$ 元/件，$P_C = 30$ 元/件。使用质量超标的零件平均每件将给企业带来 108 元的损失。对这 3 家供应商的产品随机抽样发现其产品质量分布分别服从（30.1，0.03）（30，0.02）（30，0.01）。

由题意知：$A_0 = 108$，$\Delta_0 = 0.6$，则 $k = A_0/\Delta_0^2 = 108/0.36 = 300$

$L_A = k \times (\sigma_A^2 + \varepsilon^2) = 300 \times (0.03 + 0.01) = 12$

$L_B = k \times \sigma_B^2 = 300 \times 0.02 = 6$

$L_C = k \times \sigma_C^2 = 300 \times 0.01 = 3$

$C_A = P_A + L_A = 22 + 12 = 34$（元）

$C_B = P_B + L_B = 25+6=31$（元）

$C_C = P_C + L_C = 30+3=33$（元）

显然，$C_B < C_A$，应选择供应商 B 作为合作伙伴。

（2）单侧上限的情况

有的质量指标只有公差上限，如表面粗糙度、波纹度等，对于这种情况，取 $m_0=0$，$\Delta_0=T_U$。质量损失函数为 $L(y)=ky^2$，$k=A_0/T_U^2$。单侧上限的质量损失曲线如图 8-5 所示。

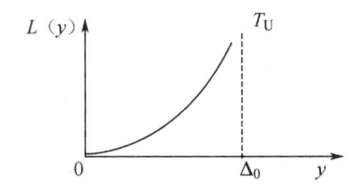

图 8-5　单侧上限的质量损失曲线

则 $C=P+L(y)=P+A_0y^2/T_U^2$，比较各个供应商的 C 值，C 值最小的为最佳供应商。

（3）单侧下限的情况

有的质量指标只有公差下限，如产品强度，此时质量特性的目标值应取一个可以使质量损失降为零的最小近似值 m_0。这个近似值的确定应由经验丰富的人员讨论确定。单侧下限的质量损失曲线如图 8-6 所示，质量损失函数为

$$L(y)=k(y-m_0)^2, \quad y \leq m_0$$
$$L(y)=0, \quad y > m_0$$

图 8-6　单侧下限的质量损失曲线

同样，此时的供应商选择也可以通过比较 C 值的大小来确定，此处不再举例说明。

对外购件质检方案的经济性评价、对外购件质量的评价分析及对供应商选择的经济性评价是供应链环境下质量控制的重要内容。企业应改变以往被动检验的做法，充分利用外购件的质量检验信息主动分析外购件质量数据的变化情况，从中了解外购件的质量分布情况、满足规定的质量要求的情况和质量波动带来的损失，及时掌握供应商的过程平均不合格率，科学地进行质量检验方案的选择评价和供应商的质量供应能力分析，并在较为全面的经济分析基础上选择最佳的供应商。

8.4 供应链管理策略

供应链管理策略是指对整个供应链的整合与协调,以此来提高供应链成员的绩效,分为精益供应链、敏捷供应链、混合供应链。

1. 精益供应链

精益供应链是指供应链通过减少库存、提高供应链的质量来创造成本效益,从而消除浪费的供应链管理策略。有学者认为精益供应链的一个重要属性是供应链的交货提前期最短,因为按照定义,多余的时间就是浪费,而精益供应链就是要消除所有的浪费。

2. 敏捷供应链

敏捷供应链是指供应链利用快速反应和灵活性的战略目标对不断变化的客户需求和市场动态做出迅速有效响应的供应链管理策略。敏捷供应链能够快速反映市场需求,迅速有效地响应供应链,从而影响供应链绩效。

3. 混合供应链

混合供应链是精益供应链和敏捷供应链的结合,是一种在供应链中通过推迟产品分化直到最后的组装来实现产品大规模定制的供应链策略。

(1) 信息系统策略

信息系统是信息技术和先进制造技术的主要组成部分。随着供应链管理的发展,信息系统是保证供应链管理策略有效实施的重要工具,因此它应该按照供应链管理所需的要求进行设计。信息系统策略在传统领域中是用来提高企业的效率和效益的。

信息系统策略以其实际应用来支持企业目标。信息系统策略为信息系统在企业中的作用提供了清晰的解释。基于上述分析,可以将信息系统策略分为 3 种类型:效率的信息系统、灵活的信息系统、全面的信息系统。这些策略是基于企业战略类型讨论的信息系统策略比较全面的类型。

① 效率的信息系统。这是一种可以有效提高企业内部和企业间运营效率的信息系统策略。效率的信息系统的一个很好的应用是用于企业运营系统(即企业资源计划)。该应用可以帮助企业监测和控制日常的行为活动,由此来提高企业的运营效率。如果企业建立一个效率的信息系统,那么企业内部和企业间的运作可以更有效,并且能够降低成本。

② 灵活的信息系统。这是一种基于市场灵活性和迅速响应战略决策的信息系统策略。例如,战略决策支持系统(Strategic Decision Support System,SDSS)作为支持供应链的信

息系统，能够帮助企业迅速做出战略决策，并能够通过管理人员对威胁、机会、优势和劣势进行分析，对战略进行描述，选择战略，并最终控制实施。建立一个灵活的信息系统能够实现企业对市场的快速反应，从而提高企业自身的竞争力与效益。

③ 全面的信息系统。这是一种能够进行综合决策并快速做出响应（效率和灵活性）的信息系统策略。

（2）供应链绩效测量

供应链绩效测量的指标范围分散在企业内部和企业间，并简要总结了几个关于指标测量的问题：① 战略和测量指标之间缺少联系；② 过分依赖财务数据作为关键绩效指标；③ 孤立和不相容的指标过多；④ 用一个企业的管理模式来测量整个供应链。

此外，还有人设置了 7 项绩效指标：① 以生产为中心；② 以市场为中心；③ 以客户为中心；④ 核心企业间的运营能力；⑤ 核心企业间的获利能力；⑥ 核心企业间的合作度；⑦ 核心企业的学习与创新能力。

（3）绩效分析方法

对已回收的数据进行统计分析，其中包括描述性统计分析、信度和效度分析、相关分析、回归分析。

① 描述性统计分析。描述性统计分析用来说明样本的结构，根据样本所提供的资料的性质来解释样本的组成概况和样本特征，对样本在各变量中的情况有一个初步的了解。

② 信度和效度分析。信度指的是对量表进行重复测量，一个量表产生一致性结果的程度，信度是测量免除随机误差的程度，如果信度越高，那么量表的随机误差就越小。采用因素分析法和内部一致性系数检验信息系统策略、供应链管理策略和供应链绩效量表的信度，检查问卷量表的可靠性和稳定性。

效度表示量表测量结果与预期想要测得构念的接近程度，即量表的题项是否准确测量了预期要考察的构念。一般来说，效度检验包含内容效度和构念效度。效度越好，越能准确测量想要研究的内容。可以采用 SPSS 等统计软件对量表进行验证性因子分析。

③ 相关分析。相关分析是研究不同变量间关系密切程度的一种常用统计方法。经过相关系数的统计检验后，当 $P<\alpha$ 时，α 通常为 0.05 时认为可信。本研究用相关分析初步验证自变量与因变量之间的相关性，在此基础上对变量进行回归分析。

④ 回归分析。回归分析能检测因变量与自变量之间的关系。采用回归分析来验证供应链管理策略与供应链绩效之间是否具有因果关系，并且加上信息系统策略调节变量之后自变量和因变量之间的关系是否增强。

（4）供应链管理理论框架

供应链管理理论模型如图 8-7 所示。

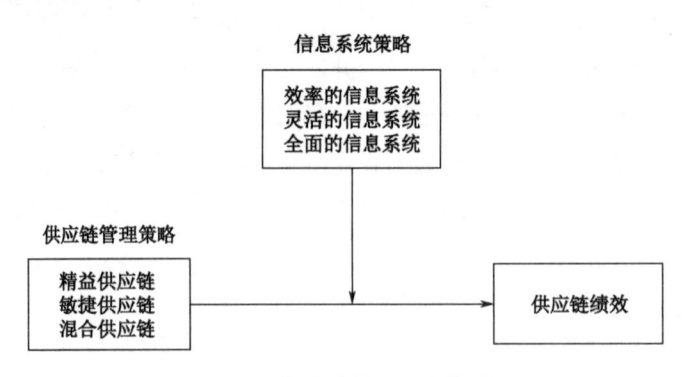

图 8-7 供应链管理理论模型

参考文献

[1] 朱岩梅. 设计—制造链质量与成本管理研究[D], 上海: 同济大学, 2007.

[2] 孙蓓蓓, 钟秉林, 史金飞, 等. 面向敏捷制造模式的质量保证信息系统研究[J], 东南大学学报(自然科学版), 1999(3): 39-42.

[3] 李昌明. 供应链环境下加工制造企业质量链管理研究[D], 天津: 天津大学, 2006.

[4] 马士华, 林勇. 供应链管理(第2版)[M], 北京: 机械工业出版社, 2005.

第 9 章

食药质量安全检测体系规划

食药产品质量安全关系公众身体健康和农业产业发展，是发展现代农业、强化公共服务、确保食品安全的重要保障。为贯彻落实习近平总书记重要指示批示精神，为切实解决禁限用药物违法使用、常规农兽药残留超标等问题，农业农村部、国家市场监督管理总局、国家卫生健康委员会等部门联合印发了《食用农产品"治违禁 控药残 促提升"三年行动方案》，在全国联合实施食用农产品"治违禁 控药残 促提升"三年行动。"十四五"时期坚持把产品质量安全发展贯穿始终，推动农业高质量发展、增加绿色优质农产品供给、提升农产品质量安全保障能力，进而形成发展高质量、监管高水平的新格局。

9.1 质量安全检测体系

9.1.1 体系组成

我国从 20 世纪 80 年代末开始建设农产品质量安全检验检测体系，目前已初步形成了部、省、市、县 4 级"金字塔"状的农产品质量安全检验检测体系。1988 年、1991 年、1998 年和 2003 年，农业农村部以条件、手段良好的中央和省属农业科研、教学、技术推广单位为依托，运用现有的专业技术人员和实验条件，通过授权认可和国家计量认证的方式，分 4 批规划建设了 12 个国家级农产品（含农业生态环境、农业投入品，下同）质检中心和 268 个部级农产品质检中心。此外，各地农业部门还相继建立了省级农产品质检机构 219 个，地（市）级农产品检查机构 439 个，县级农产品质检站 1 122 个。截至 2004 年年底，农业系统共有各级质检机构 2 060 个，其中已有 201 个部级质检中心通过农业农村部授权认可和国家计量认证，约 400 个省、地（市）县级质检机构通过了国家计量认证；仪器设备总投资产达 25.7 亿元；实验室总面积为 94.4 万平方米；有检测技术人员 1.96 万名。通过多年的规划建设，目前我国部、省、市、县 4 级构成的农产品质量安全检查检测体系已初具规模，质检机构的检测条件有了一定的改善，从业人员素质得到了显著提高，检测能力基本能满足我国重点行业和重点产品现有国家、行业标准和地方标准的规定要求。这些质检机构在促进我国农产品质量安全水平的全面提高，保障农产品消费安全方面发挥了重要作用。

9.1.2 功能定位

1. 部级中心

部级中心主要侧重于农产品质量安全监测技术和标准研发，进行风险评估及为政府风险监测预警和决策提供技术支持。开展全国农产品质量安全危害分析和风险评估研究；开展全国农产品质量安全检测技术发展战略研究；开展农产品质量安全标准体系建设研究和农产品技术性贸易措施相关政策研究；开展全国农产品质量安全方面信息管理、交流与服务，建设和维护国家级农产品质量安全标准、检测监管信息共享平台；开展农产品种植环境监测、调节、修复、重建等与质量安全有关的研究。

2. 农业农村部专业质检中心和质量安全监测预警平台

重点装备高精尖设备，提升农产品中未知危害物的定性、定量检测和隐患排查能力，实时有效地监测农产品质量安全危害因子及其危害程度，开展风险分析和评判工作。建立全国农产品质量安全监测信息预警平台，全面收集整理和分析研判农产品质量安全监测信息预警数据，为主管部门提供农产品风险监测信息和风险管理措施建议。

3. 省级综合质检中心

省级综合质检中心主要侧重于承担省（区、市）辖范围内的农产品质量安全风险监测，预警信息搜集汇总分析，开展仲裁检测等工作，并对辖区各级检测机构提供技术支持和指导。按照农产品质量安全风险监测预警的要求，负责本区域内农产品中主要污染物的跟踪监测、未知污染物的快速排查等风险监测工作；建立省级数据库和信息预警子系统，与全国农产品质量安全监测信息预警平台联网共享，实现监测数据即时采集、加密上传、智能分析、分类查询、分区监控、分级预警、上下联动的功能。

4. 地（市）级综合质检中心

地（市）级综合质检中心主要侧重于所辖区域内涉及农产品消费安全的市场抽检、监督抽查、执法检测、复检和县级以下检测机构的技术指导；承担上级主管部门下达的农产品质量安全监测、监督抽查任务；承担辖区内农业生产组织、农产品流通组织的检测技术支持；承担本市农产品质量安全突发事件中应急检测任务。

5. 县级综合质检站

县级综合质检站主要承担所辖县域的产地检测，且具备快速检测和反应能力。

9.2 质量安全检测体系规划

9.2.1 质量安全检测体系建设的内容和标准设计

全国农产品质量安全检测体系建设的主要内容：一是仪器设备条件建设；二是实验室条件建设。

1. 仪器设备条件建设

在充分利用各质检机构现有仪器设备的基础上，根据各级农产品质检机构的工作需要，坚持先进、实用、配套的原则，更新、配置部分高精密仪器设备，使精度和量程能够满足新形势监管的需要。

（1）部级农产品质量安全研究中心

仪器配置的重点是用于农产品质量安全风险评估和新的检测技术方法研究等方面的高、精、尖分析测试仪器，以及数据采集、处理和加工设备。仪器设备能够满足农产品的检测与研究需要。配置原则为：根据农产品质量安全研究、检测和重点发展领域的特点和需求，以保证仪器设备性能、质量为前提，在主要设备选择上体现技术先进、经济实用和可靠的原则，既参照发达国家同类机构条件与情况做到高起点、高标准，又尽量采用标准化、通用化和系列化的设备。

（2）部级专业质检中心

仪器设备配置参照一期规划部级植物源、动物源专业质检中心执行。

（3）完善风险监测与信息预警功能

完善部、省级质检中心风险监测功能。重点补充用于未知污染物排查鉴定分析系统、超痕量精确检测、溯源检测等方面的仪器设备，如高灵敏集成检测设备与智能化分析软件构成的综合分析系统、多维气相色谱-质谱联用仪、离子阱高分辨率飞行时间质谱仪等具有国际先进水平的仪器设备。

建设全国农产品质量安全监测信息预警系统。在开展农产品质量安全监测的基础上，建立覆盖部省两级行政管理部门、质检中心的农产品质量安全监测信息管理平台。建设内容主要为系统的软件和硬件建设，包括中心机房及配套设备等硬件，以及整个数据系统的地理信息系统和数据上报、监测分析、风险评估、风险预警、应急处置等系统模块软件的研制与开发。

（4）地（市）级农产品综合质检中心

重点配备农业产地环境、农业投入品和农畜产品中农药、兽药残留，有害有毒物质，有害微生物等定性定量分析检测仪器，以及采样交通工具。定量检测仪器设备要包括液相色谱仪和气相色谱仪。

（5）县级农产品综合质检站

县级农产品综合质检站主要以开展现场快速检测、指导地方农业生产为目的，配备农产品安全检测、农业生产和农业生态环境监测所需要的基本设备，以样品前处理、快速检测等仪器设备为主。对一些农、牧、渔业发达，经济发达，农产品生产基地较多的县（市）级农产品综合质检站，还需要考虑农药等有害物质快速检测、定量分析、采样及突发事件的应急处理等实际需求。

2. 实验室条件建设

实验室条件是影响实验结果的重要因素，所以实验室的检测设备及检测对象必须符合条件。实验室应尽可能与外界隔离，同时加强通风与防尘管理，确保室内温度适宜，环境良好，防止受到外界环境的影响与干扰。然而，大多数落后地区的农产品检测站，由于资金短缺，实验室设计简陋，存在设备不齐全、通风效果差等问题，致使许多易致毒、致癌物质长期停留在实验室内未散发出去，严重威胁实验人员的身体健康。目前各级质检机构检测实验室的建设以改造为主。

9.2.2 质量安全检测体系规划的效果评价

1. 政府农业公共服务能力进一步增强

规划实施后，将初步形成以部级中心为龙头，以省级综合中心为骨干、地（市）县级质检站为基础的农产品质量安全检验检测体系，有效推动基层农业公共服务能力建设，使农产品检测参数和监测种类更多、检测方法更加规范、检测标准更加科学、人员素质的提高更有保障、排查隐患准备更加及时、农产品质量安全突发事件处置技术支撑更加有力。

2. 农产品质量安全水平稳步提升

规划实施后，将大大增强我国销区市场的质量安全检验检测能力，确保主要农产品的农兽药残留量和污染物指标符合国家标准和国际标准要求，农产品抽检合格率进一步提高，农产品质量安全水平稳步提升。

3. 农业产业竞争力显著提高

规划实施后，将大大增强我国农业产区的农产品质量安全检验检测能力。通过对农产品品种、品质及生产环境的监测，进一步摸清我国优势农产品的品种、品质及种植养殖资源条件，科学引导各地发挥比较优势，加快无公害农产品、绿色食品、有机农产品和地理标志产品认证步伐，进一步促进名特优产品的生产，实现优质优价，使我国农业产业的竞争力得到进一步增强。

4. 农业生态环境保护更加有力

规划实施后，将加强对农业生产过程的监控，促进农药、化肥、农膜、兽药等农用化学物质的合理使用，提高其使用效能，减少其对生态环境的污染；将加强对农业生产环境的监控，防止工业污染和生活垃圾对农田环境的破坏，保障耕地、水体及气候条件符合安全生产的需要；通过质量安全检测，促进传统生产方式的改变，做到资源开发与生态环境保护并重。

9.3 质量安全快速检测技术实例

9.3.1 感官质量检测技术

快速检测技术是常用的食品药品质量安全预警手段。无论是在日常卫生安全监督过程中，还是在大型活动卫生保障和应急事件处理中，快速检测技术都有助于快速排疑、提高监管效率、保障质量安全。如何在市场流通中通过良好的快速检测操作规范识别产品真假是产品质量安全的基本保障。

感官质量检测技术是自 20 世纪 50 年代逐渐兴起的一门新兴学科。近年来，无论是企业还是高校、研究所等机构都建立了标准感官实验室，以期对食品或者药品等产品的颜色、外观、包装、味道、气味等进行综合评价。感官或感受体只有在受到外部适当刺激时才能产生正常感觉，而非对所有变化产生反应。识别产品感官属性一般遵循的顺序为：外观，气味、香味与芳香、浓度、黏度与质构、风味、咀嚼声音等。感官评价具有简单、迅速、费用低等优势，可直接为产品提供直接、可靠、便利的信息，有助于把握市场方向、指导生产。随着人们对食品药品质量安全的逐渐重视，利用无损、快速、智能化的高灵敏度检测技术（比如电子鼻、电子舌、电子眼等）对产品的安全性进行评价已成为感官评价的重要分析手段。

1. 电子鼻在质量安全检测中的应用

电子鼻系统主要采用传感矩阵来模拟人类嗅觉对气味的感知，进而对复杂气味进行检测和识别。电子鼻由气味取样操作器、气体传感阵列和信号处理系统组成，气味分子被传感器吸附后生成信号，经加工处理与传输后由模式识别系统做出判断。电子鼻的工作原理如图9-1所示。

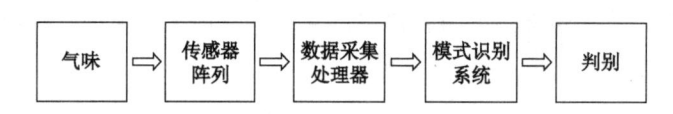

气味 ⇒ 传感器阵列 ⇒ 数据采集处理器 ⇒ 模式识别系统 ⇒ 判别

图9-1 电子鼻的工作原理

电子鼻包括气相型、金属氧化物型、光传感型等诸多类型，具备以下优势：①检测速度快、响应时间短，无须复杂的预处理过程；②灵敏度高，受外界干扰少，结果数据化、可视化；③评估范围广，包括毒气、刺激性气体，可实时、连续测量。电子鼻广泛应用于食品、烟草、发酵、香精香料和环境监测等行业领域，尤其对产品的感官质量评价、类别识别、主成分检测、生产过程监测等方面起到支撑作用，同时促进了对人工智能、数据融合等技术的良好发展。电子鼻常用于探测蔬菜和水果所释放的一氧化碳、乙炔、硫化氢等气体，各种气体浓度数据经传感器输入终端，对比数据库，进而判断蔬菜和水果的新鲜程度。

电子鼻在食品领域运用十分广泛，尤其是针对谷物、水果、奶制品、烟酒等带有特征气味的食品。邹小波等人基于电子鼻构建了小麦、水稻、玉米3种谷物是否发生霉变的快速鉴别方法，采用主成分分析（Principal Component Analysis，PCA）和RBF神经网络对霉变谷物的识别正确率高达90%。通过利用与快速气相色谱联用的电子鼻，张晓华等人对不同储藏时间红星苹果气味的检测数据进行主成分分析、统计质量控制（Statistical Quality Control，SQC）等化学计量学分析后，根据水果被采后的质量变化过程预测出了红星苹果的常温货架期。

奶制品工业制造中最关键的步骤是关于牛奶的质量控制，与其他检测方法相比，电子鼻拥有可以进行在线控制的巨大优势。尤其在英国、瑞士、法国等地，电子鼻常用来进行乳酪的风味、性质、种类鉴别。针对巴氏杀菌和超高温瞬时杀菌不同热处理过的牛奶，也能通过电子鼻技术识别，结合溶胶-凝胶技术可反演跟踪牛奶的腐败过程，在奶制品生产工业中可作为质控分析仪器。

中药质量优劣直接关系着中医临床疗效，根据中药外观、形状、气味等特征来判断药材真伪进行质量评价显得尤为重要。基于传统经验指导，电子鼻弥补了人类感官描述的不准确性、大型分析仪器的繁杂性等缺点，从中药品种、产地、储藏、质量等方面做出较为合理的气味客观评价。研究表明，电子鼻技术常用于实现不同中药材、不同品种产地，甚至不同贮藏时间及炮制规格的鉴别。沈国庆等人针对浙江、安徽生产的白术，利用电子鼻检测了不同炮制方式下的白术粉末，结合主成分分析法对样本数据进行了很好的区分。韩玉等人利用电子鼻技术构建了湖北、河南、东北、内蒙古、山西等不同产地甚至不同储藏期茅苍术和北苍术的判别因子分析（Discriminant Factor Analysis，DFA）判别模型，可实现未知产地苍术的分类鉴别。

2. 电子舌在质量安全检测中的应用

电子舌主要用于模仿生物的味觉感受机制进而分析、识别液体总体特征，系统中的传感器阵列可采集感受不同的化学物质，区分识别不同性质物质的整体特征，进而得出各个物质的感官信息。目前电子舌系统中最前沿的味觉传感器技术是仿照人类味觉细胞感受原理制造的双分子脂质膜。此类脂质膜具有专一性，在人类味觉感受中可直接得到鲜味、酸味、咸味等具象量化指标，在模仿人工品评和标准化评估中具有显著优势。此技术广泛应用于饮品鉴别、酒类（啤酒、白酒、红酒等）品质鉴别、农产品识别分级、航天医学检测等诸多领域。

电子舌大多应用于茶饮料、酒类、乳制品、调味品等食品整体品质分析。作为饮用最为广泛的红茶饮料，魏明香等人通过化学分析测定和感官评审区分了不同产区、等级、新陈程度及储藏时间的红茶样品滋味，同时建立了涩度、浓度、厚度等品质与电子舌响应值之间的回归模型，为茶行业发展及其品质检测提供了数据支撑。此外，电子舌也与电子鼻一起常用于快速客观地评价乳制品的品质及其新鲜程度。鲜牛乳在冷藏过程中的微小组分变化，均能被秒冲电子舌的高分辨充电电流及氧化还原电流所表征，因此达到不同新鲜程度、不同储藏时间的乳制品分类的目的。针对掺假乳制品，电子舌也可以很好地区分出掺水牛乳、掺食盐牛乳、掺蔗糖牛乳、掺尿素牛乳、掺大豆油牛乳等劣质品与纯牛乳之间的区别，常被用于牛乳产品的质量控制评价。

中药药性理论包括四气、五味、升降浮沉、配伍等内容，其中五味理论是指导中医临床组方用药的重要依据。作为五味之一，辛味主归脾、肝、肺、胃经，性温热、气芳香，具备能散、能行、能润、能通、能化等基础功效。苦味、甜味、酸味、咸味的味觉受体分别对应着 TAS2Rs 家族、T1R2 和 T1R3、PKD1L3 和 PKD2L1、ENaC，与辛味相关的是 TRPs 离子通道家族，研究发现大多辛味中药能调节 TRPs 离子通道，电子舌则可以用来对辛味中药进行识别表征，在临床应用中与其他性味进行配伍治疗疾病。杜瑞超等人利用电子舌检测了 22 种常用的中药材，基于主成分分析和判别因子分析法区分出了酸、甜、咸、苦不同滋味的中药材,并建立了 DFA 判别模型(整体判别率为 88.2%)。电子舌也可以用来评估穿心莲水煎液的掩味效果,电子舌技术对甜蜜素(SC)、腺苷-5′-磷酸(AMP)、2,4-二羟基苯甲酸(DA)3 种掩味剂的掩味效果的区分与口尝法的评价结果基本一致。

3. 电子眼在质量安全检测中的应用

电子眼又称智能视觉传感器,是一种高度集成化的微小型机器视觉系统。它能将图像的采集、处理与通信功能集成于单一相机内,进而对成像进行分析,是近年来机器视觉领域发展最快的一项新技术,具有多功能、模块化、高可靠性、易于实现等特点。目前主要应用于医学康复领域、安防监控领域、工业视觉检测领域等。

食品果干在制作过程中需要进行动态实时监测,电子眼的智能传感能很好地解决这个问题。研究以无花果果干为例,对其质构、挥发成分等进行分析,当无花果干水分含量在 5%左右时,不同干燥方式得到的无花果干均能被电子眼有效区分。

药品的外观完整、脆碎程度也是药品质量控制的一个重要方面,电子眼则可以用来检测药片包衣的均匀性。基于桑达迪(Sandadi)的药片翻滚循环时间与暴露时间研究,科特哈根(Ketterhagen)等人应用离散元素法,进一步针对药片形状、速度及负荷量等因素对包衣均匀性的影响进行研究,奠定了电子眼的应用基础。段金芳等人通过将一测多评法与电子眼、电子舌技术的联用,使得山茱萸的颜色、滋味指标更加客观化、数量化,优选出了山茱萸的最佳蒸制时间。此外,电子眼同样满足近红外光谱的"光线-成像-模型"原理,可用于中药有效组分及其主要提取物含量的测定,实现中药材的快速检验与定性定量分析。

9.3.2 理化质量检测技术

理化质量检测技术是综合利用物理、化学检测技术手段,获得食品的密度、旋光度等物理指标信息及酸度、营养成分含量、食品添加剂含量、矿物质元素含量、有毒有害物质含量等化学指标信息,涉及的具体检测技术手段较多。比较常见的有光谱分析技术,即根据物质的化学组成、相对含量进行区分的方法,优点是灵敏、迅速。光谱分析根据不同对象分为不同类别:根据分析原理分为发射光谱分析、吸收光谱;根据被测成分的形态分为原子光谱分析、分子光谱分析;根据被测成分分为原子光谱、分子光谱。下面介绍两类常见的光谱分析技术:拉曼光谱和离子迁移谱。

1. 拉曼光谱

拉曼光谱可以表征样品分子振动信号,具有结构简单、样品用量少、操作简便、测量快速准确等优点,常适用于生化、医学领域等光学方面的研究,用来判定物质成分。在行政现场执法、实验室检测、工厂在线检测等领域具有广阔的应用前景。拉曼光谱测试不需要接触药品，也不需要修饰样品，常适用于玻璃、宝石、毒品、晶相结构等的鉴别。典型的拉曼光谱技术包括傅里叶变换拉曼光谱（FT-Raman spectrometer，FT-Raman）、表面增强拉曼光谱（Surface-Enhanced Raman Spectroscopy，SERS）、显微共焦拉曼光谱（Micro-Confocal Raman Spectroscopy）等。其中，显微共焦拉曼光谱技术具有高灵敏度和分辨率，可以用来对比中药材的特征指标进行道地性定性鉴别，也能识别出中药材有效活性分子的结构多样性，还能进行有效组分的定量检测。显微共焦拉曼光谱仪原理：照射不同频率入射光，分析得到分子振动与转动信息，用于分子结构研究。显微共焦拉曼光谱仪光路图如图9-2所示。

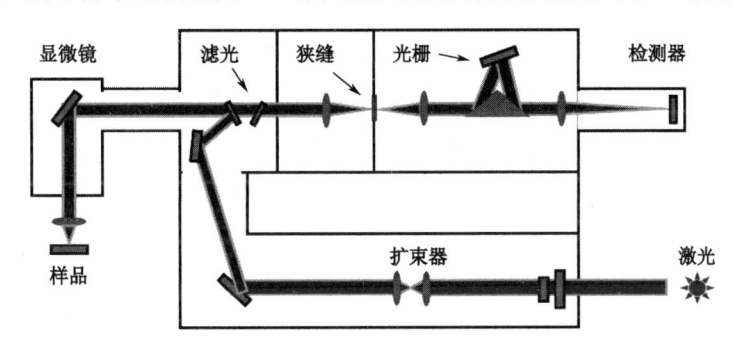

图 9-2 显微共焦拉曼光谱仪光路图

通过公共数据库和现有文献数据分析获取特征谱峰化学先验信息；利用测得的光谱图，结合化合物数据库和分析平台 TCMSP、蛋白质靶点数据库 UniProt，可以了解中草药的生理生化特性。

近几年，乳制品的质量安全问题一直是民众所关注的焦点。如何在乳制品加工厂生产环节，提高质量安全保障、变被动为主动、及时纠偏、减少质量损失是检测人员所关心的话题。张正勇等人在不同激光功率250毫瓦、350毫瓦、450毫瓦条件下，采集了国内某品牌乳粉的拉曼光谱数据，然后通过平均值标准化处理，有效消除量纲影响、减少数据分散性，通过小波降噪处理，减少信号采集过程中的随机噪声、提高信噪比、凸显有效信号，揭示了拉曼光谱可以表征乳制品丰富的质量特征信息，可用以乳制品品质控制。同样作为人民生活不可或缺的乳制品，酸奶是添加乳酸菌发酵后的产品，酸奶的感官、理化、微生物指标和乳酸菌数对其质量安全保障更为重要。发酵后原料乳中蛋白质等转变为氨基酸或多肽，更利于拉曼信号的采集。针对市售不同品牌酸奶，采集其拉曼光谱，虽然品牌酸奶间具有较高的相似性，仅人工解谱难以区分，但通过发展优化 k 最近邻算法等智能识别算法，可以快速、高效地予以判别分析，并且拉曼光谱采集时间短（每个样品约为100秒）、数据瞬时分析（时间仅需1秒），优化模型识别率高（99%以上）。这种快速判别酸奶品牌质量的拉曼分析方法，可为其他食品品质控制智能技术研发提供借鉴。

2. 离子迁移谱

电喷雾离子迁移谱，是以电喷雾软电离的方式分离分析样品物质的一项技术，样品注入仪器后以电喷雾的方式引入电离反应区，在电离源区域发生电离生成离子，离子在电场作用下通过离子栅门进入迁移区，然后在电场的作用下迁移至检测器。由于不同质量或结构的离子在电场作用下具有不同迁移率和迁移速度，导致最后获得的样品离子强度和迁移时间存在一定关系曲线，此关系图即为离子迁移谱图。

党参的干燥根具有健脾益肺、补中益气的功效，随着日益增长的物质需求，野生党参数量稀缺，常常供不应求，很多无良商家常用易混品或掺假药品混入市场，扰乱市场秩序。其中，银柴胡、夜关门便是较为常见的易混伪品，银柴胡主清虚热、除疳热，夜关门主益肝明目、清热活血，两者与党参功效全然不同，不可混用。3 种药物在外观上较为相似，虽然可以通过技术人员进行区分，但对人员要求较高且操作烦琐。基于党参、银柴胡、夜关门 3 种药物分子所对应的化学组成及含量的差异，可以利用离子迁移谱图表现出不同峰位和峰强进行区分。党参、银柴胡、夜关门的离子迁移谱图表明，负离子模式下 3 种药材信号丰富，在 9～15 毫秒迁移时间范围谱峰有明显差异，利用相关系数法和夹角余弦方法分别针对多批次党参进行相似度评估，可量化区分党参及其易混伪品的特征组分。

9.3.3 生化质量检测技术

质谱法是可用于决定分析物的质量、结构和组成的有效分析技术，适用于几乎所有用于实现气相中的离子电离、分离和检测。与其他光谱学方法（如核磁共振，或拉曼光谱法）相比，质谱不允许样品回收，具有破坏性，即消耗分析物。尽管如此，因为样品分析所需样品量在低微克范围内（甚至低于以下几个数量级），可用来进行无损快速代谢产物鉴别，所以常用于样品微量分析。

质谱（Mass Spectrum，MS）的定义可以追溯到 1968 年，基本原理是通过任何合适的方法从有机化合物中生成离子，通过质荷比（m/z）分离这些离子，进行定性检测，通过它们各自的 m/z 和丰度进行定量分析。通过电场或通过冲击高能电子、离子或光子对被分析物进行热离子化，离子可以是单个离子化的原子、簇、分子或其片段或缔合体。质谱仪由在高真空条件下运行的离子源、质量分析器和检测器组成。在质谱图中，只要谱峰得到很好的分辨，就可以从测得的峰高获得峰强度，或更准确地从峰面积获得峰强度。根据其质心确定信号的位置（即 m/z 比）。若在进行高质量分析物或高分辨率测量的情况下，峰形和峰宽则变得很重要，应将光谱表示为由质谱仪最初获取的轮廓数据。

史蒂芬斯（Stephens）于 1946 年制造并发布了第一台飞行时间（Time of Flight，TOF）

分析仪。原理：不同 m/z 的离子在沿已知长度的无场漂移路径飞行时会及时分散。如果所有离子同时（或至少）在足够短的时间间隔内飞行，那么较轻离子将比较重离子更早抵达检测器。TOF 仪器具有高灵敏度、快速、设计和制造相对简单且便宜等优点，将其与激光解吸/电离（LDI）和基质辅助激光解吸/电离（MALDI）联合之后，相比色谱串联质谱的方法可使用更少时间成本、预处理程序，来完成常规农兽药、环境污染物等残留检测。

MALDI-TOF MS 是快速、高通量筛选大分子的分析技术。赵雅居等设计了一种 MALDI 质谱芯片结合免疫亲和富集方法，可以对磺胺类药物（SAs）进行高通量快速识别和定量分析。此方法可以在 10 分钟内于单块 MALDI 质谱芯片上完成 96 个样本点的分析，并且可以一次性鉴定多个种类 SAs，多个药物的同时分析具有低成本、高通量、高灵敏度及高精确度等优点。此方法也可以用于鉴别不同猪肉和鸡蛋食品样品中 SAs，测量结果与 HPLC-ESI-MS/MS 测量结果一致。

喹诺酮类药物（QNs）作为一种常用的合成抗菌药物，如果使用不当在环境介质中累积，那么会通过食物链富集到人体，进一步引发某些过敏反应或降低人体抵抗力，引发负面健康效应。液相色谱-质谱联用（LC/MS）是常用的 QNs 残留定量技术，而微流控分析因具有低样品/试剂消耗、快速分析速度、自动化等优点，可替代 LC/MS 进行目标污染物的分离和质谱分析。Lin Hong 等人建立了微流控芯片-电喷雾电离（Electro Spray Ionization，ESI）质谱平台用于细胞代谢物的定性和定量分析，实现了样品的自动化处理、解决了复杂基质的干扰问题。多种集成微流体装置被广泛应用于细胞代谢分析、化学合成监测、蛋白质和多肽分析、食品中农兽药的残留等。

随着人们对食品质量的安全保障追求，牛奶、奶粉等强身益智奶制品的质量造假和溯源质量保障缺失，对消费者造成了严重的信誉损害。提供可靠的质量安全保证是保护高价值有机食品的关键。为鉴别有机奶，可通过收集不同品牌不同质量液态奶的质谱数据，将谱图技术与化学计量学方法（主成分分析、线性鉴别分析方法和支持向量机）有机结合，提出基于机器深度学习原理的算法模型，可以鉴别食品中的掺假物质。利用质谱信息进行食品属性无损检测的方法，具有灵敏度高、健壮性好、动态范围大等优点，与传统检测算法相比，在标定数据集和测试数据集上准确率达 100%。赵雅居等提出了一种基于深度学习卷积神经网络的质谱有机牛奶认证方法，针对飞鹤乳业生产的 30 份有机液态奶和 30 份普通液态奶，测定其特征质谱谱峰。鉴于质谱中的大部分峰信息来自蛋白质分子，进一步设计了卷积神经网络，将训练数据集中质谱数据进行迭代训练，然后利用测试数据集进行验证。研究证明了基于质谱和深度学习的方法技术，在食品质量检测分析中具有潜在的应用价值。

参考文献

[1] 农业部印发《"十三五"全国农产品质量安全提升规划》[J].农产品质量与安全，2017(2):7.

[2] 张敏哲. 我国农产品质量安全检验检测体系的现状和措施分析[J]. 农业开发与装备，2021(4):76-77.

[3] 蒋平安. 完善农产品质量安全检验检测体系[N]. 人民政协报，2021-07-13(3).

[4] 陈镜钦. 农产品质量安全检测与检测体系建设探析[J]. 食品安全导刊，2021(9):38;40.

[5] 沈永生. 浅析农产品质量安全检验检测体系的创新建设[J]. 广东蚕业，2020，54(4):13-14.

[6] 邹小波，赵杰文. 电子鼻快速检测谷物霉变的研究[J]. 农业工程学报，2004(4): 121-124.

[7] 张晓华，常伟，李景明，等. 电子鼻技术对苹果贮藏期的研究[J]. 现代科学仪器，2007(6):120-123.

[8] PATRICK J O R, CONOR M D. Characterisation of commercial Cheddar cheese flavour. 2: study of Cheddar cheese discrimination by composition, volatile compounds and descriptive flavour assessment[J]. International Dairy Journal, 2003, 13(5):371-389.

[9] 韩玉. 电子鼻在苍术质量评价中的应用研究[D]. 北京：北京中医药大学，2011.

[10] 沈国庆，闫永红，范伟全，等. 浙江白术挥发油化学成分研究[J]. 安徽农学通报，2008(1):128-129:39.

[11] 魏明香. 基于电子舌技术的红茶滋味品质检测研究[D]. 杭州：浙江大学，2015.

[12] 范佳利，韩剑众，田师一，等. 基于电子舌的掺假牛乳的快速检测[J]. 中国食品学报，2011，11(2):202-208.

[13] 王星，张燕玲，王耘，等. TRPV1离子通道与中药辛味药性的关系研究[J]. 中国中药杂志，2014，39(13):2422-2427.

[14] 杜瑞超，王优杰，吴飞，等. 电子舌对中药滋味的区分辨识[J]. 中国中药杂志，2013，38(2):154-160.

[15] 刘瑞新，李慧玲，李学林，等. 基于电子舌的穿心莲水煎液的掩味效果评价研究[J]. 中草药，2013，44(16):2240-2245.

[16] 康明，陶宁萍，俞骏，等. 不同干燥方式无花果干质构及挥发性成分比较[J]. 食品与发酵工业，2020，46(4):204-210.

[17] SANDADI S，PANDEY P，TURTON R. In situ, near real-time acquisition of particle motion in rotating pan coating equipment using imaging techniques[J]. Chemical Engineering Science，2004，59(24):5807-5817.

[18] KETTERHAGEN W R. Modeling the motion and orientation of various pharmaceutical tablet shapes in a film coating pan using DEM[J]. International Journal of Pharmaceutics, 2011, 409(1):137-149.

[19] 段金芳, 肖洋, 刘影, 等. 一测多评法与电子眼和电子舌技术相结合优化山茱萸蒸制时间[J]. 中草药, 2017, 48(6):1108-1116.

[20] 曲晓波, 赵雨, 宋岩, 等. 人参皂苷 Rg3 的拉曼光谱研究[J]. 光谱学与光谱分析, 2008(3):569-571.

[21] 王玮, 席欣欣, 杨浩, 等. 拉曼光谱法测定连翘苷含量的探讨[J]. 第二军医大学学报, 2011, 32(1):62-65.

[22] 张正勇, 沙敏, 刘军, 等. 基于高通量拉曼光谱的奶粉鉴别技术研究[J]. 中国乳品工业, 2017, 45(6):49-51.

[23] 张正勇, 沙敏, 桂冬冬, 等. 离子迁移谱技术用于党参及其易混伪品的鉴别研究[J]. 辽宁中医杂志, 2017, 44(11):2365-2367.

[24] ZHAO Y, DENG G, LIU X, et al. M_0S_2/Ag nanohgbrid: A novel matrix with synergistic effect forsmall molecule drugs analysis by negative-ion matrix-assisted laser desorption/ionization time-of-flight mass spectrometry[J]. Analytica Chimica Acta 2016, 937, 87-95

[25] ZHAO Y, TANG M, LIAO Q, et al. Disposable M_0S_2-Arrayed MALDI MS Chip for High-Thronghput and Rapid Quantiyication of Sulfonamides in Multiple Real Sampks[J]. Chemicals Chemistry, 2018(3): 806-814

[26] YENER S, ROMANO A, CAPPELLIN L, et al. Tracing coffee origin by direct injection headspace analysis with PTR/SRI-MS[J]. Food Research International, 2015(3): 235-243.

[27] LIZHI H, TOYODA K, IHARA I. Discrimination of olive oil adulterated with vegetable oils using dielectric spectroscopy[J]. Journal of Food Engineering, 2010, 96(2): 167-171.

[28] SALES C, PORTOLES T, JOHNSEN L G, et al. Olive oil quality classification and measurement of its organoleptic attributes by untargeted GC-MS and multivariate statistical-based approach[J]. Food Chemistry, 2019, 271(15): 488-496.

第10章

工程质量管理系统规划与设计

10.1 工程质量建设管理流程

10.1.1 工程建设各阶段对工程项目质量形成的作用与影响

工程质量是指工程项目所固有的特性满足使用要求的程度。工程质量是在工程项目建设过程中逐渐形成的,工程项目建设的各个阶段,即可行性研究、决策、勘察设计、施工、竣工验收等阶段,都会对工程项目的质量形成产生不同的影响,所以工程项目的建设过程就是工程项目质量的形成过程。工程建设的不同阶段对工程项目质量的形成起着不同的作用和影响。

1. 工程项目的可行性研究阶段

工程项目的可行性研究是利用经济学的原理对与建设工程有关的社会、环境、经济等因素进行调查。对于建设工程所生产的经济效益、社会效益等方面进行全方位的调查和评价工作。通过以上多方位的综合分析,可以科学地选出合理且经济适用的计划方案。与此同时,工程项目的计划目标也应该与工程项目的基本质量要求相互统一。综上所述,工程项目可行性研究是保证工程质量的基本前提。

2. 工程项目的勘察设计阶段

对拟建工程项目开展的勘察设计工作是接下来进行工程施工的基础。作为工程建设中的一个重要环节,勘察设计的效果不仅影响建设工程的投资效益和质量安全,其技术水平和指导思想还会对城市建设的发展产生重大影响。

3. 工程项目的施工阶段

工程项目的施工阶段是工程实体最终形成的阶段，也是工程项目质量和工程使用价值最终形成和实现的阶段，关系到设计意图能否实现，使用需求能否满足，质量水平能否符合标准。本阶段在项目周期中工作量最大，投入的人力、物力和财力最多，并且施工质量的影响因素较之其他阶段更加复杂，而过程产品隐蔽性和最终检验局限性的过程特征也尤为突出，质量管理的难度也最大。与此同时，施工阶段的工程质量和工程技术的密切关系也是其他阶段的质量所不能比拟的。因此，施工过程中的质量管理是工程项目质量管理中最为重要的一个环节。

4. 工程项目的竣工验收阶段

工程项目的竣工验收是全面考核建设工作，检查其是否符合设计标准要求、满足工程质量的重要环节，对促进建设项目（工程）及时投产，发挥投资效果，总结建设经验起到了重要的作用。

综合上述分析可以看出，工程项目施工阶段是工程项目实体形成的过程，也是施工项目质量目标的具体实现过程。

10.1.2　工程建设过程中各参与方的相互关系

在工程建设过程中，对工程项目的质量控制包括 3 个方面，即政府的质量控制、施工单位的质量控制和监理单位的质量控制。

政府对工程项目的质量控制，主要侧重于宏观的社会效益，贯穿于工程建设的全过程，其作用是强制性的，其目的是保证工程项目的建设符合社会公共利益，保证国家的有关法规、标准及规范的执行。政府对工程项目施工阶段的质量控制主要是通过由政府认可的第三方——质量监督机构，依据法律法规和工程建设强制性标准对工程的质量实施监督管理，主要监督内容是地基基础、主体结构、环境质量和与此相关的工程建设各方主体的质量行为，主要手段是施工许可制度和竣工验收备案制度。

建设工程质量监督机构是经省级以上建设行政主管部门或有关专业部门考核认定的具有独立法人资格的单位。建设工程质量监督机构接受县级以上地方政府建设行政主管部门或有关专业部门的委托，依法对建设工程质量进行强制性监督，并对委托部门负责。

施工单位对工程项目的质量控制受工程承包合同的界定，但是也不能排除施工单位在追求自身利益的情况下，忽视工程项目的质量。为了使工程项目能达到要求的质量标准和使用功能，在施工过程中施工单位必须对工程项目的质量进行监督和检查。因为现代工程的复杂性，施工单位依靠自身的力量往往无法对工程项目进行监督与管理，必须委托专业的监理单位代表施工单位对工程项目的质量进行监督和控制，所以监理单位的任务就是对

质量战略与规划

施工单位的工程质量进行监督认证，以满足施工单位所提出的质量要求，这对施工单位来讲是具有制约性的。

由此可见，在工程建设过程中，质量监督机构的质量控制、施工单位管理部门的质量控制和工程监理单位的质量控制是相互关联的，但三者又是不可缺少的。在工程项目施工阶段，施工单位、监理单位和质量监督机构对工程项目质量控制的相互关系如图10-1所示。

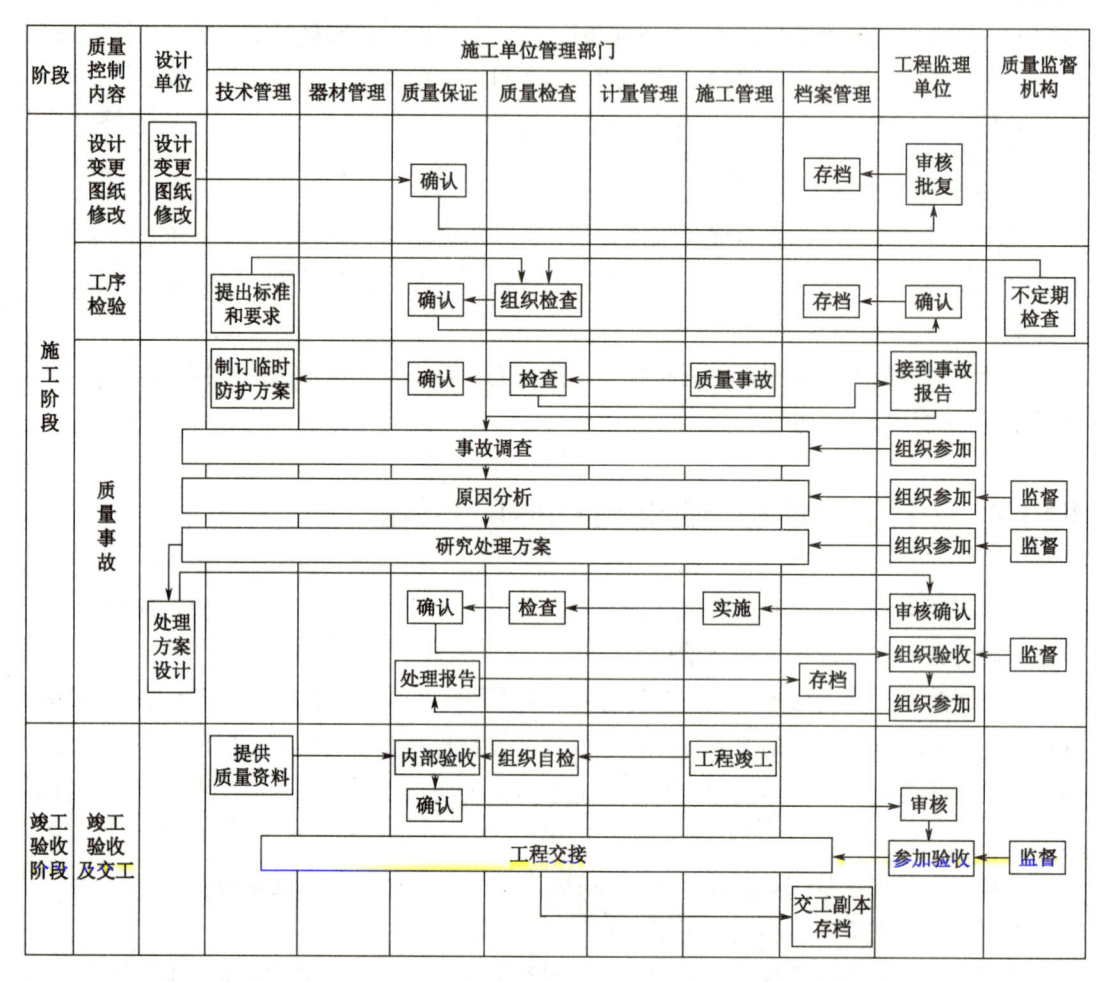

阶段	质量控制内容	设计单位	施工单位管理部门							工程监理单位	质量监督机构
			技术管理	器材管理	质量保证	质量检查	计量管理	施工管理	档案管理		
施工阶段	设计变更图纸修改	设计变更图纸修改			确认				存档	审核批复	
	工序检验		提出标准和要求		确认	组织检查			存档	确认	不定期检查
	质量事故		制订临时防护方案		确认	检查		质量事故		接到事故报告	
					事故调查					组织参加	
					原因分析					组织参加	监督
					研究处理方案					组织参加	监督
		处理方案设计			确认	检查		实施		审核确认	监督
										组织验收	
					处理报告				存档	组织参加	
竣工验收阶段	竣工验收及交工		提供质量资料		内部验收 确认	组织自检		工程竣工		审核	
					工程交接					参加验收	监督
									交工副本存档		

图10-1　施工单位、监理单位和质量监督机构对工程项目质量控制的相互关系

10.1.3　工程建设过程中施工质量管理及保证措施的流程控制

在工程建设过程中，监理工程师应对施工的全过程进行监控，对每道工序、分项工程、分部工程和单位工程进行监督、检查和验收，使工程质量处于受控状态。只有上一道工序经验收质量合格后，方可准许下一道工序开始施工。当一个检验批、分项工程、分部工程完成后，施工单位首先需要自检并填写相应的质量验收记录表。待确认质量符合要求后，

再向项目监理单位提交报验及相关自检资料。经项目监理单位现场检查及审核相关资料后，符合要求予以签认验收。否则，要求施工单位进行整改或返工处理。

在验收施工质量时，涉及结构安全的试块、试件及有关材料，应按规定进行见证取样检测；对涉及结构安全和使用功能的重要分部工程，应进行抽样检测。承担见证取样检测及有关结构安全检测的单位应具有相应资质。

根据《中华人民共和国建筑法》及相关法律法规，在工程建设过程中施工单位应对施工质量进行管理和控制。工程施工质量管理的工作流程如图 10-2 所示。

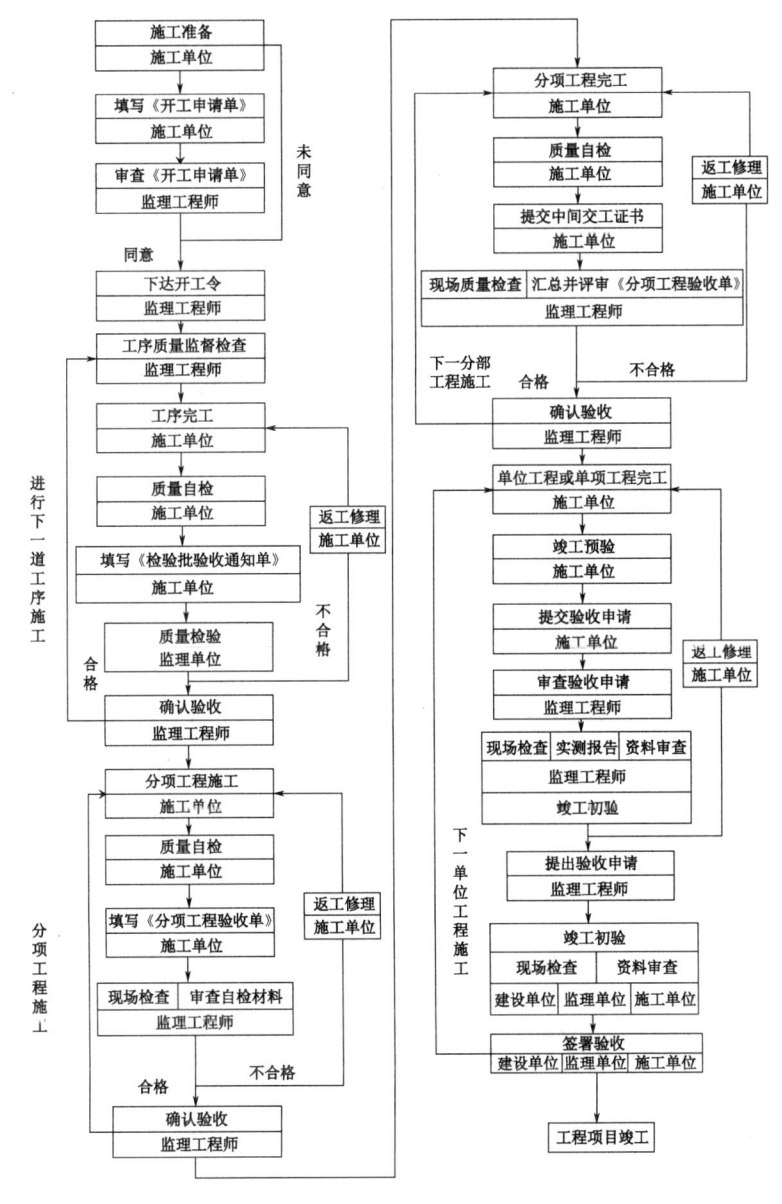

图 10-2　工程施工质量管理的工作流程

质量战略与规划

综上所述，我们可以看出：工程建设过程中的施工质量管理涉及工程项目管理的每一个方面、每一个环节，与各职能管理部门有着密切联系。因此，建立起其中各方之间的联系，对工程质量管理系统进行规划和设计十分有必要。

10.2 系统信息流程

管理信息系统处理方式的合理选择就是一个系统信息流程的设计问题，选择处理方式实际上就是根据系统的任务、目的和环境条件，合理地选择信息活动的形态及其具体方法。建筑工程施工质量管理信息系统的程序流程如图 10-3 所示。

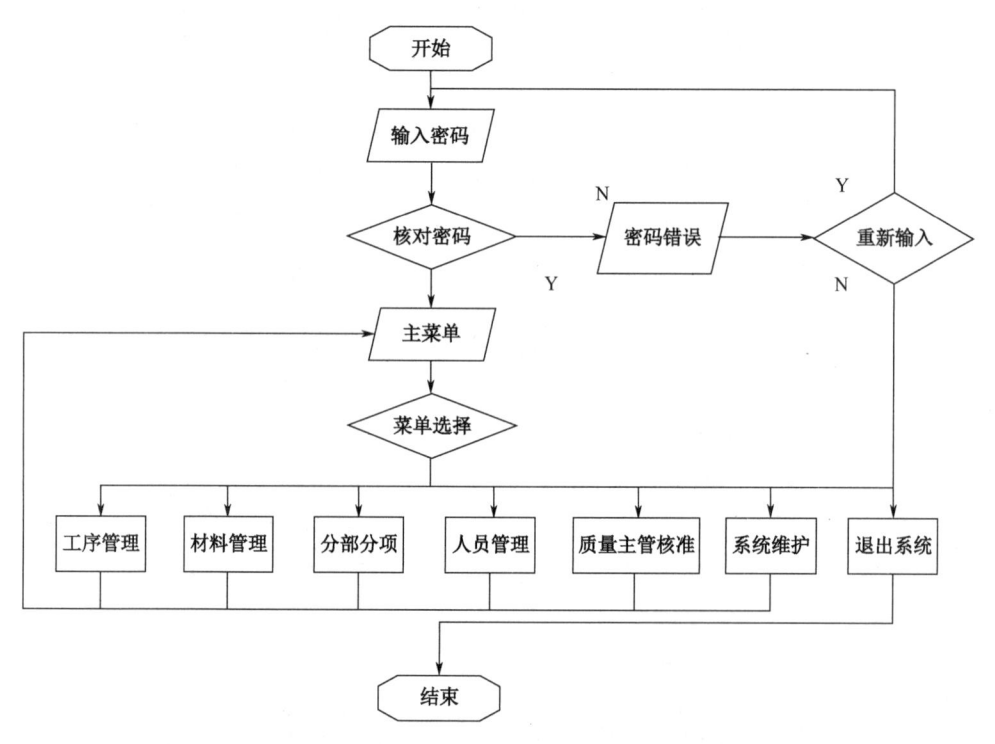

图 10-3　建筑工程施工质量管理信息系统的程序流程

10.3 系统功能模块设计

基于网络的建筑工程施工质量管理信息系统在网络平台上实现施工各方质量信息的共享，根据权限及角色的不同，各方可以对共享的信息进行查阅、填写、修改、存档、打印等功能的操作，从而实现施工质量管理的网络信息化。建筑工程施工质量管理信息系统功能模块如图 10-4 所示，将系统划分为五大模块。其中，施工质量控制和施工质量验收是针对不同参与方所设置的同一性质的功能模块，可归结为一个模块。

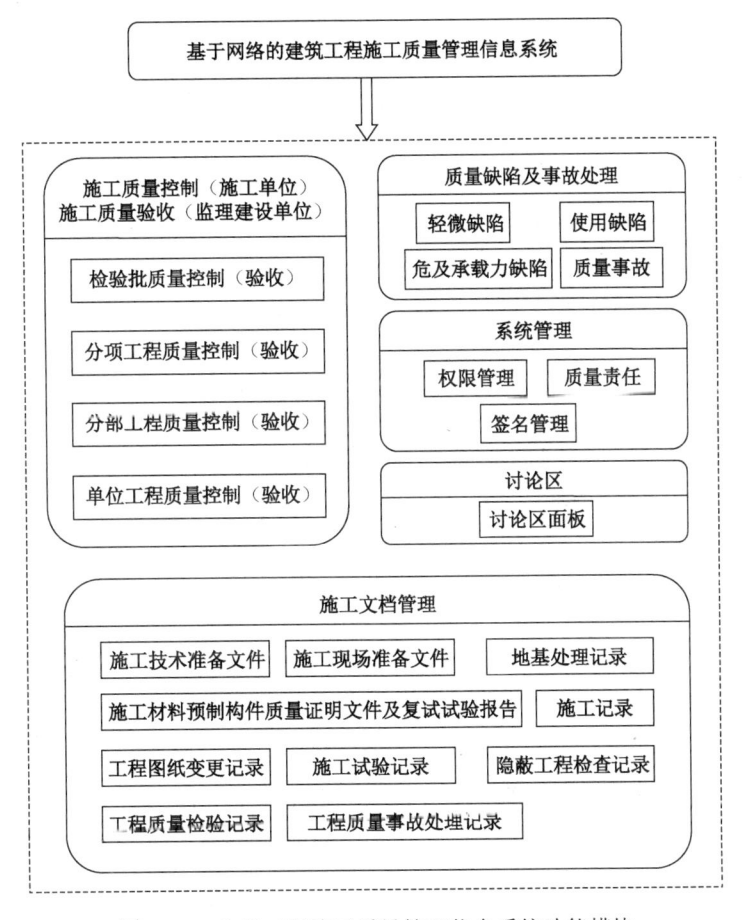

图 10-4 建筑工程施工质量管理信息系统功能模块

10.3.1 施工质量控制和验收功能模块

施工质量控制是针对施工单位权限设置的功能模块，施工质量验收是针对监理单位和建设单位权限设置的功能模块，它们虽然是不同权限的功能设计，但是具有同一性质，故放在一节中予以阐述。

根据《GB50300—2020 建筑工程施工质量验收统一标准》（GB 50300—2020）中的规定，对施工质量管理过程进行控制和验收，分为检验批质量控制（验收）、分项工程质量控制（验收）、分部工程质量控制（验收）、单位工程质量控制（验收）。

检验批质量控制（验收）中，施工单位对已完成的工程部位进行自检，并认真填写

《×××工程检验批质量验收记录表》中由施工单位填写的部分，如主控项目、一般项目、施工单位检查评定结果等，并由相关责任人签名生效。记录表一旦提交，施工单位不得做任何修改。待监理单位或建设单位验收通过后，归入施工文档管理模块，并自动转到分项工程质量控制（验收）中去，作为分项工程质量验收记录的基础材料，以便监理单位或建设单位查询。

分项工程质量控制（验收）包括检验批验收统计和分项工程验收。检验批验收统计用于对该分项工程所包含的全部检验批验收结果进行统计，分项工程验收用于施工单位分项工程的报验数据、检验批统计数据的录入、修改、保存及提交，以及监理工程师分项工程验收数据的录入、归档。

分部工程质量控制（验收）包括分项工程验收统计、分部工程观感质量检查和分部工程验收，对于地基与基础、主体结构和设备安装等分部工程还应设有安全与功能检查模块。

单位工程质量控制（验收）包括分部工程验收统计、单位工程质量保证资料核查、单位工程安全与功能检查、单位工程观感质量检查和单位工程验收。其系统功能同检验批和分项工程质量控制（验收）模块，不再一一赘述。

10.3.2　施工质量缺陷及事故管理功能模块

施工质量缺陷及事故管理直接与质量检查结果相关，如果工序和检查项检查结果显示不合格，那么将在该模块中跟踪并处理。在本模块中，施工质量缺陷及事故根据严重程度分为：轻微缺陷、使用缺陷、危及承载力缺陷和质量事故。系统用户可以根据评定结果等级分别到各类缺陷中进行查询，提出整改意见，并及时反馈返修或加固补强的结果，从而尽快做出最终裁决。

10.3.3　施工文档管理功能模块

随着工程项目的实施和质量管理活动的展开，项目质量管理的技术档案、事故档案、各种命令、质量函件、检验和检测原始文档和各种质量记录图片资料，同时还包括工程设计图纸等会不断产生，项目信息管理的效率和成本直接影响其他项目管理工作的效率、质量、成本。

施工文档管理功能模块遵循文档编码、代码设计原则，为施工质量管理各方提供了一个各类文档系统的管理框架。施工文档管理功能模块以《建筑工程资料管理规程》（DBJ 01-51-2021）为标准，提供标准的施工质量文档结构，它包括：施工技术准备文件、施工现场准备文件、地基处理记录、工程图纸变更记录、施工材料预制构件质量证明文件及复试实验报告、施工试验记录、隐蔽工程检查记录、施工记录、工程质量事故处理记录和工程质量检验记录。用户可根据文档分类快速查阅所需资料，同时也可以根据需求定制或添加新的文档分类结构。

10.3.4 系统管理功能模块

系统管理中包含 3 个子模块：权限管理、质量责任以及签名管理。

1. 权限管理

施工质量管理信息系统中设置了 3 类角色，分别为建设单位、监理单位和施工单位。3 类角色具有 2 种权限，建设单位和监理单位具有同样权限 A，对建筑工程施工质量进行监督、检查和全局控制；施工单位具有权限 B，对工程项目施工阶段质量进行全过程控制，并进行质量自检。下面分别对权限 A 与权限 B 的内容进行详细介绍。

（1）权限 A

① 施工质量检验：在施工单位提交填写完整的检验批、分项工程、分部工程和单位工程等各类质量记录表后，监理单位或建设单位相关人员检查施工单位填写的各类质量记录表的各项指标和结果，据此书写相应部位、工序的质量验收结论，并由主管人员签字，保存各类质量记录表。在确认各类记录表完整、准确后具有归档记录表的权限，从而永久保存文档。

② 质量缺陷及事故管理：在发生质量事故时，可下达停工令，并发出书面质量事故通知单。对各类质量缺陷及事故管理具有查阅、审批、保存、归档权限。

③ 施工文档管理：具有查阅、分类、打印权限。

④ 系统管理：具有查阅项目全部成员基本信息、质量责任归属，对本用户签名图片进行上传、使用的权限。

⑤ 讨论区：能够进入公共讨论区及本角色内部讨论区。

（2）权限 B

① 施工质量控制：施工单位对已完成的检验批、分项工程、分部工程和单位工程进行自检，在各类记录表的相应位置填写检查项目、标准及结果，可暂时保存填写结果，在确认记录表填写完整、准确后提交质量记录表，供监理或建设单位验收。记录表一旦提交，不得做任何修改。

② 质量缺陷及事故管理：对各类质量缺陷及事故管理具有查阅、填写、保存、提交监理或建设单位的权限。

③ 施工文档管理：具有查阅、打印权限。

④ 系统管理：具有查阅项目成员基本信息、质量责任归属，对本用户签名图片进行上传、使用的权限。

⑤ 讨论区：能够进入公共讨论区及本角色内部讨论区。

2. 质量责任

质量责任子模块的功能是存储工程项目施工过程中质量责任归属信息，并向项目成员开放此类信息。目的是将工程施工过程中的质量责任清晰明了地落实到每个单位的每名成员身上，出现质量事故做到责任到人、有据可查。

3. 签名管理

工程项目相关责任人都应在相应的质量记录表上签名以示所填内容的有效性。根据质量责任，系统将为相关责任人提供上传自己签名（可扫描为图片格式）的服务。在需要签名的时候，可使用相匹配的口令调用签名图片，从而实现网上签名功能。

10.3.5 讨论区功能模块

讨论区是供所有系统用户进行动态交流的地方。在本模块中，项目建设单位、施工单位及监理单位的相关人员都可以在此发表各自针对项目进行状态、质量受控程度、质量管理制度等方面的建议和意见，也可以在此发表针对某些技术层面的讨论。在某一类角色内部，可设立留言板，便于管理者和项目负责人就该项目的意见和建议及技术层面的问题在留言板中交流，从而确保公共信息和内部信息的相对独立性。

10.4 系统应用案例

10.4.1 系统应用案例分析

该工程为××市××小区，4号住宅楼工程属于小区建设的一部分，整个小区建设规模30 000平方米。本次建设的4号住宅楼为地上6层、地下1层，混凝土小型空心砌块结构，建筑面积2 510平方米。首层层高4米，2至6层层高2.8米。与本系统应用有关的构造做法：基础为钢筋混凝土筏板基础，砖砌体采用烧结普通砖，混凝土强度等级C20，砂浆强度等级为M10；房屋主体结构首层为钢筋混凝土框架结构，2至6层为砖混结构，多孔砖的强度等级为MU10，砌筑砂浆设计强度为10兆帕。

10.4.2 管理信息系统的平面演示

系统默认设置了3个用户名，分别为：Contractor，从属于施工单位；Engineer，从属于监理单位；Owner，从属于建设单位。其中，用户 Engineer 和 Owner 具有相同的权限 A（见 10.3.4），用户 Contractor 具有权限 B。如图 10-5 所示为施工质量管理信息系统的登录界面，如图 10-6 所示为监理单位和建设单位（权限 A）用户登录后的导航条，如图 10-7 所示为施工单位（权限 B）用户登录后的导航条，如图 10-8 所示为用户登录后施工质量管理信息系统的主界面，如图 10-9 所示为该项目的工程结构图。

图 10-5　施工质量管理信息系统的登录界面

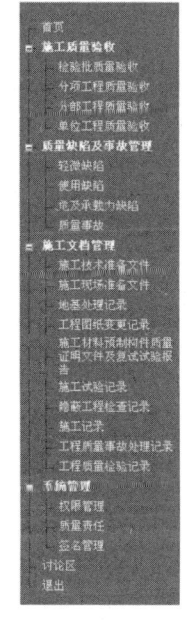

图 10-6　监理单位和建设单位（权限 A）　　图 10-7　施工单位（权限 B）
　　　　　用户登录后的导航条　　　　　　　　　　　用户登录后的导航条

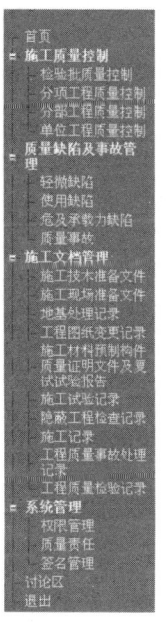

质量战略与规划

图 10-8 用户登录后施工质量管理信息系统的主界面

施工质量管理信息系统

左侧导航栏：
- 首页
- 施工质量控制
  - 检验批质量控制
  - 分项工程质量控制
  - 分部工程质量控制
  - 单位工程质量控制
- 质量缺陷及事故管理
  - 轻微缺陷
  - 使用缺陷
  - 危及承载力缺陷
  - 质量事故
- 施工文档管理
  - 施工技术准备文件
  - 施工现场准备文件
  - 地基处理记录
  - 工程图纸变更记录
  - 施工材料预制构件质量证明文件及复试试验报告
  - 施工试验记录
  - 隐蔽工程检查记录
  - 施工记录
  - 工程质量事故处理记录
  - 工程质量检验记录
- 系统管理
  - 权限管理
  - 质量责任
  - 签名管理
- 讨论区
- 退出

主体内容（工程分类）：

- 地基与基础
  - 无支护土方工程
  - 有支护土方工程
  - 地基基础工程
  - 桩基工程
  - 地下防水工程
  - 混凝土基础工程
  - 砌体基础工程
  - 劲钢（管）混凝土工程
  - 钢结构工程
- 主体结构
  - 混凝土结构工程
  - 劲钢（管）混凝土结构工程
  - 砌体结构工程
  - 钢结构工程
  - 木结构工程
  - 网架和索膜结构工程
- 建筑装饰装修
  - 地面工程
  - 抹灰工程
  - 门窗工程
  - 吊顶工程
  - 轻质隔墙工程
  - 饰面板（砖）工程
  - 幕墙工程
  - 涂饰工程
  - 裱糊与软包工程
  - 细部工程
- 建筑屋面
  - 卷材防水屋面工程
  - 涂膜防水屋面工程
  - 刚性防水屋面工程
  - 瓦屋面工程
  - 隔热屋面工程
- 建筑给水、排水及采暖
  - 室内给水系统工程
  - 室内排水系统工程
  - 室内热水供应系统工程
  - 卫生器具安装工程
  - 室内采暖系统工程
  - 室外给水管网工程
  - 室外排水管网工程
  - 室外供热管网工程
  - 建筑中水系统及游泳池系统工程
  - 供热锅炉及辅助设备安装工程

- 建筑电气
  - 室外电气工程
  - 变配电室工程
  - 供电干线工程
  - 电气动力工程
  - 电气照明安装工程
  - 备用和不间断电源安装工程
  - 防雷及接地安装工程
- 智能建筑
  - 通信网络系统工程
  - 信息网络系统工程
  - 建筑设备监控系统工程
  - 火灾自动报警及消防联动系统工程
  - 安全防范系统工程
  - 综合布线系统工程
  - 智能化系统集成工程
  - 电源与接地工程
  - 环境工程
  - 住宅智能化工程
- 通风与空调
  - 送排风系统工程
  - 防排烟系统工程
  - 除尘系统工程
  - 空调风系统工程
  - 净化空调系统工程
  - 制冷设备系统工程
  - 空调水系统工程
- 电梯
  - 电力驱动的曳引式或强制式电梯安装工程
  - 液压电梯安装工程
  - 自动扶梯、自动人行道安装工程

图 10-9　该项目的工程结构图

该质量管理信息系统在实施过程能够满足建设单位、施工单位和监理单位的要求，并体现了以下几个特点。

① 施工质量管理过程中的所有信息处理环节，包括质量数据的采集、存储、检索、加工、传递、利用等全面实现数据化、系统化，实现信息处理各环节的数字化和系统化。例如，大体积混凝土施工质量控制、高层建筑垂直度控制、预拌混凝土上料自动控制，以及采用同步提升技术进行大型构件、设备的整体安装和整体爬升脚手架的提升，幕墙的生产与加工，建筑物沉降观测和工程测量，建筑材料检测数据采集等。

② 施工质量管理各参与方（施工单位、监理单位、建设单位等）均实现信息化。与传统施工质量管理组织信息的分散保存和管理不同，基于网络平台的质量管理是以工程项目质量为中心对建设项目信息进行集中存储及管理，通过信息的集中管理为参与各方提供了一个开放、协同、个性化的信息沟通环境。

③ 工程项目施工质量信息的获取和利用方式的改变。基于网络平台的施工质量管理信息系统将传统方式中对信息点被动获取改为自动获取。基于网络平台的施工质量管理信息系统对信息进行集中存放和有效管理，信息获取者可根据任务和决策工作的需要来获取信息。另外，信息的使用者不受时间和空间的限制，可以进行实时的处理，提高管理决策的准确度和效率。

④ 施工质量信息处理和管理的有序、高效参与。根据工程项目施工需要和岗位责任设置情况，施工质量管理信息系统为每一个使用者设定了相应的信息处理和信息管理的职责与权限。在权限许可的条件下，参与方可以从施工质量管理信息系统最大限度地获取所需的工程信息，在系统设定范围和工作流程内有效地处理和利用信息，实现对施工质量管理的有序和有效参与，从而提高施工质量信息的利用效率，降低因信息缺损导致的工程决策失误。

10.5 基于 BIM 的工程质量管理系统

10.5.1 基于 BIM 的施工质量控制信息管理过程

在 BIM（building information model，建筑信息模型）技术施工质量控制信息管理方面，国内的一些知名企业结合自身的工程实践经验和现有的知识理论，通过不断探索最终研制出了 PDCA 循环，该循环最大的优势就是可以对施工过程中的质量进行有效的控制。在 PDCA 循环当中使用 BIM 技术，可以使项目施工有效地进行，进而使工程施工质量得到保证。

1. 计划（plan）

在进行预期技术工作时，各参与方均要使用 BIM 技术，在使用该项技术的过程中进行统一协调，共同探讨施工过程中的安全、质量、进度及成本计划等问题，并为其提供稳定支撑和保障，进而诞生一个较为科学、系统的完整项目计划。在内部计划结构中，个体成员的计划内容都有一定的合理性和持续性，因而可以纳入计划范畴。

2. 实施（do）

BIM 技术对于实施具体施工技术和内容有很大的促进作用，一般情况下，预期的加护方案制订人与实践工作负责人不同，因而充分发挥方案制订人与工作负责人的实际价值，提高整体项目工作效率和质量尤为关键。通过应用 BIM 技术来对施工技术和内容提供保障可以为施工单位和管控方提供一个相对全面的视角，让他们可以依据预期计划方案中的内容对工程施工质量和管理形式有清晰的认知，让施工内容可以更加契合标准要求，为建筑工程整体质量提供支撑和保障。

3. 检查（check）

运用 BIM 技术可以相对高效、快捷地明确项目事前预测状况和实际状况之间的差异，并且利用项目内容对比来找寻实际工作计划中的失误，为做好项目管理的各个环节打下基础，以此来检查其指标内容是否符合标准要求，在误差允许范围之内进行有效的协调和完善，整合现阶段的执行状况来为下一环节的预测标准要求打下坚实基础。

4. 处理（action）

BIM 技术在处理问题方面更胜一筹，通过模拟和跟踪现场施工的全过程，能够发现一些潜在的问题，并将问题及时地上报给施工人员、管理人员及设计人员，根据问题的严重性，安全人员可以在第一时间内采取相应的措施，最大限度地保证施工的顺利完成，同时也避免了因材料短缺或者机械故障带来的工期延误等现象。施工人员可以在 BIM 三维模型上对记录的问题和相关描述有清晰的认知和了解，然后对现阶段存在的问题进行妥善处理，为日后的问题整改和追踪验证、统计整合等做指导，提升对项目工程的整体把控力度。

10.5.2 基于 BIM 的施工质量控制过程

1. 施工质量事前控制

××博物馆是某学校的重点建设项目，学校后期将围绕该博物馆展开后续建设，并计划以此项目申请国家 AAA 级景区。由于该项目对于该学校意义重大，所涉及的各项工程要求极高，且各个机电工程内部相互交叉，极为复杂，按照传统的 CAD 二维图纸的设计，无法表达出如此复杂的内部管道分布，故而利用 BIM 技术实现对该项目的整体可视化设计，聘请专业的 BIM 团队建立该项目的 BIM 三维模型。

(1) 成本分析阶段

因为使用了 BIM 技术，便可以对工程量和工程成本进行相对准确的清单比较工作，用以分析工程量和图纸在合理范围内的变化，使后续的工程管理工作更具目的性和可操作性，工程整体成本分析的思路更加清晰。该博物馆项目通过 BIM 技术比较，得到了 3 项主要的固定增加收益的利润点：第一项，在经营方面的持续调整。这个主要从电气、暖通的线路走向和管线布局来考虑，以更加科学合理的线路走向和管线布局来说服设计院，使其更改原设计，达到增加工程量的目的；第二项，在现场管理方面的持续调整。这个主要是在节约现有工程投入的同时，根据施工现场的环境变化而增加施工工程量及相应措施，包括现场用量的损耗、各类材料的节约及满足现场施工工艺和技术质量的前提下，采用可以代换的部分工程材料等；第三项，在竣工验收方面的持续调整。这个主要是通过对已经完成的工程尽快进行竣工验收工作，将合格的工程量及早确定下来，获取业主单位或监理单位的书面认可。

(2) 设备材料物资统计阶段

该博物馆项目所涉及的设备材料范围极广，各类材料的要求参差不齐，这不但给建设方的工程管理增加了难度，而且给施工单位和监理单位增加了管理难度，如现场的各类大型机电工程设备、各类施工管线、各种型号的管材、各类关键的阀门和仪表、暖通器具及大量的散热器等，不但种类繁多，而且数量巨大，如果按照以往的传统设计和管理方式，那么将投入大量的人力和物力。基于此，本项目引入了 BIM 技术，对所有机电设备都使用 BIM 技术进行统一管理，通过 BIM 一体化管理平台的管理，可以非常直观地看到各类机电工程设备和管线的存货情况及施工情况，便于建设单位、监理单位、设计单位和施工单位的技术介入和管理。

(3) 项目交底阶段

通过运用 BIM 相关技术，公司在对项目施工作业人员进行技术安全等施工管理要求交底就变得十分清晰全面。

2. 施工质量事中控制

各专业技术人员在项目开始后就要认真研究各专业图纸，构建 BIM 三维模型，模型建成后，将材料的型号、品牌、规格等参数都标注在物资材料上。在保证项目进度的基础上进行图纸会审，对设计方案进行碰撞检查得出碰撞报告，对照报告中的结果修改设计中的不合理之处，进行各专业二维施工图及三维管线综合图的构建。

(1) 设备物资材料管理环节

传统的材料管理是项目管理单位根据施工进度进行不断更新的过程，这个过程主要依靠施工现场的材料管理人员、警卫和施工人员完成。施工现场的多样性和上述人员的固定性导致传统的施工管理在很长一段时间内决定着施工管理的科学性和合理性，施工现场的各类材料存储方法决定了管理物资的行为有以下几个特点：首先，施工时间长决定了各类材料管理的周期较长，增加了现场材料的管理难度。其次，施工过程中的不确定性决定了施工工地的材料管理的复杂性，另外在露天的环境下存储也是一项不可避免的管理难题，施工过程中的不确定性是动态的，这往往决定了现场物料管理系统也会随之变化。最后，多专业的各种各样的材料决定了现场管理的复杂性，小到一个螺丝钉，大到一件大型的机电工程设备，都需要付出巨大的管理精力。

（2）三维可视化管理环节

从已经实施的项目效果来看，三维可视化仍然是 BIM 的重要特征。它在统计整个模型中各类材料用量的占比时具有极大的优势，可以更准确地计算出材料用量。

（3）工程设计变更管理环节

工程设计变更是工程管理中经常看到的一种正常工作情形。如果某一项工程出现工程设计变更，而工程施工单位没有根据变更情况及时改变施工方式，就会造成大量的材料积压。而利用 BIM 三维模型可以动态管理工程过程，项目经理或者具体的项目管理人员便可以在 BIM 一体化平台中通过可视化窗口了解施工动态，从而在第一时间做出最有利的安排。

3. 施工质量事后控制

在事后控制时，可以利用 BIM 一体化平台及时地重现各类隐藏性较高的工作，使该类工作变得更加简单。在这个过程中，建设单位可以对部分隐藏性较高的工作进行施工模拟动画，如项目现场的管线布置、走向、位置、标高等，都可以通过 BIM 一体化平台再次展现出来。

与以往的 CAD 模型相比，BIM 三维模型完全摒弃了符号、线形等简单元素构成的某一构件的表达方式，BIM 三维模型采用的是面向对象的直观图形表达方式，而在平台内部则是以诸多数据点和族构成，虽然数据点和族的建立和输入相对麻烦，但在日常运行、建造、管理及维护方面都有着及时、准确、客观等优点。例如，若某一构件出现偏差，则 BIM 三维模型可以利用数据建立或修改的办法及时准确地进行修改，并且呈现出来的效果是直观的，这更加有利于各参与方的管理。

在应用 BIM 三维模型的过程中，因为从一开始就进行模型的建设和维护，所以一直到整个项目完成，该模型都是在不断更新的，更新的部分数据通过 BIM 软件在 BIM 模型中提取、应用、更新相关信息，并将修改后的信息赋予 BIM 模型。修改完成的模型就是最后的竣工验收文件，这样不但可以消除多专业多频次的检查，而且可以为后期的维护使用提供更加准确翔实的数据。

参考文献

[1] 张钦鸿. 工程施工质量管理信息系统的研究[D]. 成都：四川大学，2005.

[2] 韩岚. 基于 Web 的建筑工程施工质量管理信息系统的开发研究[D]. 天津：天津大学，2008.

[3] 孙晓虎，张晓光，张兵. 建设工程质量检测管理系统的设计与实现[J]. 工程质量，2009，27(12):20-22.

[4] 游普元. 建筑工程材料质量检测管理系统的设计与实现[J]. 煤炭技术，2011，30(4):127-128.

[5] 李成. 基于智能移动终端的工程质量信息管理系统的开发技术研究[D]. 长沙：中南大学，2012.

[6] 贾璞敏. 建筑工程质量管理信息系统的设计与实现[D]. 成都：电子科技大学，2012.

[7] 郭智辉. 基于信息化技术的工程质量管理系统的研究与实现[J]. 电子测试，2014(1):25-26.

[8] 韩国波. 基于全寿命周期的建筑工程质量监管模式及方法研究[D]. 北京：中国矿业大学，2013.

[9] 夏小庆. 论建筑施工项目质量管理的重要意义[J]. 四川水泥，2015(1):34.

[10] 高慧娟. 建材取样检验管理不规范对工程质量的影响[J]. 企业改革与管理，2015(8):205.

[11] 郭常常. 工程管理信息系统在工程项目管理中的应用[J]. 建材与装饰（下旬刊），2007(8):419-421.

[12] 宋雪. 施工项目管理信息系统实施初探[D]. 北京：财政部财政科学研究所，2012.

[13] 张宜松，田强. 基于 Web 技术构建施工企业工程管理信息系统[J]. 施工技术，2005，(2):35-36;57.

[14] 郑炜，聂增民，王柳泉. 工程管理信息系统"落地"问题分析与思考[J]. 石油工业技术监督，2011，27(2):25-27.

[15] 周巍. 工程项目管理信息系统开发研究[J]. 中国西部科技，2008(7):52-55;62.

[16] 毛志兵，崔惠钦，杨富春. 建筑企业和工程项目管理信息系统的研究开发和应用[J]. 施工技术，2007，36(12):27-32.

[17] 赵振泉，刘小平. 基于信息系统的公路工程管理的探讨[J]. 电子测试，2014(15):73-75.

[18] 钱雯. 基于 BIM 的工程质量控制管理应用实例[D]. 南昌：南昌大学，2020.